中国农业对外投资合作分析报告（2019年度）

REPORT OF CHINA'S AGRICULTURAL FOREIGN INVESTMENT COOPERATION

地方篇

农业农村部国际合作司
农业农村部对外经济合作中心 　编著

中国农业出版社
北　京

图书在版编目（CIP）数据

中国农业对外投资合作分析报告．2019年度．地方篇／农业农村部国际合作司，农业农村部对外经济合作中心编著．—北京：中国农业出版社，2020.8
ISBN 978-7-109—27112-8

Ⅰ．①中…　Ⅱ．①农…　②农…　Ⅲ．①农业投资－对外投资－研究报告－中国－2019　②农业合作－对外合作－研究报告－中国－2019　Ⅳ．①F323.9　②F325

中国版本图书馆CIP数据核字（2020）第137489号

中国农业对外投资合作分析报告．2019年度．地方篇
**ZHONGGUO NONGYE DUIWAI TOUZI HEZUO FENXI BAOGAO
2019 NIANDU DIFANGPIAN**

中国农业出版社出版
地址：北京市朝阳区麦子店街18号楼
邮编：100125
责任编辑：程　燕　卫晋津　文字编辑：李兴旺
责任校对：吴丽婷
印刷：中农印务有限公司
版次：2020年8月第1版
印次：2020年8月北京第1次印刷
发行：新华书店北京发行所
开本：889mm×1194mm　1/16
印张：18.75
字数：450千字
定价：200.00元

编写委员会

主　　编：杨　易
执行主编：胡延安
副　主　编：周　勇　杨　光
参　　编：（按姓名笔画排序）

王　山	王　林	王　雪	王　瑞	王大庆	王子才
王玉萍	王吉荣	王克恭	王春辉	王博文	文　超
尹元元	田玉斌	白华平	邢海军	刘　兰	刘　军
刘　涛	刘玉龙	刘驰名	刘晓珺	刘爱军	刘海波
刘润秋	关安荣	汲剑磊	祁梦超	孙惠桉	阳芳义
苏　洋	苏保全	李旭东	李红梅	杨　红	杨　威
肖　毅	吴秀敏	吴奇志	邱大振	何邦路	何春来
张　佳	张　领	张　鑫	张红亮	张欣欣	张宝生
张艳君	张晓晟	张盛平	张潭君	陈志深	陈荣柏
陈祥新	陈雪钿	武　建	林本喜	林良行	周可金
周洋阳	郑志刚	郑志强	郑蜀云	屈长春	屈宁宁
赵　勇	赵淑杰	相志涛	段淇斌	侯　洁	侯冬梅
施维新	姜海燕	莫建军	顾大勇	倪锡林	徐　超
凌春华	黄图强	黄峰华	崔杰印	董金芳	韩新平
鲁丰卫	曾显奇	蒲晓娟	蒙忠武	雷天翔	鲍旺虎
熊凤山	黎小军	魏　红			

当前，我国已经成为世界第二大经济体，经济实力和综合国力显著增强，农业发展方式加快转变，新的增长动力正在形成。当前，世界经贸格局正在重塑，"一带一路"倡议受到更多国家的支持，农业农村经济发展的外部环境不稳定不确定因素增多，加快推进农业"走出去"面临更多的机遇和挑战。2019年中央1号文件明确提出，要统筹用好国际国内两个市场、两种资源，加快推进并支持农业"走出去"，提高农业对外合作水平。为认真贯彻落实好中央要求部署，农业对外合作部际联席会议第六次全体会议指出，要进一步完善政策措施、优化投资布局、健全工作机制、提升服务水平，推动农业对外合作开创新局面，为实现乡村振兴战略和国家政治外交大局提供支撑。

为切实提高对外农业投资政府决策的科学化和精细化水平，自2013年起，农业农村部对外经济合作中心在部领导、国际合作司的指导下，启动了企业对外农业投资合作信息采集工作（以下简称信息采集），在全国范围内（不包括西藏自治区、青海省及港、澳、台地区）开展了信息采集。2014年底，农业对外合作部际联席会议制度第一次全体会议进一步将信息采集确定为推动农业"走出去"的重点任务之一。在部省通力合作下，信息采集已实现制度化运作，形成了部省联动的工作体系，建立了企业对外农业投资数据资料库，并按年度发布《中国农业对外投资合作分析报告》总篇和地方篇。

2019年度的分析报告地方篇总体回顾了截至2018年底各地企业对外农业投资的情况，系统梳理并分析了各地对外投资总体特征和趋势、重点区域和国别（地区）投资情况、各地辖区内分布及行业特征、企业典型案例，并提出了面临的主要困难和政策建议等。

希望本年度的研究报告及我们的工作成果，能够以更多样的形式、在更广的范围服务于国家总体和省级层面对农业对外投资合作领域知识产品的需求，能够继续为政府决策、政策创设、企业实践及行业研究提供参考。

2020年1月

目录 CONTENTS

2018北京市农业对外投资合作分析报告

一、2018年北京市对外农业投资总体情况

（一）境内主体情况

全市登记注册并采集到有效信息数据的农业对外投资境内企业共有17家。其中，农林牧渔企业13家，服务业企业4家。17家境内企业中有11家为产业化龙头企业，其中国家级产业化龙头企业5家，北京市市级产业化龙头企业1家。17家境内企业中有1家农垦企业。

到2018年底，17家企业境内资产总额为48.2亿元，境内企业注册资本总额275.3亿元；境内从业人员总数15 773人（表1）。

表1　北京市境外农业投资企业境内投资总额行业分类

行业	资产总额（万元）	注册资本（万元）	人数
农业	1 615 805	309 726.22	11 194
林业	0	0	0
畜牧业	45 770	70 806	2 586
渔业	206 216	13 099.26	536
批发零售业	543	200	8
制造业	884 845.5	87 706.25	1 449
服务业	0	0	0
合计	2 753 179.5	481 537.73	15 773

（二）境外投资企业情况

截至2018年底，参加信息采集的17家境内企业主体在境外19个国家（地区）投资了19家境外企业，其中独资企业11家，合资企业8家；17家正在经营，1家筹备设立，1家暂停经营；按境外企业行业类别分，包括11家农林牧渔企业、3家液体乳及乳品制造企业、2家批发和零售业企业、3家制造业。

19家境外企业注册资本总额为8 859.17万美元，中方平均持股比例为86.22%；截至2018年底境外资产总额为134 066.4万美元，累计对外投资额为94 892.61万美元；在东道国缴纳税收总额为3 411.95万美元；境外企业境外从业人数合计444人；农业产业营业收入33 338.146万美元。

截至2018年底，19家境外企业投资目的地分布在中国香港、日本、美国、英国、尼日利亚、泰国、新西兰、法国、加拿大、俄罗斯、西班牙、阿根廷、赞比亚、津巴布韦、格鲁吉亚等15个

国家和地区。其中，分布在美国、俄罗斯、日本的境外企业分别有3家、2家和2家，其他12个国家各1家。

（三）境外经营状况

北京市在境外投资的19家涉农企业主要从事种子销售、农业种植、畜禽养殖、食品制造、水产品批发、服务业经营等。

总体来看，北京市农业企业在境外投资的19家企业的农业产出主要包括西伯利亚农业科技开发有限公司在俄罗斯依靠薯类商品种销售、薯类商品销售及其他在东道国分别获取收入100万美元、86万美元和113万美元，麦考密克控股有限责任公司在美国依靠禽肉商品销售，在东道国获取收入22.26万美元（表2）。

表2 2018年境外企业经营活动基本情况

国家	品种	产量（吨）	在东道国销售量（吨）	在东道国收入（万美元）
美国	禽（禽肉）	25.5	25.5	22.26
俄罗斯	其他	5 000	5 000	113
俄罗斯	薯类种子	3 000	2 000	100
俄罗斯	薯类	3 810	3 500	86
合计			10 525.5	321.26

从农业产出来看，2018年由西伯利亚农业科技开发有限公司在俄罗斯投资的，以薯类种子生产、薯类商品贸易作为主营业务的西伯利亚育种及生物技术有限公司取得了较好收益。全年销售薯类种子2 000吨、销售薯类商品3 500吨，并通过其他商品获益113万美元，共计取得299万美元的境外营业收入。

从农资及原料购买情况来看，2018年西伯利亚育种及生物技术有限公司在当地购买种子、农药、化肥、农机资金分别为4.54万美元、5.44万美元、2.36万美元和45.9万美元。2018年北京同仁堂健康（美国）有限公司在当地购买农药、化肥、农机资金分别为1.56万美元、2.15万美元、6.45万美元。2018年俄罗斯远东绿洲农业开发有限公司在当地购买种子、农药、化肥资金分别为18万美元、16万美元、15万美元。2018年绿色农业西非有限公司在当地购买种子、农药、化肥资金分别为1.31万美元、1.02万美元、2.84万美元。

（四）流量与存量分析

2018年，北京市对外农业投资境内主体投资境外公司新增4家，新增投资目的地4处，为法国、美国、阿根廷、俄罗斯（表3）。

2018年新增企业境外资产额4 957.518万美元，占全部境外企业境外资产总额的55.96%；新增企业累计对外投资额为69 598.19万美元，占全部境外企业累计对外投资额的99.52%；新增境外企业营业收入13 945.4万美元，占全部境外企业营业收入的41.83%。新增境外企业农业营业收入13 945.4万美元，占全部境外企业农业营业收入的41.83%。由于新增企业行业类别为畜牧业、农业种植，主要为家禽的饲养场地、种植场地等，前期投资成本较大。

表3　2018年新增投资境外公司

序号	新增境外公司	国家	境内企业名称
1	圣休伯特公司	法国/欧洲	北京三元食品股份有限公司
2	阿根廷DBNBC有限责任公司	阿根廷/南美洲	北京大北农生物技术有限公司
3	北京同仁堂健康（美国）有限公司	美国/北美洲	北京同仁堂健康药业股份有限公司
4	西伯利亚育种及生物技术有限公司	俄罗斯/欧洲	西伯利亚农业科技开发有限公司

二、2018年北京市对外农业投资合作区域、组织、国别分析

（一）各洲分布情况及特征

2018年北京市对外农业投资主要分布在北美洲、大洋洲、非洲、南美洲、欧洲和亚洲。

从2018年境外资产总额来看，欧洲为128 669.9万美元，远远超过其他各洲，其余依次为北美洲、亚洲、大洋洲、非洲和南美洲，分别为2 262.72万美元、1 533.16万美元、871万美元、715.35万美元和14.3万美元。

从2018年累计对外投资额来看，首先是对欧洲投资最多，为88 830.62万美元；其次是非洲，为2 895万美元；然后是北美洲、亚洲和大洋洲，分别为1 401.34万美元、880.35万美元和871万美元；最少的是南美洲，为14.3万美元。

综合来看，2018年境外资产总额、累计对外投资额，欧洲均是最多的，尤其是境外资产总额和累计对外投资额远高出其他大洲。

（二）主要经济合作组织分布情况

2018年北京市对外农业投资目的国主要是亚太经合组织成员国，G7、G20国家，东盟成员国，非洲国家和"一带一路"沿线国家，其中亚太经合组织成员包括澳大利亚、加拿大、中国香港、俄罗斯、日本、新西兰、泰国和美国；属于G7、G20国家的是英国、法国、美国、日本、加拿大、澳大利亚和俄罗斯；尼日利亚、赞比亚、津巴布韦等是非洲国家；泰国是东盟国家和"一带一路"沿线国家。泰国、西班牙、阿根廷和格鲁吉亚都是"一带一路"沿线国家。

（三）重点国家和地区分布情况

2018年北京市17家境内企业主体在境外投资的19家境外企业中，3家位于美国，2家位于俄罗斯，2家位于日本。在英国、尼日利亚、泰国、新西兰、法国、加拿大、西班牙、阿根廷、赞比亚、津巴布韦、格鲁吉亚11个国家及中国香港各有一家企业（表4）。

表4　北京市境外农业投资企业所在国家或地区分布情况

序号	境外投资企业	所在国家或地区
1	北水商贸株社	日本
2	东京秋实肠衣株式会社	日本
3	麦考密克控股有限责任公司	美国
4	美国有机农业	美国
5	北京同仁堂健康（美国）有限公司	美国
6	俄罗斯远东绿洲农业开发有限公司	俄罗斯
7	西伯利亚育种及生物技术有限公司	俄罗斯
8	德青源（香港）有限公司	中国香港
9	英国樱桃谷农场有限公司	英国
10	绿色农业西非有限公司	尼日利亚
11	明大农业贸易中心有限公司乌汶分部	泰国
12	新西兰艾莱发喜食品有限公司	新西兰
13	圣休伯特公司	法国
14	阿瓦隆乳业有限公司	加拿大
15	凯怡酒庄	西班牙
16	阿根廷DBNBC有限责任公司	阿根廷
17	赞比亚中矿资源地质工程公司	赞比亚
18	津巴布韦中矿资源有限公司	津巴布韦
19	汉唐源国际控股集团股份公司	格鲁吉亚

三、2018年北京市对外农业投资的行业分析

（一）种植业对外投资分析

2018年北京市有9家种植业企业投资了10家境外企业，对外投资的行业依然是谷物及其他作物的种植，累计境外资产总额为3 739.7万美元，占全部境外企业境外资产总额的2.79%，累计对外投资额为2 322.34万美元，占全部境外企业累计对外投额的2.45%。

（二）畜牧业对外投资分析

2018年北京市有4家畜牧业企业投资了4家境外企业，对外投资的行业是畜牧业和批发零售业，累计境外资产总额为35 190.73万美元，占全部境外企业境外资产总额的26.25%，累计对外投资额为19 057.14万美元，占全部境外企业累计对外投资额的20.08%。

（三）农副加工业对外投资分析

2018年食品制造企业北京三元食品股份有限公司与北京艾莱发喜食品有限公司分别在加拿大、新西兰和澳大利亚投资了1家境外企业，对外投资的行业是液体及乳制品制造。2家境外企业累计资产总额为93 936.72万美元，占全部境外企业境外资产总额的70.1%；累计对外投资额为70 603.13万美元，占全部境外企业累计对外投资额的74.40%。

（四）服务业对外投资分析

2018年北京市有2家农林牧渔服务业企业投资了2家境外企业，对外投资的行业是批发和零售业、商业服务业。2家境外企业境外资产总额为1 199.26万美元，占全部境外企业境外资产总额的0.9%；累计对外投资额为2 910万美元，占全部境外企业累计对外投资额的3.07%。

整体上看，2018年北京市企业境外投资的行业中，加工业企业在境外资产总额、累计对外投资额这两个方面均表现出绝对的优势，占比分别为70.07%和74.4%，远高于其他三个行业。而农林牧渔服务业企业的境外资产总额占比最少，仅为0.9%；种植业企业的累计对外投资额是四个产业中较低的，占比为2.45%。

四、2018年北京市对外农业投资的企业分析

（一）农业企业对外农业投资情况

2018年北京市有17家企业投资了19家境外企业，19家境外企业累计境外资产总额为134 066.41万美元，累计对外投资总金额为94 892.61万美元，农业产业营业收入33 338.15万美元（表5）。

表5　北京市农业企业对外农业投资情况

序号	境内企业名称	所属行业类别	境外企业名称	行业类别名称	境外资产总额（万美元）	对外投资总额（万美元）
1	北大荒米业集团国际米业（北京）有限公司	谷物及其他作物的种植	明大农业贸易中心有限公司乌汶府分部	谷物及其他作物的种植	591.25	591.25
2	北京艾莱发喜食品有限公司	液体乳及乳制品制造	艾莱发喜新西兰食品有限公司	液体乳及乳制品制造	871	871

（续）

序号	境内企业名称	所属行业类别	境外企业名称	行业类别名称	境外资产总额（万美元）	对外投资总额（万美元）
3	北京大风家禽育种有限责任公司	畜牧业	麦考密克控股有限公司	畜牧业	133.3	165
4	北京德青源农业科技股份有限公司	畜牧业	德青源香港有限公司	批发和零售业	223	64.1
5	北京秋实农业股份有限公司	畜牧业	东京秋实肠衣株式会社	畜牧业	200	180
6	中地海外农业发展有限公司	农业服务业	绿色农业西非有限公司	农业服务业	715.35	2 895
7	北京首农股份有限公司	畜牧业	英国樱桃谷农场有限公司	畜牧业	34 634.43	18 648.04
8	北京三元食品股份有限公司	液体乳及乳制品制造	圣休伯特公司	液体乳及乳制品制造	92 269.92	69 469.29
9	北京三元食品股份有限公司	液体乳及乳制品制造	阿瓦隆乳业有限公司	液体乳及乳制品制造	795.8	262.84
10	北京中核环博科技有限公司	谷物及其他作物的种植	俄罗斯远东绿洲农业开发有限公司	谷物及其他作物的种植	720	59
11	北京水产有限责任公司	渔业服务业	北水株式会社	批发和零售业	483.91	15
12	北京凯怡国际商贸有限公司	谷物及其他作物的种植	凯怡酒庄	谷物及其他作物的种植	560	560
13	北京大北农生物技术有限公司	谷物及其他作物的种植	阿根廷 DBNBC 有限责任公司	谷物及其他作物的种植	14.3	14.3
14	北京中农绿源工程技术有限公司	谷物及其他作物的种植	美国有机农业	谷物及其他作物的种植	3.6	3.6
15	中矿资源集团股份有限公司	谷物及其他作物的种植	赞比亚中矿资源地质工程公司	谷物及其他作物的种植	0.001	0.001
16	中矿资源集团股份有限公司	谷物及其他作物的种植	津巴布韦中矿资源有限公司	谷物及其他作物的种植	0.001	0.001
17	北京同仁堂健康药业股份有限公司	谷物及其他作物的种植	北京同仁堂健康（美国）有限公司	谷物及其他作物的种植	1 330.018	969.9
18	西伯利亚农业科技开发有限公司	谷物及其他作物的种植	西伯利亚育种及生物技术有限公司	谷物及其他作物的种植	485.53	94.29
19	北京金丰恒业农业发展有限公司	谷物及其他作物的种植	汉唐源国际控股集团股份公司	谷物及其他作物的种植	35	30
	合计				134 066.41	94 892.612

（二）农业产业化龙头企业对外农业投资情况

2018年北京市有6家农业产业化龙头企业投资了7家境外企业，对外投资的行业是批发和零售业、畜牧业、农副产品加工业。7家境外企业累计境外资产总额为 129 478.06 万美元，占全部境外资产总额的**96.41%**；累计对外投资额为 **89 510.27** 万美元，占全部境外企业累计对外投资额的**94.33%**；累计农业产业营业收入 **31 905.59** 万美元，占全部境外企业累计对外投资额的**95.7%**（表6）。

表6 北京市农业龙头企业对外农业投资情况

序号	境内企业名称	所属行业类别	境外企业名称	行业类别名称	境外资产总额（万美元）	对外投资额（万美元）	农业产业营业收入（万美元）
1	北京德青源农业科技股份有限公司	畜牧业	德青源香港有限公司	批发和零售业	223	64.1	550
2	北京秋实农业股份有限公司	畜牧业	东京秋实肠衣株式会社	畜牧业	200	180	0
3	北京三元食品股份有限公司	液体乳及乳制品制造	圣休伯特公司	液体乳及乳制品制造	92 269.92	69 469.29	13 011.1
4	北京三元食品股份有限公司	液体乳及乳制品制造	阿瓦隆乳业有限公司	液体乳及乳制品制造	795.8	262.84	1 635.33
5	北京首农股份有限公司	畜牧业	英国樱桃谷农场有限公司	畜牧业	34 634.43	18 648.04	14 638.16
6	北京水产有限责任公司	渔业服务业	北水株式会社	批发和零售业	483.91	15	806
7	北京艾莱发喜食品有限公司	液体乳及乳制品制造	艾莱发喜新西兰食品有限公司	液体乳及乳制品制造	871	871	1 265
	合计				129 478.06	89 510.27	31 905.59

五、北京市典型企业案例

案例：俄罗斯远东绿洲农业开发有限公司

1．企业概况

北京中核环博科技有限公司，成立于2007年04月03日，主要经营销售环保设备等。该公司于2011年起开展境外农业投资项目，成立全资子公司——俄罗斯远东绿洲农业开发有限公司，以种植大豆为主。

2．投资原因

第一，口岸优势。俄罗斯远东绿洲农业开发有限公司位于俄罗斯犹太自治州列宁区，地处黑龙江省同江市对岸，具有独特的口岸优势。

第二，生态优势。该地区土地肥沃、空气清新、水源无污染，在符合俄罗斯土地种植标准下，企业严格控制化肥农药使用量，以培育纯绿色有机、非转基因的农产品为出发点，为社会提供安全、绿色、有机食品。

第三，初具规模。经过多年发展，公司已储备 10 000 公顷耕地，已开垦种植 4 000 余公顷，16 000 平方米仓库，基本进入稳定发展阶段。

3．投资运行情况

俄罗斯远东绿洲农业开发有限公司已运行 8 年，目前境外企业总人数达到了 35 人，在东道国雇用外方人员 8 人。公司目前发展平稳。2018 年俄罗斯远东雨水大，公司在该国的大豆产量减产一半，急需要贷款支持以维持下一年的正常经营。目前，公司主要投资集中在土地租赁和购买种子、农药、农机、化肥等方面。

4．存在问题

（1）中国企业在俄罗斯贷款难度越来越大，资金短缺问题直接影响企业的稳定发展。而且近年来俄罗斯土地租金增长过快，2014—2019 年，当地土地租金增长很快，增加了企业的资金压力。

（2）俄罗斯远东地区种植大豆的 75% 是中国人，但俄罗斯政府对中国投资人和中国劳工的劳务许可手续要求烦琐、办理难度大，加上进口关税高、运输困难等因素，使得在俄罗斯生产的优质有机大豆难以进口到中国。

（3）2018 年度俄罗斯雨水较大，严重影响了大豆的产量，加剧了公司的经营难度，急需要贷款等的支持，不知现有贷款政策是否可以尝试使用境外农用机械抵押贷款。

5．下一步计划

该公司 2018 年全年生产有机大豆 6 500 余吨，已经建成 16 000 平方米大规模的粮食处理中心，可联合当地种植户向国内大中型粮食加工企业提供优质有机大豆。计划在未来 3 年内，与国内粮食加工企业或机构合作，将俄罗斯绿色食品进口到中国内地，为国内百姓打开健康无污染、非转基因的食品通道。

6．扶持政策预期

（1）建议北京市农业农村部门联合京津冀地区性银行，为农业"走出去"类企业提供低息、手续简单化贷款。

（2）建议北京市农业农村部门搭建农业"走出去"企业与国内粮食加工企业的沟通合作通道，为农业"走出去"企业提供粮食销售渠道，也为国内粮食加工企业提供绿色有机原料来源，打造国内的绿色农产品品牌。

（3）建议多组织农业科技类、农产品进出口政策、农业"走出去"投资政策与境外农业投资重点领域分析等培训。

六、2018年北京市农业对外投资合作情况总结分析

（一）2018年北京市农业对外投资合作现状总结

1. 北京市农业企业对外投资活动增加

截至2018年底，北京地区参加信息采集的17家境内企业主体在境外15个国家（地区）投资了19家境外企业。投资金额方面，19家境外企业注册资本总额为8 859.173万美元，2018年底境外资产总额为134 066.4万美元，累计对外投资额为76 244.57万美元，农业产业营业收入为33 338.15万美元。以上各项数据和2017年同期相比均有大幅提升。2018年，北京市对外农业投资境内主体投资境外公司新增4家，新增投资目的地4处，为法国、美国、阿根廷、俄罗斯。

2. 投资区域、行业、方式多样化发展

企业境外投资的区域、行业、方式更为灵活多样。企业投资区域方面，企业投资目的地分布在美国、英国、法国、尼日利亚、中国香港、日本、新西兰、澳大利亚、泰国等地；投资行业方面，农业对外投资行业向种植业、养殖业、制造业、流通业与服务业全产业链延伸；投资方式方面，逐渐从主体投资向跨国并购、经济合作区建设等多种模式转变。

3. 农业对外投资仍处于初级阶段

与其他行业相比，北京市农业对外投资仍处于弱势地位，与农业的战略地位不相匹配。一方面，比起其他行业，北京市农业对外投资存量较小，流量也低，增速很慢；另一方面，北京市农业对外投资集中在种植业、养殖业等，在品种方面有少量输出，在安全生产、农业信息化等优势技术输出较少，同时首农、德青源、三元等北京市知名农业品牌的对外投资合作中，尚无品牌输出，需要进一步加快完成技术和品牌的国际化发展步伐。

（二）存在的问题

1. 海外农业经营风险难以控制

当前北京农业对外投资没有建立起成熟的产业链，海外农业项目不仅具有建设和生产周期长，受自然条件技术适应性、农产品价格波动等因素影响大，自我发展能力弱，项目执行风险比较大的一般特点，还受投资目的地政治局势变动、经济政策变化、汇率波动等特殊风险的影响，海外经营业绩非常容易遭受这些风险的冲击，大大降低了农业对外投资的吸引力。

2. 政府宏观支持政策缺乏

一是针对农业对外投资及农产品贸易的鼓励政策没有发挥突出作用，导致许多有实力"走出

去"的企业对外投资的积极性不高。二是政府缺乏一个统一的管理协调机制，在宏观指导、法律制定等方面存在诸多的不足，尤为重要的是缺乏与投资东道国的协商机制与风险预防机制。三是缺乏金融支持体系，企业融资渠道不畅。在北京"走出去"的农业企业中，绝大多数为民营独资企业，资金实力较弱，境外融资难成了制约企业发展的一大难题。此外，目前国内信贷门槛较高，而农业对外投资的周期较长，市场开发成本也较高，一旦融资渠道不畅，就容易导致企业"走出去"陷入发展困境。北京农业"走出去"离不开政府政策的扶持，需要企业投资与政府扶持高度结合。

3. 公共服务体系有待完善

缺少对涉农企业融入"一带一路"平台的建设。目前能为境外企业提供信息咨询、国际法律等行业指导的公共服务平台非常少，企业对投资国的市场信息、投资政策、法律法规的动态变化无法及时获得精准信息；与境外国家签订"投资保护协议"进程缓慢，使得涉农企业在境外难以获得良好的国际经营环境。调研发现，由于大部分农业企业对外投资缺乏针对性的指导，对投资国信息掌握不充分，导致热点区域、热点项目出现盲目跟从。此外，境外投资环境多变，使得涉农企业"走出去"的不可预测风险性增大。

4. 合作主体方面存在的问题

一是资金短缺等方面原因，农业对外投资规模不大、层次不高，合作领域较为集中在种植业、养殖业等附加值不高的产业链低端环节，企业的整体实力和核心竞争力有待增强。对外投资大多针对基础农产品的投资，生产产品多为初级农产品，缺少产品的深加工，没有形成完整的生产链条。生产出来的产品竞争力弱、附加值低；参与对外投资的企业多为中大型企业，小型企业参与较少。二是"走出去"的集群效应尚未形成，目前大多农业"走出去"企业处于各自为战、无序竞争状态，与理想中的上下游产业配套、分工协作的海外农业投资格局差距尚远。三是急需引进具有国际经营管理经验的复合型人才，深化对投资国的农业产业政策、农产品市场潜力、农村风土人情等情况的理解分析。四是大多数农业"走出去"企业农业对外投资普遍面临着资金困境，虽然农业对外投资发展速度快，但总体投资规模较小。

5. 合作对象方面存在的问题

一是需防范政治风险。在信息采集中发现，由于局部地区局势动荡、区域政治安全形势扑朔迷离，邻国之间领土、领海争端及民族、宗教方面的矛盾，给农业合作带来复杂性与变化性。二是需防范经济风险。由于部分投资目的地为发展中国家和新兴经济体，存在投资环境及管理体制不完善，主权信用风险较高，对外商直接投资审批手续烦琐、外汇管制、税收、保险管理不完善等问题，不仅加重了企业投资成本，也加大了投资风险。中国与美国、欧盟、巴西、阿根廷、俄罗斯等国家和地区存在着较多的投资冲突。三是部分投资目的地的农业生产和流通基础设施落后，深加工能力不足、农产品运输仓储等瓶颈问题突出，严重制约大型农业项目的实施。

七、北京市农业对外投资合作下一步工作计划

（一）做好北京农业"走出去"的总体规划与顶层设计

各部门、各行业要立足于产业发展的高度，合理规划好农业对外投资合作的发展目标，并采取分阶段的形式对农业"走出去"战略进行详细设计，尤为重要的是，要做好涉农企业"走出去"的空间布局战略规划，避免投资的恶性竞争。

在金融危机和欧债危机影响下，许多欧美发达国家的跨国公司出现经营困难，为中国农业企业通过"海外并购"方式"走出去"创造了历史性机遇，同时拉丁美洲的诸多国家经济发展缓慢，资金匮乏，农业技术遭遇瓶颈，急需引进先进适用的技术，实现产业升级，此外，非洲的欠发达国家面临着基础设施薄弱、农业技术落后、农产品供给严重不足、粮食价格波动剧烈等挑战，需要国际社会向其输出资金、技术、种质资源等，提高农业生产能力，保障粮食供给安全。

当前主要任务是抓住机遇，尽快在全球层次组织实施农业国际合作战略。为此，一是继续巩固企业在亚非地区的投资市场，不断加深与其传统合作伙伴关系；二是加大加快对欧美市场深入调研的力度与速度，积极开发更广阔的境外市场；三是积极地拓展拉美等地区的新兴市场空间，在更广的范围建立起全球性的农业营销网络体系，从而引领北京农业朝更高水平、更深层次方向发展。

（二）加快培育具有国际竞争力的农业投资主体

一是要鼓励有实力的重点企业加强自身建设，为这些企业开展项目提供具有针对性的政策措施，加大对其"走出去"的财政扶持力度。同时加快境外农业投资过程中集种植、加工、物流及贸易等为一体的全产业链建设，提高涉农企业参与全球农业资源配置的控制力。二是政府应大力支持企业间形成产业联盟，加快中小型涉农企业之间、涉农企业与其他有实力的非农企业之间形成合力抱团"走出去"，使企业"走出去"的综合成本下降，竞争力与抗风险能力增强。三是政府要推进全产业链投资建设。鼓励"走出去"企业从风险比较大、利润率比较低的农业生产种植初级环节解放出来，重点瞄准农业产前研发和产后加工、市场流通和贸易渠道等关键环节的投资布局，努力向产业链高端延伸，提升在国际市场上的贸易主导权和定价权。

（三）构建农业"走出去"的政策扶持体系

一是加大融资政策支持力度，重点解决境外农业企业融资难的问题。鼓励开展多元化融资方式，拓宽"走出去"企业融资渠道。二是加大经贸政策支持力度。涉农企业与非农企业在"走出去"过程中，采取政策鼓励、财政补贴、减税免税等方式鼓励企业申请境外品牌注册及卫生注册

等，创立自主国际化品牌，有效地延伸农产品的价值空间。**2019**年大北农转基因大豆转化事件**DBN-09 004-6**获得阿根廷种植许可。三是政府要不断建立和完善与投资国的双边合作机制，用机制保障境外企业的利益与安全。加快建设政府与东道国在投资环境、法律政策、税收条款等多方面的有效协商制度与风险预防制度，用机制推进农业企业国际化无障碍发展。

（四）完善农业"走出去"的公共服务体系

一是要建立北京农业对外投资的信息服务体系，搭建好农业"走出去"信息共享平台和农产品营销的"网上丝绸之路"。实施农业融入"一带一路"、"互联网＋"行动计划，建立"一带一路"沿线国家的农业信息库，全面及时地收集、整理和发布重点国家及区域的投资环境、宏观经济变动、招商项目信息等。二是要整合政府、非政府组织及相关行业协会的力量，完善涉农境外企业的中介服务网络。充分发挥相关行业协会组织协调、抵御风险的优势作用，逐渐形成政府引导、各种力量共同参与的"走出去"发展模式。三是加强地方政府与境外政府机构之间的合作交流，积极构建多层次政府间沟通交流机制，为涉农企业"走出去"搭建平台。政府可以将援外项目与企业"走出去"有效结合，优化农业的投资合作模式。

（五）鼓励共建一批境外农业合作园区

发挥市场主导作用，北京市鼓励有实力的大企业牵头搭台，结合参与国家的意愿和基础条件，重点考虑在东南亚、中亚、中东欧、非洲、俄罗斯等重点区域和国家共建一批境外农业合作园区，以点带面辐射带动各类企业入园发展。

2018天津市农业对外投资合作分析报告

本次参与对外农业投资信息采集的企业为天津市邦柱贸易有限责任公司、天津聚龙嘉华投资集团有限公司、傲绿集团股份有限公司、天津海发远洋渔业有限公司、生源（天津）生物工程有限公司、天津中欧农牧国际贸易有限公司、天津天隆农业科技有限公司、天津市海禄投资有限公司、天津食品集团有限公司、天津市利民调料有限公司。

上述10家公司提供了境外15家公司的信息，其中天津聚龙嘉华投资集团有限公司在境外设立了5家公司。因天津鸿滨禾盛农业技术开发有限公司境外公司已注销，天津檀香堂商贸有限公司未参与信息采集，与2017年企业相比，减少了天津檀香堂商贸有限公司和天津鸿滨禾盛农业技术开发有限公司境外公司对外农业投资介绍，增加了天津市利民调料有限公司对外农业投资情况。

一、2018年天津市农业对外投资总体情况分析

（一）总体特征

截至2018年底，参加信息采集的10家天津企业在境外7个国家（地区）投资设立了15家涉农企业，累计投资额78 898.23万美元，投资领域涵盖了农业、畜牧业、远洋渔业和其他工业等领域；15家境外企业注册资本总额63 773.29万美元，资产总额72 055.83万美元，营业总收入8 973.07万美元，总体呈现以下特点。

1. 从投资区域看，东南亚是天津对外农业投资的重点地区

天津对外投资的农业企业中，在东南亚的有9家，占全市对外投资企业数的60%，其中印度尼西亚7家，缅甸1家，越南1家；投资额70 508.82万美元，占全市对外农业投资总额的89.35%。

2. 从投资行业看，油棕种植加工是天津对外农业投资的主导产业

天津投资的境外农业企业，有6家从事投资油棕种植加工，投资额70 453.2万美元，占全市对外农业投资总额的89.30%。

3. 从投资主体看，民营企业是天津农业"走出去"的中坚力量

天津投资的15家境外企业中，由民营企业投资的有13家，对外投资额71 815.82万美元，占全市对外农业投资总额的91%；国有企业投资的企业有2家，对外投资额7 082.41万美元，占全市对外农业投资总额的9%。

4．从投资模式看，形成了多种对外农业投资模式

天津企业对外农业投资，形成了以聚龙集团为代表的全产业链投资合作模式、以食品集团为代表的"生产＋贸易"型投资合作模式、以海禄投资为代表的品种引进型投资合作模式、以海发远洋为代表的资源开发型投资模式，为全国农业对外投资合作探索了多种经验典型。

（二）企业经营状况

2014年累计投资额为57 637.14万美元，2018年累计投资额达到78 898.23万美元，整体呈现上升趋势（表1）。

表1　天津对外农业投资历年趋势

年份（年）	累计投资额（万美元）	资产总额（万美元）	对外投资企业数量（家）
2014	57 637.14	95 782.78	14
2015	69 398.19	99 942.57	17
2016	71 456.6	83 674.83	19
2017	72 324.35	65 275	15
2018	78 898.23	72 055.83	15

截至2018年底，10家天津企业在境外共设立15家农业企业，涵盖了生产、加工、仓储、物流等多个环节。

1．资产状况及投资情况

截至2018年底，天津企业投资的15家境外农业企业中，资产总额在200万美元以下的有5家（占比33.33%），200万～500万美的有1家（占比6.67%），500万～1 000万美元的有1家（占比6.67%），1 000万～2 000万美元的有1家（占比6.67%），2 000万～5 000万美元的有1家（占比6.67%），5 000万～10 000万美元的有2家（占比13.33%），1亿美元以上的有4家（占比26.67%）。

截至2018年底，天津企业投资的15家境外农业企业中，累计投资额在200万美元以下的有5家（占比33.33%），200万～500万美元的有1家（占比6.67%），500万～1 000万美元的有1家（占比6.67%），1 000万～2 000万美元的有1家（占比6.67%），2 000万～5 000万美元的有1家（占比6.67%），5 000万～1亿美元的有3家（占比20%），1亿美元以上的有3家（占比20%）。

2．企业投资类型及现状

截至2018年底，天津企业投资的15家境外农业企业中，企业类别为独资企业的共6家，占全

部境外农业企业的40%；企业类别为合资企业的共9家，占全部境外农业企业的60%。

截至2018年底，天津企业投资的15家境外农业企业中，以子公司形式设立的有12家，占比80%；以联营公司形式设立的有2家，占比13.33%；以分支机构形式设立的有1家，占比6.67%。

截至2018年底，天津企业投资的15家境外农业企业中，正在经营的有12家，占比80%；筹备设立的有3家，占比20%。

3．业务类别

从境外企业在东道国开展的业务类别看，部分企业同时经营多个业务类别。截至2018年底，从事农业生产的境外企业14家，加工业务的10家，仓储业务的7家，物流业务的6家，科研业务的4家，品牌业务的3家。同时经营3个及以上业务类别的境外企业有6家，经营两个业务类别的境外企业有5家。同时经营多种业务类别反映出天津在外开展农业投资合作的企业非常重视经营环节的拓展及产业链的延伸。

4．从业人员数量

截至2018年底，天津企业投资的15家境外农业企业中，共有中方员工5 169人，东道国员工4 532人，工资总额3 697.92万美元。

5．社会效益和经营情况

2018年，天津境外农业企业营业收入总额8 973.07万美元，共向东道国缴纳税金1 212.6万美元。

（三）投资趋势

2017年度天津企业对外农业投资新增投资额为8 122.93万美元，2018年度新增投资额为9 989.5万美元，增长率为22.98%，总量呈现增长态势。

1．投资主体趋势

2017年度，天津市共有4家境内企业对其境外设立的8家企业（无新设立境外企业）新增了8 122.93万美元的对外投资，2018年度共有3家境内企业对其境外设立的7家企业（包括1家新设立境外企业）新增了9 989.5万美元的对外投资。其中，天津聚龙嘉华投资集团有限公司及天津邦柱贸易有限公司（天津聚龙集团在境内的子公司）共有6家境外企业新增了对外投资，天津市利民调料有限公司新设立了1家境外企业进行了投资。虽然从新增投资金额上看，总体呈增长趋势，但是从新增投资的企业数量上看在减少。可以看出投资主体在向重点企业集中，一些企业逐步退出农业对外投资行列。

2．投资国别趋势

截至2018年底，天津市共有7家境外企业进行了新增投资，新增投资额为9 989.5万美元。其中，6家境外企业位于亚洲的印度尼西亚，占全部新增投资企业的85.71%；1家境外企业位于非洲的加纳，占全部新增投资企业的14.29%，位于加纳的企业为2018年新增企业。可以看出，周边国家为境外企业投资的热门热地。

3．投资产业趋势

截至2018年底，天津市对外投资产业覆盖了种植业、渔业、畜牧业、农副产品加工业，2018年天津市仅对种植业和农副产品加工业进行了新增投资，农副产品加工业为2018年新增产业，其他产业均无新增投资。其中，种植业对外新增投资额为8 773.5万美元，占全部新增投资额的87.83%；农副产品加工业对外新增投资额为1 216万美元，占全部新增投资额的12.17%。可以看出，种植业为境外投资的热门产业。

二、2018年天津市对重点区域和国别投资情况分析

（一）总体分布情况及特征

1．企业分布

天津市对外农业投资的企业主要区域在亚洲，集中在东南亚，共有9家企业，印度尼西亚7家，缅甸1家，越南1家；欧洲2家，均在东欧的保加利亚；北美洲2家，均在美国；大洋洲1家，在澳大利亚；非洲1家，在加纳。

2．投资额分布

天津市累计对外农业投资78 898.23万美元，主要集中在亚洲和欧洲。其中亚洲70 508.82万美元，占比89.37%，在印度尼西亚、缅甸、越南；欧洲6 742.41万美元，占比8.55%，均在保加利亚；北美洲51万美元，占比0.06%，均在美国；大洋洲380万美元，占比0.48%，在澳大利亚；非洲1 216万美元，占比1.54%，在加纳。

（二）在亚洲农业投资情况

截至2018年底，天津企业在亚洲国家（地区）共投资了9家企业，其中印度尼西亚7家、缅甸1家、越南1家，对外投资额70 508.82万美元，占比89.37%。

1．在印度尼西亚农业投资情况

截至2018年底，天津市共有3家境内企业在印度尼西亚投资7家农业企业，对外投资额

70 493.52万美元。

2．在缅甸农业投资情况

截至2018年底，天津市在缅甸投资设立农业企业1家，境内投资主体为天津海发远洋渔业有限公司，境外企业为天津海发远洋渔业驻缅甸项目部。

2018年，该企业捕捞6 595吨，海水捕捞直接销售回运数量5 920吨。

3．在越南农业投资情况

截至2018年底，天津市在越南投资设立农业企业1家，境内投资主体为天津天隆农业科技有限公司，境外企业为越隆联营有限公司。

（三）在欧洲农业投资情况

截至2018年底，天津市共有2家企业在欧洲投资设立了2家农业企业，全部位于东欧的保加利亚，累计对外投资额6 742.41万美元，占天津农业对外投资额的8.55%。其中，天津中欧农牧国际贸易有限公司投资的保加利亚天世农饲料有限公司，累计对外投资额为876万美元；天津食品集团有限公司投资的天津农垦集团保加利亚公司，累计对外投资额为5 866.41万美元。

（四）在大洋洲农业投资情况

2016年，天津企业开始在大洋洲投资畜牧业，投资所在国是澳大利亚。境内企业为天津市海禄投资有限公司，境外企业为澳大利亚海禄国际有限公司，境外企业注册资本280万美元，中方100%持股，2018年累计投资380万美元，占天津对外农业投资总额的0.48%。

（五）在北美洲农业投资情况

截至2018年底，天津市在北美洲设立2家农业企业，2家企业均位于美国，境外投资额51万美元，占天津对外农业投资额的0.06%。

生源（美国）生物工程有限公司主要从事坚果籽仁类农产品加工及国际贸易，企业注册资金25万美元。截至2018年底，傲绿美国公司还在筹备设立阶段，累计投资额为50万美元。

（六）在非洲农业投资情况

截至2018年底，天津市在非洲设立1家农业企业，企业位于非洲的加纳，境内投资主体为天津市利民调料有限公司，境外企业注册资金为300万美元，2018年累计投资1 216万美元，占天津对外农业投资总额的1.54%。

（七）主要经济合作组织分布情况

截至 2018 年底，天津市企业在东盟（东南亚国家联盟）国家投资的境外企业共 9 家，缅甸 1 家、印度尼西亚 7 家、越南 1 家，投资了种植业与渔业产业，占全部企业的 60%；在欧盟（欧洲联盟）的共有 2 家，均位于保加利亚，投资了种植业与其他产业，占全部企业的 13.33%；在亚太经合组织（亚洲及太平洋经济合作组织）的共 3 家，澳大利亚 1 家和美国 2 家，投资了种植业、畜牧业和其他产业，占全部企业的 20%；在西共体（西非国家经济共同体）的共 1 家，在加纳，投资了农副产品加工业，占全部企业的 6.67%。

（八）重点国家分布情况

截至 2018 年底，天津市对外农业投资的企业主要区域在亚洲和欧洲。

1. 亚洲区域

位于亚洲的 9 家境外企业全部集中在东南亚，累计对外投资额 70 508.82 万美元，资产总额 64 416.4 万美元，农业营业收入 8 111.56 万美元，有 3 家境内企业在印度尼西亚投资 7 家农业企业，且占据亚洲区域各项数值的绝大部分，累计对外投资额 70 493.52 万美元，资产总额 64 386.4 万美元，农业营业收入 8 111.56 万美元。

（1）天津聚龙集团在印度尼西亚投资 5 家企业，从事棕榈园的开发种植和棕榈油加工，对外投资额 55 886 万美元，占天津市在印度尼西亚农业投资的 79.28%。其中，普特拉公司，对外农业投资额 18 921.4 万美元，占天津市在印度尼西亚农业投资额的 26.84%；格兰德公司，对外农业投资额 9 769 万美元，占天津市在印度尼西亚农业投资额的 13.86%；瑞泽基公司，对外农业投资额 5 596 万美元，占天津市在印度尼西亚农业投资额的 7.94%；格拉哈英迪马斯有限公司，对外农业投资 2 282.6 万美元，占天津市在印度尼西亚农业投资额的 3.24%；帕米那公司，对外农业投资 19 317 万美元，占天津市在印度尼西亚农业投资额的 27.4%。

（2）天津邦柱贸易有限公司（天津聚龙集团在境内的子公司）投资 1 家企业，为龙威棕榈种植（印度尼西亚）有限责任公司，从事棕榈园的开发种植和棕榈油加工，投资额 14 567.2 万美元，占天津市在印度尼西亚农业投资额的 20.66%。

（3）天津天隆农业有限公司在亚洲共投资 2 家企业，其中 1 家位于印度尼西亚，为亚洲农业技术中心，对外农业投资 40.32 万美元，占天津市在印度尼西亚农业投资额的 0.06%。

2. 欧洲区域

位于欧洲的 2 家境外企业均位于保加利亚。

（1）天津食品集团在保加利亚设立的天津农垦集团保加利亚公司，累计投资额 5 866.41 万美元，占天津对保加利亚农业投资额的87.01%，主要从事粮食作物的种植与贸易。

（2）天津中欧农牧国际贸易有限公司设立的保加利亚天世农饲料有限公司，累计投资额876万美元，占天津对保加利亚农业投资额的12.99%。

三、2018年天津市对外农业投资的行业分析

（一）总体情况

1. 企业投资行业分布情况

天津市对外投资的15家农业企业，经营范围涵盖了种植业、畜牧业、渔业、农副产品加工业等多个行业。其中，从事种植业的企业10家，占全部对外农业投资企业的66.67%；从事渔业的企业1家，占全部对外农业投资企业数的6.67%；从事畜牧业的企业1家，占全部对外农业投资企业数的6.67%；从事农副产品加工业的企业1家，占全部对外农业投资企业数的6.67%；从事其他的企业2家，占全部对外农业投资企业数的13.33%。

2. 对外农业投资金额行业分布情况

天津市实际对外农业投资的行业有：种植业76 425.23万美元，占全部对外农业投资额的96.87%；畜牧业380万美元，占全部对外农业投资额的0.48%；农副产品加工业1 216万美元，占全部对外农业投资额的1.54%；其他877万美元，占全部对外农业投资额的1.11%。

（二）种植业对外投资

1. 资金来源

截至2018年底，天津市共有6家境内企业在境外投资种植业企业10家，境外投资额76 425.23万美元，其中：聚龙嘉华投资集团有限公司投资企业5家，对外投资额55 886万美元，占天津对外种植业投资额的73.12%；天津天隆农业科技有限公司投资企业2家，对外投资额55.62万美元，占天津对外种植业投资额的0.07%；天津市邦柱贸易有限责任公司投资企业1家，对外投资额14 567.2万美元，占天津对外种植业投资额的19.06%；天津食品集团有限公司对外投资企业1家，对外投资额5 866.41万美元，占天津对外种植业投资额的7.68%；傲绿集团股份有限公司对外投资企业1家，对外投资额50万美元，占天津对外种植业投资额的0.07%。

2. 投资流向

截至2018年底，天津市从事农业种植业的10家境外企业中，在印度尼西亚的有7家，投资额70 493.52万美元，占天津对外农业投资额的92.23%；在保加利亚的有1家，对外投资额5 866.41万美元，占天津对外农业投资额的7.68%；在越南的有1家，对外投资额15.3万美元，

占天津对外农业投资额的 0.02%；在美国的有 1 家，对外投资额 50 万美元，占天津对外农业投资额的 0.07%。

3．投资品种

2018 年，天津市对外农业投资企业生产的主要品种有油棕、水稻、小麦、玉米、谷子、向日葵、油菜籽。从产量上分析，油棕产量 394 838 吨，占总产量的 93.20%，且全部在印度尼西亚；水稻产量 111.16 吨，占总产量的 0.03%；小麦产量 15 291.9 吨，占总产量的 3.64%；玉米种植 1 199.56 吨，占总产量的 0.29%；谷子产量 135.38 吨，占总产量的 0.03%；向日葵产量 5 593.2 吨，占总产量的 1.33%；油菜籽产量 3 495.74 吨，占总产量的 0.83%。

4．在外农产品销售

（1）粮食作物销售。2018 年，天津对外农业投资企业在境外投资种植的粮食作物以玉米、小麦为主，其中：玉米产量 1 199.56 吨，主要是在保加利亚投资生产，当年在东道国销售数量为 1 199.56 吨，销售收入 17.8 万美元；小麦产量 15 291.9 吨，主要是在保加利亚投资生产，当年在东道国销售量 15 291.9 吨，销售收入 254.7 万美元。

（2）经济作物销售。2018 年，天津对外农业投资企业在境外投资种植的经济作物以油棕为主，其中油棕产量 394 838 吨，销售收入为 5 190.56 万美元。

（三）畜牧业对外投资

2018 年，天津市对外农业投资的企业从事畜牧业的有 1 家，是天津市海禄投资有限公司，注册资本 280 万美元。在东道国购买牧场 364 公顷，直接出口 861 头，出口金额 210 万美元。

（四）渔业对外投资

2018 年，天津对外农业投资的企业从事渔业的有 1 家，境外企业名称为天津海发远洋渔业驻缅甸项目部。

（五）农副产品加工业对外投资

2018 年，天津对外农业投资的企业从事农副产品加工业的有 1 家，境外企业名称为利丰食品加纳有限公司，累计对外投资额 1 216 万美元。

（六）其他行业对外投资

2018 年，天津市对外投资其他行业有两家，其中一家为饲料工业企业，即天津中欧农牧国际贸易有限公司设立的保加利亚天世农饲料有限公司，累计对外投资额 876 万美元，占天津对保加利亚农业投资的 12.99%；另外一家企业从事农产品流通业，为生源（天津）生物工程有限公司，截至

2018年底，生源（天津）生物工程有限公司企业资产总额为99.53万美元。

（七）典型产业投资合作情况

截至2018年底，油棕产业是最主要的投资产业，共有6家企业投资，均为天津聚龙嘉华投资集团有限公司及其子公司投资的境外企业，且均位于亚洲的印度尼西亚。油棕产量为394 838吨，占天津对外投资企业全部产量的93.2%；累计对外投资总额为70 453.2万美元，占全部对外投资总额的89.3%；资产总额为64 305.27万美元，占全部资产总额的89.24%。

四、企业合作

（一）对外农业投资企业总体情况

天津投资的15家境外农业企业中，由民营企业投资的有13家，对外投资额71 815.82万美元，占全市对外农业投资总额的91.02%；国有企业投资的企业有2家，对外投资额7 082.41万美元，占天津市对外农业投资总额的8.98%。由农业龙头企业投资的企业6家，对外农业投资额7 513.41万美元，占天津市对外农业投资总额的9.5%。

（二）各类型企业对外农业投资情况

1. 国有企业对外农业投资情况

截至2018年底，天津市共有2家国有企业在境外设立2家农业企业。

2. 民营企业对外农业投资情况

截至2018年底，天津市共有8家民营企业在境外设立13家农业企业，分别占对外农业投资主体和境外设立企业数量的80%和86.67%。总体来看，民营企业对外农业投资数量较多，但投资规模总体偏小，除聚龙集团及其子公司对外投资的单个项目投资金额均超过1 000万美元，其他企业的对外农业投资额均在600万美元以下。

3. 农业龙头企业对外农业投资情况

天津市对外农业投资10家境内企业主体中，共有农业龙头企业6家（含母公司、子公司是农业龙头企业的企业），占境内投资主体的60%。其中，国家级龙头企业1家，为天津市海禄投资有限公司（投资企业1家）；市级龙头企业5家，分别为天津海发远洋渔业有限公司（投资企业1家）、生源（天津）生物工程有限公司（投资企业1家）、天津市利民调料有限公司（投资企业1家）、天津食品集团有限公司（投资企业1家）、傲绿集团股份有限公司（投资企业1家）。

截至2018年底，国家级龙头企业累计投资380万美元，占比0.48%；市级龙头企业累计投资

7 133.41万美元，占比9.04%；非龙头企业累计投资71 384.82万美元，占比90.48%。

截至2018年底，天津市利民调料有限公司在境外累计投资1 216万美元，在龙头企业中占比16.18%；天津食品集团有限公司在境外累计投资5 866.41万美元，占比78.08%；天津市海禄投资有限公司在境外累计投资380万美元，占比5.06%；生源（天津）生物工程有限公司在境外累计投资1万美元，占比0.01%；傲绿集团股份有限公司在境外累计投资50万美元，占比0.67%；天津海发远洋渔业有限公司在境外累计投资0.001万美元。

（三）典型案例：天津利民调料公司加纳番茄酱加工厂项目

1．项目背景

天津市利民调料有限公司隶属于天津市食品集团，是天津市规模最大、设备最先进的酿造及复合调味品生产基地，有着半个世纪的悠久历史。产品涵盖生产辣酱、番茄酱、甜面酱、醋、酱油、酱腌菜、腐乳和火锅料八大类，近200个品种的酿造及复合调味品。公司按照国际一流、国内领先的要求配置生产线，获得了甜面酱行业标准及辣椒酱国家标准的制标权，使利民成为国内调味品生产的典范企业。旗下的"利民""光荣""玉川居"等几个主品牌荣膺天津市著名商标、津门老字号、中华老字号等称号，产品畅销国内、国际市场。为了响应国家"走出去"及"一带一路"倡议，拓展海外市场、增加产品出口份额，天津市利民调料有限公司（以下简称利民公司）在加纳地区实施投资建设小包装番茄酱加工厂项目。

2．项目进展情况

该项目注册公司为利丰食品加纳有限公司（以下简称加纳食品），注册地为加纳首都阿克拉市特马港保税区，注册资本为2 000万元，其中利民公司出资1 300万元，占总股本的65%；加纳裕丰食品有限公司（以下简称"裕丰公司"，注册地为加纳）出资700万元，占总股本的35%。项目计划投资总额13 250万元（投资总额包括注册资本金），其中利民公司按持股比例出资8 612.5万元、裕丰公司按持股比例出资4 637.5万元。除注册资本金2 000万元外，项目其余资金11 250万元，由新公司股东按持股比例投入。

项目占地88亩，全部建成后拥有两个仓库、两个生产车间、一个综合楼。目前，综合楼主体完成。车间厂房建设主体完成，设备安装完成80%，车间厂房及仓库的建设全部具备生产条件，已完成一条软包生产线设备的安装调试，具备正式生产能力。其余两条生产线已布局完毕。

利民公司及其子公司天津瑞盈食品有限公司（以下简称瑞盈公司）已于2018年6月派员赴加纳首都阿克拉市特马港保税区开始参与实施厂房配套设施建设以及生产设备安装调试等相关工作。该项目正在实施土建工程及配对、灭菌设备的安装调试工作，8月底建成一条软包装生产线，并实现试生产。

五、2018年天津农业对外投资面临的主要困难和政策建议

（一）主要困难

1．投资风险

根据本次信息采集结果，天津市15家对外投资企业中，认为投资风险一般的为8家，占比53.33%；认为投资风险较低的为7家，占比46.67%。

2．最可能发生的风险类型

根据本次信息采集结果，天津市15家农业对外投资企业中，认为最可能发生的风险类型，选择市场的有3家，占比20%；选择自然的有7家，占比46.67%；选择法律的有1家，占比6.67%；选择政治的有4家，占比26.67%。

3．影响最大的风险类型

根据本次信息采集结果，天津市14家农业对外投资企业中，认为影响最大的风险类型，选择市场的有1家，占比7.14%；选择自然的有7家，占比50%；选择法律的有1家，占比7.14%；选择政治的有5家，占比35.71%。

根据本次信息采集结果，截至2018年底，天津市15家对外投资企业共有6家遭遇过风险，占全部对外投资企业的40%，风险均为自然。

（二）政策建议

1．需要的国内支持政策

根据本次信息采集结果，天津市15家对外投资企业中，需要国内资金政策支持的有11家，选择金融的有6家，选择保险的有2家，选择税收的有2家，选择通关的有4家，选择检验检疫的有1家。

2．需要的境外支持政策

根据本次信息采集结果，天津市15家对外投资企业中，需要境外资金政策支持的有2家，选择金融的有11家，选择保险的有1家，选择税收的有2家，选择通关的有2家，选择检验检疫的有2家，选择公共服务的有3家。

附件 天津市企业农业对外投资情况一览表

序号	境内企业	序号	境外企业	国家	境外企业设立（并购）年份（年）	年底累计对外投资额（万美元）	年底资产总额（万美元）	农业产业营业收入（万美元）	年底境外企业总人数（人）
1	天津聚龙嘉华投资集团有限公司	1	帕米那公司	印度尼西亚	2014	19 317	15 434	465.56	1 210
		2	普特拉公司	印度尼西亚	2014	18 921.4	13 139.7	687	1 550
		3	格兰德公司	印度尼西亚	2014	9 769	12 265	566	1 465
		4	瑞泽基公司	印度尼西亚	2014	5 596	4 690.87	766	1 402
		5	格拉哈英迪马斯有限公司	印度尼西亚	2014	2 282.6	6 065.3	3 224	1 855
2	天津市邦柱贸易有限责任公司	6	龙威棕榈种植（印度尼西亚）有限责任公司	印度尼西亚	2006	14 567.2	12 710.4	2 403	1 900
3	天津天隆农业科技有限公司	7	亚洲农业技术中心	印度尼西亚	2015	40.32	81.13	0	7
		8	越隆联营有限公司	越南	2018	15.3	30	0	4
4	天津海发远洋渔业有限公司	9	天津海发远洋渔业驻缅甸项目部	缅甸		0.001	0.001	0	214
5	天津食品集团有限公司	10	天津农垦集团保加利亚公司	保加利亚	2011	5 866.412 8	5 025.9	839.51	61

（续）

序号	境内企业	序号	境外企业	国家	境外企业设立（并购）年份（年）	年底累计对外投资额（万美元）	年底资产总额（万美元）	农业产业营业收入（万美元）	年底境外企业总人数（人）
6	天津中欧农牧国际贸易有限公司	11	保加利亚天世农饲料有限公司	保加利亚	2015	876	868	22	25
7	天津市利民调料有限公司	12	利丰食品加纳有限公司	加纳	2018	1 216	1 216	0	
8	天津市海禄投资有限公司	13	澳大利亚海禄国际有限公司	澳大利亚	2015	380	380	0	3
9	傲绿集团股份有限公司	14	傲绿美国公司	美国	2015	50	50	0	0
10	生源（天津）生物工程有限公司	15	生源（美国）生物工程有限公司	美国	2016	1	99.53	0.000 1	5
合计						78 898.233 8	72 055.831	8 973.070 1	9 701

2018河北省农业对外投资合作分析报告

近年来，在国家"一带一路"倡议引领和政策指导下，河北省农业对外投资蓬勃发展，无论投资规模还是企业数量均稳定增长，投资主体日益多元化，经营领域不断扩大，有力地促进了河北省农业生产结构调整，拓宽了农业国际化发展道路。河北省各级政府也积极支持，不断提升国际国内两个市场、两种资源的统筹利用水平，取得了显著的投资效果。目前，河北省多地区、多领域、多形式的农业对外投资格局已经初步形成，而且正成为河北省对外投资合作的新增长点。

2018年，河北省共采集19家省内企业在境外开展农业对外投资的21家境外企业（不含境外已经注销的企业）的相关经营数据，其中，晨光生物科技集团股份有限公司1家省内企业投资了3家境外企业。报告主要以这21家境外企业的采集数据信息为依据，对全年河北省农业对外投资情况进行具体分析。

一、2018年农业对外投资总体情况分析

（一）总体特征

根据国家商务部网站信息资料，截至2018年底，河北省农业对外投资企业数量达到了40家，成功进行信息采集19家，其他境外企业因没有继续经营未纳入信息采集范围。虽然近年来河北省农业对外投资企业每年均有增加，但数量仍远远少于同为东部地区的其他省份，未来仍有巨大发展潜力。

（二）企业经营情况

与2017年相比较，河北省农业对外投资主要集中于种植业、畜牧业和农业其他行业。其中投资于种植业的投资存量占比最高，高达86.45%；其次是投资畜牧业的投资存量，占12.92%；而投资于农业其他行业的投资存量占比较低，只有0.63%。目前，河北省仍没有在境外投资林业和渔业的农业企业。

2018年，种植业新增投资增长最为强劲，达到了362.9万美元，占新增投资额总量的91.2%；其次是农业其他行业，新增投资35万美元，占新增投资额总量的8.8%；其他类别农业投资与2017年相比较均没有变化。可见，河北省农业对外投资结构不尽合理，种植业和农业其他行业投资迅速增长的同时，其他农业产业投资则停滞不前，需要进一步调整投资结构。

在投资存量方面，2018年，21家境外企业累计农业对外投资额达到了29 548.96万美元，比2017年的27 660.40万美元增长了约1 888.56万美元，增幅为6.83%。调查显示，增幅之所以比较小，一方面是因为各企业受宏观经济形势影响，海外投资信心不足；另一方面是因为政府支持政策不足，支持力度比较小，导致企业投资动力不足。

（三）投资趋势

1. 企业投资热情提升，对外投资额增速明显

从投资存量来看，2014年以来，河北省农业企业对外投资规模增速明显，累计对外投资从2014年的11 906万美元增长到2018年的29 549万美元，短短4年时间，翻了一番还多（表1）。说明河北省农业企业对外投资热情比较高，境外投资意愿比较强烈。但从投资流量来看，河北农业对外投资在经历了2015年和2016年连续两年大幅上涨后，2017年和2018年投资流量迅速下降（表2），其主要原因是2017年开始的中美贸易战，造成了一定的国际经济环境恶化，动摇了投资者境外投资的信念，降低了对外投资意愿。

表1　2014—2018年上报企业累计对外投资额

单位：万美元

行业	年份（年）				
	2014	2015	2016	2017	2018
种植业	8 756.00	8 839.09	8 899.59	10 199.11	25 544.70
林业	0.00	0.00	0.00	0.00	0.00
畜牧业	3 000.00	5 486.00	9 919.50	3 898.50	3 818.50
渔业	0.00	0.00	0.00	0.00	0.00
其他	150.00	1 954.79	1 954.79	13 562.79	185.76
总计	11 906.00	16 279.88	20 773.88	27 660.40	29 548.96

数据来源：河北省21家农业对外投资企业信息采集数据。表2至表5同。

表2　2014—2018年上报企业新增对外投资额

单位：万美元

行业	年份（年）				
	2014	2015	2016	2017	2018
种植业	4.81	13.11	0.00	36.47	362.90
林业	0.00	0.00	0.00	0.00	0.00
畜牧业	680.00	2 286.00	3 518.50	0.00	0.00
渔业	0.00	0.00	0.00	0.00	0.00
其他	0.00	154.81	0.00	483.00	35.00
总计	684.81	2 453.92	3 518.50	519.47	397.90

2. 对外投资企业经营出现了一定的分化现象

2014年以来，河北省农业对外投资企业经营，出现了一定的分化现象。例如，晨光生物科技集团旗下的晨光生物科技印度有限公司、晨光天然提取物印度有限公司以及嘉禾农业有限公司旗下的联合农业有限公司经营状况良好，因此，农业对外投资规模不断增加，取得了很好的经济效益。但是同时，金木集团加纳分公司、中地海外集团农业开发有限公司和亚洲纺织制衣有限公司、亚洲农用三轮车公司三家企业在经营中均出现了一些现实问题，影响了公司的对外投资盈利水平。

二、2018年重点区域和国别投资情况分析

（一）各大洲分布情况及特征

从境外农业投资地区分布来看，截至2018年底，河北省企业境外农业投资在世界各洲均有分布，非洲累计投资额最高，达到了13 928万美元，占全省对外投资总额的47.14%；其次是大洋洲，12 846.8万美元，占43.48%；亚洲（2 201.60万美元，7.45%）、北美洲（250万美元，0.85%）、南美洲（200万美元，0.68%）、欧洲（122.5万美元，0.41%）较少。

从农业对外投资流量方面看，2018年河北省农业对外投资额度较少。在2018年采集的21家企业中，只有4家境外投资企业有农业新增投资，分别是晨光天然提取物印度有限公司的311万美元、朝鲜申城贸易会社的51.9万美元、韩国中润株式会社的30万美元和文龙林业株式会社的5万美元，四家公司共计新增投资397.9万美元。主要原因是中美贸易战愈演愈烈，引发整个国际经济形势不明朗，各企业为了规避风险，多持观望态度，不敢贸然增加投资。

（二）主要经济合作组织分布情况

2018年，在对主要经济合作组织成员国的农业投资中，河北省农业企业对金砖国家和上海合作组织的农业投资流量最多，达到了311万美元，均为对印度的农业投资。对亚太经济合作组织的农业流量投资虽然不多，只有35万美元，但农业存量投资额最多，达到了13 435.56万美元，占到了对四大合作组织农业投资总存量的88.12%（表3）。

表3 2018年河北省主要经济合作组织农业投资情况

主要经济合作组织	国家	企业数量（个）	投资流量（万美元）	投资存量（万美元）
东盟	泰国	1	0.00	153.00
金砖国家	印度	2	311.00	1 811.00
上海合作组织	印度	2	311.00	1 811.00

（续）

主要经济合作组织	国家	企业数量（个）	投资流量（万美元）	投资存量（万美元）
亚太经济合作组织	澳大利亚	3	0.00	12 846.80
	韩国	3	35.00	185.76
	泰国	1	0.00	153.00
	美国	1	0.00	250.00
合计	—	10	346.00	15 246.56

注：合计数据中，印度和泰国均只计算一次。

（三）重点国家分布情况

在调查的21家企业中，在非洲投资有7家，分别投资于埃塞俄比亚（2家）、乌干达（2家）、喀麦隆（1家）和赞比亚（2家）4个国家；投资于亚洲国家的公司有7家，分别在韩国（3家）、印度（2家）、泰国（1家）和朝鲜（1家）；投资于大洋洲的公司有3家，均在澳大利亚；投资于欧洲的公司2家，分别在波兰和罗马尼亚；投资于北美洲和南美洲的公司均只有1家，其中美国1家，阿根廷1家。可见，在调查企业中，投资于非洲和亚洲的公司最多，占比均达到了1/3。主要原因是非洲国家比较贫困落后，各种资源如土地等比较丰富，进入门槛较低，优惠条件较多，劳动力成本较低，对河北省农业企业有较强的吸引力。而对于亚洲国家，主要原因是距离较近、投资成本较低，生产、生活习惯与中国比较类似，在投资方面便于交流沟通。而在北美洲、欧洲、南美洲和大洋洲的投资还较少，进一步拓展投资规模的潜力巨大。

三、2018年对外农业投资的行业分析

（一）产业分布总体情况

目前，河北农业对外投资主要涉及种植业、畜牧业和农业其他产业3个产业类别。2018年农业对外投资主要集中在种植业和农业其他产业，投资流量为397.9万美元。其中，种植业和农业其他产业投资占比分别为91.2%和8.8%。在投资存量中，种植业仍稳居第一位，达到了25 544.7万美元，超过了投资总存量的86%；其次是畜牧业，3 818.5万美元，约占投资总存量的13%；农业其他产业投资存量占比最低，不到1%。

（二）各产业投资情况

1. 种植业对外投资

2018年河北企业境外种植业投资流量达到了362.9万美元，且均为亚洲投资，分别是秦皇岛卢

朝贸易集团有限公司的 **51.9** 万美元和晨光天然提取物印度有限公司的 **311** 万美元。虽然受到国际经济局势影响，河北省种植业对外投资仍保持了强劲的增长势头。

2018 年河北企业境外种植业投资存量达到了 **25 544.7** 万美元，占农业对外投资总存量的 **86.45%**。种植业投资主要集中在非洲、澳洲和亚洲地区，主要原因是土地成本和距离成本两个因素共同导致的结果。

2．农业其他产业对外投资

受国际经济局势影响，2018 年河北企业境外农副产品加工业对外投资流量仅为 **35** 万美元。主要是因为企业投资信心不足，我们相信，随着国际经济形势的明朗化，企业投资信心会进一步增强。

2018 年河北企业境外农业其他产业投资存量仅为 **185.76** 万美元，占农业对外投资总存量的 **0.63%**，投资主要集中在亚洲地区。

四、企业报告

（一）对外农业投资企业总体情况

河北省境外农业投资的企业主要来自省内经济较发达的地区，各地区对外投资数量和所占比例差异较大，各市投资企业及占比分别是：邯郸市 5 家，占比最高为 23.81%；石家庄市 4 家，占比为 19.05%；唐山市、承德市和廊坊市均有 3 家，占比均为 14.29%；保定市、张家口市和秦皇岛市各有 1 家（表 4）。农业对外投资企业数量方面总体表现为经济实力较强的地区比经济实力较弱的地区对外投资企业数量要多一些。

表 4　主要地区农业对外投资情况

地区	企业数量（个）	投资流量（万美元）	投资存量（万美元）
邯郸市	5	311.00	5 412.00
保定市	1	0.00	20.00
石家庄	4	0.00	19 112.00
承德市	3	30.00	1 096.30
廊坊市	3	0.00	3 543.00
唐山市	3	5.00	160.76
秦皇岛市	1	51.90	51.90
张家口市	1	0.00	153.00
合计	21	397.90	29 548.96

截至2018年底，累计投资规模超过2 000万美元的企业有3家，占企业总数的14.29%；累计投资规模在1 000万~2 000万美元的企业有2家，占企业总数的9.52%；累计投资规模在500万~1 000万美元的企业有4家，占企业总数的19.05%；累计投资规模在200万~500万美元的企业只有1家，占企业总数的4.76%；累计投资规模在100万~200万美元的企业有3家，占企业总数的14.29%；累计投资规模低于100万美元的企业最多，共8家，占企业总数的38.09%。可见，河北省农业对外投资企业多数投资规模仍比较小，累计投资低于200万美元的企业数量超过了一半，换句话说，不到一半的企业累计投资超过了200万美元，这与其他东部沿海省份相比，投资规模明显偏小。

（二）各类型企业对外农业投资情况

2018年，在各种类型企业中，无论是从投资流量还是从投资存量方面看，都是独资企业最多。在投资流量方面，全年独资企业投资流量达到了346万美元，占当年各种类型企业投资流量的86.96%；其次是其他类型企业，投资流量51.9万美元，占比为13.04%。而合资企业和合作企业当年均没有新增对外投资。在投资存量方面，全年独资企业投资存量达到了26 050.26万美元，占当年各种类型企业投资存量的88.16%；其次是合资企业，投资存量为2 230万美元，占比为7.55%；其他类型的企业，投资存量为1 048.7万美元，占比为3.55%；而合作企业对外投资存量最少，只有220万美元，占比仅为0.74%（表5）。

表5 部分境外农业投资企业基本情况

企业类型	企业数量（家）	投资流量（万美元）	投资存量（万美元）
独资	12	346.00	26 050.26
合资	5	0.00	2 230.00
合作	2	0.00	220.00
其他	2	51.90	1 048.70
合计	21	397.90	29 548.96

（三）企业典型案例分析

河北省秦皇岛市卢龙县政府引导卢龙县当地最具代表性的三家农业型股东单位孤竹小金米专业种植合作社、秦皇岛申龙生态农业开发有限公司和龙北甘薯种植专业合作社，发挥各自优势，实现强强联合，打好组合拳，于2018年11月组建秦皇岛卢朝贸易集团有限公司，注册资金1 000万元，公司境内资产总额3 120万元。率先在国内外建立了对外农业开放试验区，集中发展食用农产品销售、贸易代理及技术进出口的对外贸易业务。

秦皇岛卢朝贸易集团有限公司国外试验区位于朝鲜民主主义人民共和国平壤市康翎郡，由朝鲜申成贸易会社管辖。朝鲜申成贸易会社共拥有四个试验区，康翎郡农场为其中之一，现有耕地面积25万亩，主要种植甘薯、谷子、花生、玉米等农作物，品种主要以卢选1号、烟薯25、冀薯26、商薯19等为主；谷子种植500亩，品种主要以冀谷38、冀谷39为主。在试验区引入前，当地甘薯年产仅有500千克左右，经过农业开放试验项目合作，当地甘薯亩产量达2500千克。目前，秦皇岛卢朝贸易集团有限公司向朝鲜申城贸易会社投资51.9万美元，均用于甘薯生产。其中，农经投入36.4万美元，种苗投入15万美元，种子投入0.5万美元。2019年上半年，产出种子100吨，销售种子19.6万美元。

目前，秦皇岛卢朝贸易集团有限公司对外农业投资这种由两国政府牵头，进行深入对接合作的农业对外投资模式在双方的共同努力下，取得了初步的成绩，必将为将来的深入合作奠定坚实的基础。

五、2018年农业对外投资面临的主要困难和政策建议

（一）主要困难

1. 企业层面

（1）资金压力较大。从调研的情况看，首先，现有农业"走出去"企业主要是民营企业，与国有企业相比，无论是自身实力还是融资能力均相对不足，投资规模均较小，企业资产规模在200万美元以下的企业占了62%。其次，大多处于投资的前期阶段，还有部分项目是援助项目，短期内资金需求量相对企业规模而言比较大。而且一半以上企业在亚非拉等发展中国家投资，这些国家农业基础设施配套不完善，企业不得不对当地的道路、河道、供电、排灌等基础设施进行完善，这也大大提升了"走出去"企业的投资成本。在这方面，虽然河北省出台了相关支持政策，但对企业境外投资额要求较高。调查中多数企业反馈应降低投资额标准，这样才能让更多企业享受政府的扶持政策。

（2）规模小、实力较弱，缺乏竞争力。河北省农业对外投资起步晚，农企规模普遍偏小，资金技术实力较弱，多以初级农产品的种植和养殖为主，处于产业链低端环节，对产品加工、收储、流通、定价、销售等缺乏有效掌控，导致其产品在当地乃至国际市场中缺乏竞争力。调查中有企业反映，虽然有些企业肉牛养殖规模不断扩大，但自己无权屠宰，只能低价出售给当地屠宰场，而牛肉加工品的高端市场价格却与企业无关。

（3）缺乏高素质的国际型复合人才。在调查的21家企业中，17家企业反映高素质的国际型复合人才严重匮乏，企业中方员工掌握当地语言的比例明显偏低。一方面，使得对外投资面临经济风险和合作风险时不能及时高效化解，另一方面，制约了企业在境外业务的拓展和规模扩张，高素质复合人才的培养迫在眉睫。

（4）境外投资信息获取渠道单一。调查显示，部分农业企业对外投资活动具有一定的偶然性，甚至有的企业投资是通过熟人、朋友介绍，而不是通过详细考察境外市场获得。企业对外农业投资信息获取渠道单一，导致企业难以做出清晰的投资规划和部署，错失更好的国际市场机会，同时还

可能由于信息不准确面临各种政治、市场风险，带来不必要的经济损失。

（5）企业政策法规意识不强。由于个别企业对目标国的政策法规认识存在不足，没有很好地利用两种资源、两种规则和两个市场，导致投资失败的情况在国内时常发生。调查中，发现居然有企业并没有通过政府相关部门登记备案，就直接进行对外投资，如此发展，如果在境外经营过程中遇到各种风险或其他不利条件，政府就很难保障企业在境外的权利。

2．国家层面

（1）政策支持体系有待进一步完善。一是国内政策不到位，企业缺乏对外投资的法律保障。近年来，国家及省政府在农业"走出去"方面虽然陆续出台了一些政策文件，但这些文件基本停留在投资鼓励及引导环境，尚未形成行之有效的对外投资支持法律、政策体系，缺乏具体引导企业对外农业投资的产业政策、技术政策、金融政策、保险政策及税收政策等。二是信息服务不到位。主管部门缺乏对"走出去"工作的有力抓手和着力点，不能及时有效提供企业所需的信息服务。三是缺少农业"走出去"地市规划。各市没有依据省级规划制定市级农业"走出去"规划，"走出去"投资多数企业属自发行为。一方面，导致境外投资的成败具有较大的偶然性，另一方面，由于缺乏政府引导，在投资领域极易发生一哄而上、重复投资甚至恶性竞争等问题，从而导致企业利益短期化，缺乏中长期投资的战略性指导。

（2）国内外汇管理政策严格。通过对21家企业的调研，超过2/3的企业反映国内外汇管控过于严格，企业在扩大对外投资规模过程中，严重影响了企业对外汇款，制约了企业扩大境外投资的步伐。

3．东道国层面

（1）东道国政策与政局动荡风险。通过对河北省21家主要农业对外投资企业进行深入访谈，我们发现一些企业经常面临东道国政府的"歧视"，主要表现在东道国出台的歧视中国企业的政策。这些东道国往往通过制定土地购买、租赁方面的特殊政策，对中国企业实施歧视性限制，给投资企业带来不必要的投入和损失。另外，存在社会环境动荡、当地政府缺乏诚信、基础设施供给不到位、劳工政策烦琐等现实问题，都会增加企业"走出去"的风险。

（2）配套支持措施少。调查发现，多数国家虽然有扶持外资的相关政策法规，但在调查企业中，几乎没有企业能够真正享受到这些东道国的政策。相反，对境外投资企业的相关限制却比较多，如各种烦琐的审批手续及审批程序的复杂和漫长，这也在一定程度上抑制了对外投资规模的进一步扩大，企业不能顺利进行扩大再生产。

（二）政策建议

1．构建农业"走出去"服务体系

建议国家层面加大对全国农业对外投资的统一管理和指导，谋划出台"农业对外投资的专项战略规划"，进一步完善农业"走出去"服务体系建设。各省结合本地实际情况，逐步建立与国家服务体系配套的地方服务体系，为对外投资企业打造健康发展的良好内部环境。

2．加强对农业"走出去"企业的金融支持

既然国家层面的投资补贴很难申请，省政府应根据全省现有农业对外投资企业的具体情况，相应降低农业对外投资企业的奖补门槛，只有增加政府奖补的受众企业，才能真正让对外投资企业得到实惠，不断增加投资，提高投资效率。另外，要重点支持企业通过跨国公司外汇资金集中运营、内保外贷、境外发债等方式，多渠道解决企业境外融资问题。同时，进一步强化保险服务，鼓励境内保险公司与"走出去"企业直接对接，开发适合境外农业风险特点的保险产品和承保方案，使保险服务尽可能多地覆盖企业海外投资风险。

3．积极培育农业对外投资主体

各级政府应根据辖区农业龙头企业发展现状，尽快选择一批"具有一定规模，发展基础较好，有从事对外农业投资开发的经验和基础，经济实力强大，人才尤其是国际经营人才储备充足"的跨国农业企业给予重点支持。鼓励各类企业加大境外农业投资力度，参与国际农业贸易与合作，打造一批能够在国际农业产业链条和国际农产品市场上灵活运营、长期发展的实力派跨国农业企业，形成有自生能力的国际农业企业，并逐步构建完整的产业链，增强企业国际市场话语权和资源配置能力。

2018安徽省农业对外投资合作分析报告

一、2018年农业对外投资总体情况分析

（一）总体特征

1. 对外农业投资流量分析

2018年，安徽省企业对外农业新增投资额为609万美元，全部为绿地（新建或追加）投资。其中，用于生产的新增投资额为267.5万美元，占比43.92%；用于科研的新增投资额为213.2万美元，占比35.01%；用于仓储的新增投资额为61.2万美元，占比10.05%；用于物流的新增投资额为53.4万美元，占比8.77%；用于品牌的新增投资额为8.78万美元，占比1.44%；用于加工的新增投资额为4.92万美元，占比0.81%。

从区域分布上看，安徽省新增对外农业投资分布在非洲、北美洲和亚洲；从国家（地区）上看，主要投资在美国和津巴布韦；从产业上看，主要投资在种植业上。

2. 对外农业投资存量分析

截至2018年底，安徽省企业累计对外农业投资总额为16 991.43万美元。其中，用于生产的累计投资额为11 453.16万美元，占比67.41%；用于科研的累计投资额为2 114.83万美元，占比12.45%；用于物流的累计投资额为1 348.96万美元，占比7.94%；用于品牌的累计投资额为999.90万美元，占比5.88%；用于仓储的累计投资额为971.55万美元，占比5.72%；用于加工的累计投资额为103.03万美元，占比0.60%。

从区域分布上看，安徽省对外农业投资企业分布在北美洲、南美洲、非洲、亚洲和欧洲。从国家（地区）上看，对外农业投资主要集中在巴西、津巴布韦和美国。

3. 对外农业投资企业数量与特征

截至2018年底，安徽省21家对外投资农业企业共在境外设立22家企业。其中，11家为合资企业，10家为独资企业，1家为其他企业。

2018年，安徽省对外农业投资企业中，有21家正在经营，1家暂停经营。新增对外投资的农业企业有8家，14家没有新增投资。

（二）企业经营情况

1. 企业资产状况

截至2018年底，安徽省境外农业企业资产总额为41 745.85万美元。其中，境外农业企业资产总额在200万美元及以下的企业有10家，200万～500万美元的企业有3家，500万～1 000万美元的企业有1家，1 000万～2 000万美元的企业有4家，2 000万～5 000万美元的企业有1家，1亿美元以上的企业有3家。

2. 企业经营状况

2018年，安徽省境外农业企业向东道国缴纳税金为191.24万美元，企业实现营业收入24 724.53万美元。

其中，种植业营业收入总额为835.64万美元，林业营业收入总额为1 520万美元，畜牧业营业收入总额为2 412.51万美元，渔业营业收入总额为169.79万美元，其他营业收入总额为19 786.59万美元。

3. 企业从业人员状况

2018年，安徽省境外农业企业在东道国雇用外方人员1 140人。其中，在津巴布韦雇用660人，占雇用总数的57.89%；在泰国雇用377人，占雇用总数的33.07%。企业雇用外方人员年工资总额为1 010.54万美元。指导当地农民开展农业生产人数为1 953人。截至2018年底，安徽省22家境外农业企业总人数为1 340人。

二、2018年重点区域和国别投资情况分析

（一）各大洲分布情况及其特征

2018年，安徽省农业对外投资区域主要集中在非洲、北美洲和亚洲。其中，在非洲投资290万美元，占比47.62%；在北美洲投资240万美元，占比39.41%；在亚洲投资79万美元，占比12.97%。

截至2018年底，安徽省农业企业对外投资区域，分布在北美洲、南美洲、非洲、亚洲和欧洲。其中，累计对北美洲投资4 090.368万美元，占比24.07%；累计对南美洲投资4 029.26万美元，占比23.71%；累计对非洲投资3 709万美元，占比21.83%；累计对亚洲投资3 592.8万美元，占比21.15%；累计对欧洲投资1 570万美元，占比9.24%。

（二）主要经济合作组织分布情况

1. 对"一带一路"沿线国家的农业投资状况

2018年，安徽省对"一带一路"沿线国家中的津巴布韦、印度尼西亚、哥斯达黎加、巴基斯坦、

韩国和越南的农业投资额达409万美元，占总投资额的67.16%。其中，投资最多的国家是津巴布韦。

截至2018年底，安徽省对"一带一路"沿线国家累计农业投资额达6 901.8万美元，占总投资额的40.62%。其中，投资最多的国家是津巴布韦，其次是泰国。

2．对亚太经济合作组织成员的农业投资状况

2018年，安徽省对亚太经济合作组织成员中的美国、印度尼西亚、韩国和越南进行了农业投资。投资总额达264万美元，占总投资额的43.35%。其中，投资最多的是美国。

截至2018年底，安徽省对亚太经济合作组织成员累计农业投资达6 770.868万美元，占总投资额的39.85%。其中，投资最多的是美国，其次是泰国。

（三）重点国家分布情况

1．对外农业投资的流量分析

2018年，安徽省企业主要对外农业投资国为津巴布韦和美国。其中，对津巴布韦新增农业投资290万美元，占比47.62%；对美国新增投资200万美元，占比32.84%。此外，对印度尼西亚新增农业投资50万美元，占比8.21%；对哥斯达黎加新增农业投资40万美元，占比6.57%；对巴基斯坦新增农业投资15万美元，占比2.46%；对韩国新增农业投资10万美元，占比1.64%；对越南新增农业投资4万美元，占比0.66%。

2．对外农业投资的存量分析

截至2018年底，安徽省企业累计对外农业投资额为16 991.428万美元。其中，对巴西投资4 029.26万美元，对津巴布韦投资3 699万美元，对美国投资3 610.368万美元，对泰国投资1 921万美元，对法国投资1 500万美元。安徽省累计对外农业投资前八位的国家（地区）情况见表1。

表1 安徽省累计对外农业投资前八位的国家（地区）

国别（地区）	累计投资额（万美元）	占总投资额（%）
巴西	4 029.26	23.71
津巴布韦	3 699	21.77
美国	3 610.368	21.25
泰国	1 921	11.31
法国	1 500	8.83
中国香港	950	5.60
哥斯达黎加	480	2.83
以色列	338	1.99

三、2018年对外农业投资的行业分析

（一）产业分布总体情况

1. 行业分布状况

安徽省对外农业投资企业中，从事种植业的企业有11家，从事林业的企业有1家，从事畜牧业的企业有1家，从事渔业的企业有1家，从事农林牧渔服务业的企业有1家，从事其他相关的农业企业有7家。

2. 各行业投资状况

2018年，安徽省对外农业新增投资中，从事种植业的企业新增投资额为599万美元，从事农产品加工业的企业新增投资额为10万美元。

截至2018年底，安徽省累计对外农业投资中，从事种植业的企业累计对外农业投资额为6 189.97万美元，占总投资额的36.41%；从事林业的企业累计对外农业投资额为1 928万美元，占总投资额的11.34%；从事畜牧业的企业累计对外农业投资额为1 500万美元，占总投资额的8.82%；从事渔业的企业累计对外农业投资额为0.698万美元；从事农林牧渔服务业的企业累计对外农业投资额为338万美元，占总投资额的1.98%；从事其他相关的农业企业累计对外农业投资额7 043.76万美元，占总投资额的41.45%。

（二）各产业投资情况

1. 粮食作物投资状况

2018年，安徽省有4家农业企业在境外投资生产粮食作物，新增投资额190万美元。其中，安徽农垦农业投资开发有限公司在津巴布韦投资生产小麦、玉米，安徽恒进农业发展有限公司和安徽天瑞生态科技有限公司在津巴布韦投资生产玉米，安徽绿之康农业科技发展有限公司在印度尼西亚投资生产水稻。

2018年，安徽省农业企业在境外共投资生产玉米2 100吨，实现销售收入46万美元；共生产水稻203.8吨，实现销售收入61.24万美元。

2. 经济作物投资状况

2018年，安徽省有3家农业企业在境外投资生产经济作物。其中，安徽农垦农业投资开发有限公司在津巴布韦投资生产大豆，安徽恒进农业发展有限公司在津巴布韦投资生产烟叶，安徽江淮园艺种业股份有限公司在哥斯达黎加生产瓜果。具体产量和销售情况见表2。

表2　2018年安徽省境外企业经济作物生产销售情况

经济作物	产量（吨）	在东道国销售数量（吨）	在东道国销售收入（万美元）	在其他国销售数量（吨）	在其他国销售收入（万美元）
大豆	300	300	11.4	0	0
烟叶	200	200	80	0	0
瓜果	13	4	65	9	148

3．相关产业投资状况

2018年，安徽省有3家对外农业企业对农作物种子的科研、品牌与推广进行投资，新增投资额219万美元。分别为安徽隆平高科种业有限公司、安徽华韵生物科技有限公司和安徽国豪农业科技有限公司。目前均没有产出。

安徽东宝食品有限公司在韩国新增投资10万美元，加工薯类产品4 185.26吨，实现销售收入627.789万美元。

（三）典型产业投资合作情况

种子产业是安徽省对外农业投资的重点产业之一。2018年，安徽省对外新增投资额609万美元，其中对农作物种子科研与推广的新增投资额达到219万美元，占比35.96%。

在安徽省21家对外投资农业企业中，有6家企业在境外从事农作物种子的科研、生产、试种推广等业务，占比28.57%。

其中，安徽隆平高科种业有限公司2013年在美国设立独资子公司，累计投资1 581.67万美元，全部用于农作物育种研究；安徽华韵生物科技有限公司2017年在越南设立分支机构，持股比例10%，累计投资125万美元，用于农作物种子的科研与品牌推广；安徽国豪农业科技有限公司2017年开始在巴基斯坦投资，两年累计投资25万美元，用于农作物种子的科研与品牌推广；安徽荃银种业科技有限公司2014年在孟加拉国设立独资子公司，累计投资19.3万美元，用于农作物种子的科研与品牌推广；天禾农业科技集团股份有限公司2014年在美国成立独资子公司，累计投资100万美元，主要用于农作物种子的科研与品牌推广；安徽农垦农业投资开发有限公司2010年在津巴布韦设立子公司，持股50%，除生产粮食作物和经济作物以外，也生产农作物种子。

四、企业报告

（一）对外农业投资企业总体情况

1．企业分布情况

截至2018年底，安徽省在亚洲投资的农业企业有10家，在北美洲投资的农业企业有5家，在非洲投资的农业企业有4家，在欧洲投资的农业企业有2家，在南美洲投资的农业企业有1家。

2．中方控股情况

中方100%持股的境外农业企业有11家，中方持股80%～100%的境外农业企业有2家，中方持股50%～80%的境外农业企业有4家，中方持股小于50%的境外农业企业5家。

3．企业经营情况

2018年，安徽省境外农业企业向东道国缴纳税金为191.24万美元，实现企业营业收入24 724.53万美元。其中，种植业、林业、畜牧业、渔业和其他产业的营业收入及缴纳税金情况见表3。

表3　2018年安徽省对外农业投资企业经营情况

行业	营业收入总额（万美元）	企业向东道国缴纳税金（万美元）	指导当地农民开展农业生产人数（人）
种植业	835.64	32.29	1 815
林业	1 520	48	0
畜牧业	2 412.51	0	0
渔业	169.79	0	0
其他	19 786.59	110.95	138
总计	24 724.53	191.24	1 953

（二）各类型企业对外农业投资情况

1．农业产业化龙头企业对外农业投资状况

2018年，安徽省农业对外投资企业中，国家级农业产业化龙头企业2家，省级农业产业化龙头企业9家，市级农业产业化龙头企业2家，非龙头企业8家。

在13家对外投资的农业产业化龙头企业中，从事种植业的企业7家，从事林业的企业1家，从事渔业的企业1家，从事其他相关行业的农业企业4家。

2018年，农业产业化龙头企业新增对外投资269万美元。其中，对种植业投资259万美元，其他相关行业投资10万美元。

截至2018年底，农业产业化龙头企业累计对外投资9 779.628万美元。其中，累计对种植业投资2 741.67万美元，累计对林业投资1 928万美元，累计对渔业投资0.698万美元，累计对其他相关行业投资5 109.26万美元。

2．非龙头企业对外农业投资情况

在8家对外投资的非农业产业化龙头企业中，从事种植业的企业4家，从事畜牧业的企业1家，

从事农林牧渔服务业的企业1家，从事其他相关行业的农业企业2家。

2018年，非农业产业化龙头企业新增对外投资340万美元。全部为对种植业投资。

截至2018年底，非龙头企业累计对外投资7 211.8万美元。其中，累计对种植业投资3 448.3万美元，累计对畜牧业投资1 500万美元，累计对农林牧渔服务业投资338万美元，累计对其他相关行业投资1 925.5万美元。

（三）安徽农垦农业投资开发有限公司案例

安徽农垦农业投资开发有限公司为国有农垦企业，注册资本3 000万美元。截至2018年底，企业资产总额为10 251.1万元，境内从业人员10人。2011年在非洲津巴布韦投资成立合资子公司，（津-中）皖津农业发展（私人）有限公司。注册资本0.1万美元，中方持股比例50%。截至2018年底，农业资产总额为1 008.2万美元。

2018年企业对外农业新增投资额为250万美元。其中，农作物生产投入150万美元，仓储投入50万美元，物流投入50万美元。截至2018年底，企业累计对外农业投资额为2 500万美元。90%用于农作物生产，5%用于仓储，5%用于物流。

2018年，企业在津巴布韦雇用了当地人员500人，年工资总额为70万美元。指导了1 000名当地农民开展农业生产，农业产业营业收入为348.1万美元，主要生产小麦、玉米、大豆和种子。

企业除了生产经营农产品外，还在当地开展了向灾区捐粮、向学校捐款、向市政捐物等社会公益活动。

企业认为，津巴布韦自然资源丰富，工业、农业基础较好，劳动力和土地成本低，粮食短缺，农产品需求量大，有一定投资优势。但企业也认为在该国投资风险比较高，最有可能发生的风险类型是商业环境风险、市场风险和政治风险；在该国投资影响最大的风险类型也是商业环境风险，其次是法律风险和政治风险。并且2018年企业在该国遭遇过商业环境方面的风险。

企业最迫切需要国内支持的政策类型是资金、金融和保险，最迫切需要津巴布韦政府支持的政策类型是公共服务、金融和通关。

目前，企业希望政府能加强金融支持，使对外投资有充足的资金；也希望政府与东道国政府建立双边协调委员会，协调农业企业在境外发生的各种纠纷以及企业自身无法解决的问题，例如，津巴布韦货币汇率波动比较大、该国货币和美元不能自由兑换等问题。

五、2018年农业对外投资面临的主要困难和政策建议

（一）主要困难

1. 存在的风险

在对东道国投资的风险调查中，安徽省对外农业投资企业中，有2家农业企业认为投资风险

很高，6家农业企业认为投资风险高，9家农业企业认为投资风险一般，5家农业企业认为投资风险较低。其中，在东道国投资最有可能发生的风险类型首要为政治风险（11家），其次为市场风险（3家）、自然风险（2家）、商业环境风险（2家）、法律风险（2家）和技术风险（1家）；在东道国投资，影响最高的风险类型也是政治风险（9家），其次为市场风险（8家）、自然风险（2家）、商业环境风险（1家）。

2018年，安徽省有8家境外农业企业在东道国遭遇过商业环境、政治或市场风险。10家境外农业企业认为东道国的投资机会一般，9家认为投资机会好，1家认为投资机会差。

2. 主要困难

2018年，安徽省对外农业投资企业面临的最主要困难为资金和通关等困难。安徽省22家境外农业企业中，最迫切需要的国内支持政策类型为资金（16家），其次为金融（2家）、税收（2家）和信息（1家）。最迫切需要的东道国支持政策类型为通关（5家）和金融（5家），其次为税收（4家）、公共服务（3家）、资金（2家）和检验检疫（1家）。

（二）政策建议

（1）加强金融支持。加大对外投资农业企业信贷支持力度，同时构建跨境金融服务体系，使农业企业境外资产能够担保和抵押，拓宽融资渠道。

（2）加大政府财政支持力度。增加海外农业投资专项基金的投入，使规模较小的对外农业投资企业也能获得较多专项基金支持。同时，对农业企业在农业基础设施建设、生活设施建设和农机具购置等方面的投资给予一定补贴。

（3）提供通关便利。对于对外农业投资项目所需的生产资料和机械设备出境时，提供通关便利并适当减免出口环节税费。对于回运的农产品能优先检验检疫和通关。

（4）建立和完善海外农业企业农业保险体系。丰富境外农业投资保险品种，减少投资者由于政治动荡、战争、自然灾害、市场环境、汇率变动等因素带来的风险。

（5）政府完善农业对外投资综合信息服务平台，为农业对外投资企业提供市场、渠道、标准、制度等各种信息服务。

（6）政府与东道国政府建立双边协调委员会，协调农业企业在境外发生的各种纠纷。

（7）国家援非机构在采购粮食时，能在我国在非洲投资的中小农场采购一部分。

2018江西省农业对外投资合作分析报告

2018年，江西省全面贯彻中央和省委省政府决策部署，围绕乡村振兴发展战略布局，认真落实国务院和省政府关于促进农业对外合作意见精神，积极响应"一带一路"倡议，大力实施农业"走出去"战略，推动企业开展农业国际投资贸易合作，引导企业扩规模、延长产业链，在更广阔的国际舞台上谋求发展。

一、江西省企业对外农业投资合作概况

（一）总体特征

1. 江西省对外农业投资流量分析

2018年，新增投资额2 969.21万美元。其中，经济作物160.28万美元，占比5.4%；粮食作物1 158.00万美元，占比39.0%；畜牧业174.00万美元，占比5.9%；其他（食品、蔬菜、饲料、农业工程和生化等）1 476.93万美元，占比49.7%。

2. 江西省对外农业投资存量分析

截至2018年底，江西省累计对外农业投资总额（投资存量）为30 538.55万美元。累计对外农业投资的主要产业中：经济作物7家，累计投资额10 839.70万美元，占比35.5%；粮食作物6家（2家企业同时涉畜牧业），累计投资额2 706.95万美元，占比8.9%；农资5家，累计投资额2 895.85万美元，占比9.5%；其他（食品、蔬菜、饲料、农业工程和生化等）14家，累计投资额13 746.05万美元，占比45.0%；渔业1家，累计投资额350.00万美元，占比1.2%。

3. 江西省对外农业投资企业数量

2018年，江西省的24家境内企业在境外共投资设立了33家涉农企业。农业企业14家（其中农垦企业2家）境外投资设立了15家涉农企业；非农企业10家，境外投资设立了18家涉农企业。24家境内企业中，省会城市南昌市10家，地级市14家。

（二）企业经营情况

1. 产业类别

江西省对外农业投资的境外33家涉农企业中，经济作物7家，占比21.2%；粮食作物6家（其中1家也涉及畜牧业），占比15.2%；农资5家，占比15.2%；其他（食品、蔬菜、饲料、农业工程和生化等）14家，占比42.4%；渔业1家，占比3.0%。

2．投资类型

江西省对外农业投资设立方式的33家企业中，在对外农业投资企业注册类型中，独资企业26家，占比78.8%；合资企业6家；合作企业1家。设立方式中，子公司27家，联营公司1家，分支机构2家和其他设立方式3家。

3．经营现状

正在经营的25家，暂停经营的有3家，注销的有1家，筹备设立的有4家。九江市的九江鸿立食品有限公司对外投资企业注销。九江欧文斯建材有限公司、萍乡市的江西省萍乡市安华生物科技有限公司、江西核工业金品生物科技有限公司、江西华昊水产养殖有限公司已暂停经营。

（三）投资趋势

江西省对外农业投资的33家企业中，亚洲17家、非洲8家、欧洲4家、大洋洲4家。

投资目的地为亚洲、非洲和俄罗斯、澳大利亚等区域和国家。亚洲主要涉及食品、蔬菜、饲料等产业，非洲主要涉及粮食作物，俄罗斯等欧洲涉及粮食作物，澳大利亚等大洋洲主要涉及经济作物。江西省农业对外投资主要集中在对农业资源富集地区的农业投资，如东南亚、非洲、澳大利亚、新西兰、俄罗斯等。

新增投资主要集中在东南亚、非洲等发展中国家。从农业产业营业收入看，农业对外投资往往投资规模并不大，目前农业对外投资盈利水平稳定。非洲的农资投入则部分来自中国进口。东南亚等国家的则主要在当地购买。

二、2018年重点区域和国别投资情况分析

（一）各大洲分布情况及特征

截至2018年底，江西省对外农业投资遍及全球22个国家和地区。江西省对外农业投资地理分布主要集中在亚非发展中国家和大洋洲，欧美发达国家较少；重点投资国家集中在东盟地区、俄罗斯以及部分非洲国家（表1）。

表1　江西省对外农业投资国家（地区）结构

所在州	国家（地区）	投资流量（万美元）	投资存量（万美元）
亚洲	中国香港	1 184.43	14 473.33
亚洲	吉尔吉斯斯坦	0.00	70.00
亚洲	柬埔寨	0.00	5.00
亚洲	缅甸	220.00	650.00

（续）

所在州	国家（地区）	投资流量（万美元）	投资存量（万美元）
亚洲	越南	0.00	850.00
亚洲	印度	0.00	35.00
亚洲	格鲁吉亚	0.00	720.00
亚洲	巴基斯坦	0.00	30.00
亚洲	孟加拉国	58.00	68.00
亚洲	马来西亚	0.00	3 975.85
欧洲	俄罗斯	20.00	2 008.79
欧洲	乌克兰	15.00	15.00
大洋洲	澳大利亚	20.00	1 902.02
大洋洲	新西兰	0.00	2 020.00
非洲	埃及	0.00	551.00
非洲	赤道几内亚	139.78	920.85
非洲	多哥	35.00	335.00
非洲	赞比亚	1 274.00	1 274.00
非洲	加纳	0.00	254.55
非洲	塞内加尔	0.00	350.00
非洲	莫桑比克	2.00	2.00
非洲	坦桑尼亚	1.00	28.16

注：本表含已停止境外投资企业的累计投资存量，即中国香港2 942.31万美元和马来西亚2 000.00万美元。

1. 投资规模

2018年，江西省对外农业投资流量2 969.21万美元，主要集中在亚洲和非洲。其中：亚洲1 462.43万美元，占比49.2%，主要分布在中国香港（1 184.43万美元）；非洲1 451.78万美元，占比48.9%，主要分布在赞比亚（1 274.00万美元）；欧洲35.00万美元，占比1.2%，分布在俄罗斯（20.00万美元）和乌克兰（15.00万美元）；大洋洲20.00万美元，占比0.7%，分布在澳大利亚（20.00万美元）。

截至2018年底，江西省对外农业投资存量为30 538.55万美元，主要集中在亚洲。其中：亚洲20 877.18万美元，占比68.4%，主要分布在中国香港（14 473.33万美元）、马来西亚（3 975.85万美元）；非洲3 715.56万美元，占比12.2%，主要分布在赞比亚（1 274.00万美元）、赤道几内亚（920.85万美元）；欧洲2 023.79万美元，占比6.6%，主要分布在俄罗斯（2 008.79万美元）；大洋洲3 922.02万美元，占比12.8%，主要分布在澳大利亚（1 902.02万美元）、新西兰（2 020.00万美元）。

2. 企业数量

从对外农业投资企业所在地区来看，江西省境外农业企业主要设立在亚欧地区。其中：亚洲

17家（占比51.5%）、欧洲4家（占比12.1%）、非洲8家（占比24.2%）、大洋洲4家（占比12.1%）。这些企业主要分布在中国香港（6家）、俄罗斯（3家）、澳大利亚（3家）等。累计对外农业投资总额中：经济作物7家，10 839.70万美元，占比35.5%；粮食作物6家（2家企业同时涉畜牧业），2 706.95万美元，占比8.9%；农资5家，2 895.85万美元，占比9.5%；其他（食品、蔬菜、饲料、农业工程和生化等）14家，13 746.05万美元，占比45.0%；渔业1家，350.00万美元，占比1.1%。

（二）主要经济合作组织分布情况

1. 在东盟国家农业投资情况

2018年，江西省对东盟国家的农业投资流量为220.00万美元，占江西省对外农业投资流量总额的7.4%，主要投资于缅甸。其中：农副食品加工业（饲料）120万美元，占比54.5%；粮食作物及畜牧服务业100.00万美元，占比45.5%。

截至2018年底，江西省对东盟国家的农业投资存量为6 480.85万美元，占江西省对外农业投资存量总额的21.2%。其中：农林牧渔服务业（农资）5 830.85万美元，占比90.0%；农副食品加工业（饲料）350.00万美元，占比5.4%；粮食作物及畜牧服务业300.00万美元，占比4.6%。

截至2018年底，江西省在东盟国家投资成立的农业企业达5家，占境外企业总数的15.2%。其中：农林牧渔服务业3家，占比60.0%；农副产品加工业企业2家，占比40.0%。

江西省对东盟国家农业投资分布于缅甸、越南、马来西亚和柬埔寨等国，其中缅甸2家、越南1家、马来西亚1家、柬埔寨1家。投资流量在缅甸220.00万美元，投资存量中缅甸650.00万美元、越南850.00万美元、马来西亚3 975.85万美元、柬埔寨5.00万美元。

截至2018年底，江西省境外投资农业企业共在东盟国家企业总人数193人，雇用当地员工154人，平均年工资0.61万美元。2018年，江西企业指导东盟国家农民开展农业生产245人次，为当地缴纳税金28.72万美元。2018年，江西企业对东盟国家各国农业投资的主要是农资、水稻，分布于马来西亚、缅甸、柬埔寨等国。

2. 在亚太经合组织农业投资情况

2018年，江西省对亚太经合组织的农业投资流量为1 224.43万美元，占江西省对外农业投资流量总额的41.2%，主要投资于中国香港和新西兰。其中：农副食品加工业（饲料）1 068.93万美元，占比87.3%；农林牧渔服务业（农资）135.00万美元，占比11.03%；粮食作物20.00万美元，占比1.63%；经济作物0.5万美元，占比0.04%。

截至2018年底，江西省对亚太经合组织的农业投资存量在对外投资存量中比例最大，为25 229.99万美元，占江西省对外农业投资存量总额的82.6%。其中经济作物7 298.85万美元，占比28.9%；粮食作物1 067.79万美元，占比4.2%；农林牧渔服务业（农资）6 145.35万美元，占比

24.4%；农副食品加工业（饲料）10 718.00万美元，占比42.5%。

截至2018年底，江西省在亚太经合组织投资成立的农业企业达15家，占境外企业总数的45.4%。其中：种植业6家，占比40.0%；农林牧渔服务业8家，占比53.3%；农副产品加工业企业1家，占比6.7%。

江西省对亚太经合组织的农业投资分布于中国香港、俄罗斯、澳大利亚等成员，其中中国香港6家、俄罗斯2家、澳大利亚3家、马来西亚1家、新西兰1家、越南1家。投资流量中，中国香港1 184.43万美元、俄罗斯20.00万美元；投资存量中，中国香港14 473.33万美元、俄罗斯2 008.79万美元、澳大利亚1 902.02万美元、马来西亚3 975.85万美元、新西兰2 020.00万美元、越南850.00万美元。

截至2018年底，江西省企业共在亚太经合组织企业总人数233人，雇用当地员工148人，平均年工资0.93万美元。2018年，江西省企业指导亚太经合组织农民开展农业生产237人次，为当地缴纳税金232.25万美元。2018年，江西省企业对亚太经合组织各国（地区）农业投资的主要是农资、玉米、蔬菜、茶油，分布于中国香港、俄罗斯、澳大利亚等。

3．在上海合作组织农业投资情况

2018年，江西省对上海合作组织的农业投资流量为20.00万美元，占江西省对外农业投资流量总额的0.7%，主要投资于俄罗斯，为粮食作物。

截至2018年底，江西省对上海合作组织的农业投资存量为2 078.79万美元，占江西省对外农业投资存量总额的6.8%。其中：经济作物750.00万美元，占比36.08%；粮食作物1 067.79万美元，占比51.37%；农林牧渔服务业（农资）261.00万美元，占比12.55%。

截至2018年底，江西省在上海合作组织投资成立的农业企业达4家，占境外企业总数的12.2%。其中，种植业2家，占比50.0%；农林牧渔服务业2家，占比50.0%。

江西省对上海合作组织农业投资分布于俄罗斯，其中俄罗斯3家、吉尔吉斯斯坦1家（暂停经营）。投资流量中俄罗斯20.00万美元，投资存量中俄罗斯2 008.79万美元、吉尔吉斯斯坦70.00万美元。

截至2018年底，江西省企业共在上海合作组织企业总人数40人，雇用当地员工20人，平均年工资1.29万美元。2018年，江西企业为当地缴纳税金13.00万美元。2018年，江西企业对上海合作组织各国（地区）农业投资的主要是玉米、农资，分布于俄罗斯。

4．金砖国家投资情况

2018年，江西省对金砖国家的农业投资流量为20.00万美元，占江西省对外农业投资流量总额的0.7%，主要投资于俄罗斯，为粮食作物。

截至2018年底，江西省对金砖国家的农业投资存量为2 043.79万美元，占江西省对外农业投资存量总额的6.7%。其中：经济作物750万美元，占比36.7%；粮食作物1 067.79万美元，占比52.2%；农林牧渔服务业（农资）226.00万美元，占比11.1%。

截至2018年底，江西省在金砖国家投资成立的农业企业4家，占境外企业总数的12.1%。其中，种植业2家，占比50.0%；农林牧渔服务业2家，占比50.0%。

江西省对金砖国家农业投资分布于俄罗斯，其中俄罗斯3家、印度1家（暂停经营）。投资流量中俄罗斯20.00万美元，投资存量中俄罗斯2 008.79万美元、吉尔吉斯斯坦35.00万美元。

截至2018年底，江西省企业共在金砖国家企业总人数40人，雇用当地员工20人，平均年工资1.29万美元。2018年，江西企业为当地缴纳税金13.00万美元。2018年，江西企业对金砖国家各国（地区）农业投资的主要是玉米、农资，分布于俄罗斯。

（三）重点国家分布情况

2018年，江西省企业对外农业投资流量主要国家为赞比亚、缅甸、赤道几内亚、孟加拉国、多哥、俄罗斯、乌克兰。截至2018年底，江西省企业对外农业投资存量主要国家为新西兰、马来西亚、澳大利亚、赞比亚、俄罗斯、赤道几内亚、越南、埃及、缅甸等国家。江西企业对外农业投资处于分散型，而且集中在农资和农牧渔产品加工方面。

1. 江西省在俄罗斯的农业投资情况

2018年，江西省对俄罗斯的农业投资流量为20.00万美元，占总投资流量的0.7%，集中投资于种植业中的粮食作物，较2017年减少494.15万元；投资存量为2 008.79万美元，占总投资存量的6.6%，其中粮食作物1 067.79万美元、经济作物750.00万美元、农牧渔服务业191.00万美元。

截至2018年底，江西在俄罗斯直接投资的农业企业有3家（其中筹备设立1家）。

2. 江西省在澳大利亚的农业投资情况

2018年江西企业对澳大利亚的农业投资流量为20.00万美元。截至2018年底，江西省对澳大利亚的农业投资存量为1 902.02亿美元，占对投资存量总额的6.2%。

截至2018年底，江西省在澳大利亚直接投资的农业企业有2家，筹备设立1家，注销1家。

3. 江西省在缅甸的农业投资情况

2018年，江西省对缅甸的农业投资流量为220.00万美元，占总投资流量的7.4%，集中投资于种植业中的粮食作物，比2017年增加120.00万美元；投资存量为650.00万美元，占总投资存量的2.1%，主要为畜牧业饲料加工及农资。

截至2018年底，江西在缅甸直接投资的农业企业有1家，是江西正邦科技股份有限公司。

4. 江西省在赞比亚的农业投资情况

2018年，江西文东实业有限公司在赞比亚成立中阳生态农业产业园（赞比亚）有限公司，对赞比亚的农业投资流量为1 274.00万美元，占总投资流量的42.9%，集中投资于种植业中的粮食作物；投资存量为1 274.00万美元，占总投资存量的4.2%。

5. 江西省在新西兰的农业投资情况

2018年，江西省对新西兰的农业没有增加投资；投资存量为2 020.00万美元，占总投资存量的6.6%。截至2018年底，江西在新西兰直接投资的农业企业有1家（煌上煌集团有限公司）。

三、2018年对外农业投资的行业分析

（一）产业分布总体情况

2018年，江西省对外农业投资涉及粮食作物、经济作物、畜牧业、蔬菜、渔业、农副产品加工业和农林牧渔服务业。

江西省境外农业企业粮食作物投资主要集中在非洲，共5家企业，占全部境外企业的15.2%。其中非洲4家，分布于多哥、赞比亚、莫桑比克、坦桑尼亚；欧洲1家，分布于俄罗斯。经济作物投资主要集中在大洋洲、非洲、亚洲，共7家企业，占全部境外企业的21.2%，其中大洋洲3家，分布于新西兰、澳大利亚；亚洲2家，分布于中国香港、格鲁吉亚；非洲1家，在赤道几内亚；欧洲1家，在俄罗斯。农资产业投资主要集中在亚洲，共5家企业，占全部境外企业的15.2%，分布于越南、马来西亚、印度、柬埔寨、巴基斯坦。渔业投资在非洲塞内加尔有1家，占全部境外企业的3.0%。蔬菜、农副产品加工业和农林牧渔服务业等投资主要集中在亚洲、欧洲，共15家企业，占全部境外企业的45.4%，其中亚洲10家，分布于中国香港、吉尔吉斯斯坦、格鲁吉亚、缅甸、孟加拉国；欧洲2家，分布于乌克兰、俄罗斯；非洲1家，在埃及；大洋洲1家，在澳大利亚。

（二）各产业投资情况

1. 种植业对外投资情况

江西省企业境外种植业投资流量1 318.28万美元，占总投资流量的44.4%。其中投向非洲1 277.78万美元，占比96.93%；大洋洲20.00万美元，占比1.52%；欧洲20.00万美元，占比1.52%；亚洲0.50万美元，占比0.03%。

截至2018年底，江西省企业境外种植业投资存量8 604.34万美元，占总投资存量的28.2%。其中投向大洋洲3 522.02万美元，占比40.9%；非洲2 560.01万美元，占比29.8%；欧洲1 817.79万美元，占比21.1%；亚洲704.52万美元，占比8.2%。

渔业投资为筹备期，仅投资于非洲的塞内加尔，截至2018年底，投资存量350.00万美元。

2．其他产业对外投资情况

江西省企业境外其他产业投资流量1 476.93万美元，占总投资流量的49.7%，全部投向亚洲。

截至2018年底，江西省企业境外其他产业投资存量21 584.21万美元，占总投资存量的70.7%。其中，投向亚洲20 172.66万美元，占比93.4%；非洲805.55万美元，占比3.7%；大洋洲400.00万美元，占比1.9%；欧洲206.00万美元，占比1.0%。

（三）典型产业投资合作情况

1．粮食作物对外投资合作情况

江西省境外农业企业粮食作物投资流量1 158.00万美元，占总投资流量的39.0%。其中，投向非洲1 138.00万美元，占比98.3%；欧洲20.00万美元，占比1.7%。截至2018年底，江西省企业境外粮食作物投资存量2 706.95万美元，占总投资存量的8.9%。其中，投向非洲1 639.16万美元，占比60.6%；欧洲1 067.79万美元，占比39.4%。涉及粮食作物的5家境外企业中，独资企业3家、合资1家、合作1家；正在经营5家。农业产业营业收入992.14万美元，雇用外方人员数量679人，在东道国缴纳税收金57.38万美元。

2．经济作物对外投资合作情况

江西省境外农业企业经济作物投资流量160.28万美元，占总投资流量的5.4%。其中，投向大洋洲20.00万美元，占比12.5%；非洲139.78万美元，占比87.2%；亚洲0.50万美元，占比0.3%。截至2018年底，江西省企业境外经济作物投资存量5 897.39万美元，占总投资存量的19.3%。其中，投向大洋洲3 522.02万美元，占比59.7%；非洲920.85万美元，占比15.6%；亚洲704.52万美元，占比11.9%；欧洲750.00万美元，占比12.7%。涉及经济作物的7家境外企业中独资企业6家，合资1家；正在经营6家，筹备设立1家。农业产业营业收入2 435.47万美元，雇用外方人员数量104人，在东道国缴纳税收金233.50万美元。

3．农资类对外投资合作情况

江西省境外农业企业农资类2018年没有增加投资。截至2018年底，江西企业境外农资类投资存量4 895.85万美元，占总投资存量的16.0%，全部投资于亚洲国家。涉及经济作物的5家境外企业中独资企业1家，合资1家；正在经营4家，暂停经营1家。农业产业营业收入1 753.46万美元，雇用外方人员111人，在东道国缴纳税收金20.72万美元。

4．其他产业对外投资合作情况

江西境外农业企业蔬菜、饲料、油茶、食品等投资流量1 476.93万美元，占总投资流量的49.7%，全部投向亚洲。截至2018年底，江西省境外企业蔬菜、农副产品加工业和农林牧渔服务业投资存量16 688.36万美元，占总投资存量的54.6%。其中，投向亚洲15 276.81万美元，占比91.5%；欧洲206.00万美元，占比1.2%；非洲805.55万美元，占比4.8%；大洋洲400.00万美元，占比2.4%。涉及经15家境外企业中，独资12家，合资3家；正在经营10家，暂停经营2家，筹备设立2家，注销1家。农业产业营业收入2 772.14万美元，雇用外方人员数量276人，在东道国缴纳税收金39.19万美元。

四、企业报告

（一）对外农业投资企业总体情况

1．企业设立情况

2018年，江西省10个设区市的24家企业在境外设立了33家企业。各设区市对外农业投资企业中，南昌市10家，新增1家；九江市2家；上饶市3家；宜春市2家；新余市2家，新增1家；赣州市1家；吉安市1家；景德镇市1家；萍乡市1家；鹰潭市1家。九江市的九江鸿立食品有限公司对外投资企业已注销。九江市的九江欧文斯建材有限公司、萍乡市的江西省萍乡市安华生物科技有限公司在2016年已停止对外投资。

在2018年的企业对外农业投资中，江西正邦科技股份有限公司贡献最大，其对外农业投资数达到8家。

2．企业性质及资产情况

2018年，24家境内企业中，国有企业1家，股份有限公司3家，私营企业3家，外商投资企业1家，有限责任公司16家。资产总额在1 000万元以下的有5家，占比20.8%；1 000万~5 000万元的有8家，占比33.3%；5 000万~10 000万元的有4家，占比16.7%；10 000万~100 000万元的有5家，占比20.8%；100 000万元的有2家，占比8.3%。

江西省对外投资的33家境外企业中，资产总额在100万美元以下的有11家，占比33.3%；100万~500万美元的有11家，占比33.3%；500万~1 000万美元的有5家，占比15.2%；1 000万~5 000万美元的有6家，占比18.2%。

3．企业投资类型

2018年，江西省的33家对外农业投资企业中，筹备设立的有4家，正在经营的25家，暂停经营的有3家，注销的有1家。在对外农业投资企业注册类型中，独资企业26家，合资企业6家，合作企业1家。

在有效记录江西省对外农业投资设立方式的33家企业中，子公司27家，联营公司1家，分支机构2家和其他设立方式3家。

（二）各类型企业对外农业投资情况

1. 国有企业对外农业投资情况

截至2018年底，江西省有1家国有企业在境外投资设立了1家涉农企业，分别占农业投资主体和境外设立企业数量的4.2%和3.0%。

2018年，国有企业对外农业投资流量为35.00万美元，占江西对外农业投资总流量的1.2%。截至2018年底，对外农业投资存量为335.00万美元，占比1.1%。

2018年，国有企业对外农业投资在非洲的多哥，设立江西华昌基建工程有限公司多哥分公司，为独资公司，主要产业为粮食作物。2018年产出水稻25吨，收购11吨。

2. 民营企业对外农业投资情况

截至2018年底，江西省共有22家民营企业在境外投资设立了31家涉农企业，分别占农业投资主体和境外设立企业数量的91.7%和93.9%。

2018年，民营企业对外农业投资流量为2 934.21万美元，占江西省对外农业投资总流量的98.8%。截至2018年底，对外农业投资存量为25 111.24万美元，占比82.2%；2018年，民营企业境外营业总收入为7 938.21万美元，在东道国缴纳税金340.79万美元，雇用外方人员1 155人，指导当地农民开展农业生产1 133人次。

民营企业投资的境外企业主要涉及农资、饲料、蔬菜、农产品贸易等。其中，亚洲、非洲是民营企业对外投资的重点区域。民营企业在江西对外农业投资中比重大，民营企业表现突出。但除江西正邦科技股份有限公司外，多数企业投资规模偏小。

3. 农业企业及农业龙头企业对外农业投资情况

江西省在境外投资成立的农业企业中，所属境内投资机构是农业企业的有14家（农垦企业2家），占境内企业总数的58.3%；境内投资机构是农业龙头企业的有10家，占境内企业总数的41.7%。其中，国家级龙头企业2家，占龙头企业总数的20.0%；省级龙头企业5家，占比50.0%；市级龙头企业3家，占比30.0%。

江西农业企业境外投资成立企业15家，其中：粮食作物类4家，占比26.7%；经济作物类5家，占比33.3%；农副产品加工及农林牧渔服务类6家，占比40.0%。

2018年，农业企业对外农业投资流量1 472.28万美元，占江西省对外农业投资流量的49.6%。其中，国家级龙头企业20.00万美元，占比1.4%；省级龙头企业160.28万美元，占比10.9%；市级龙头企业18.00万美元，占比1.2%。

截至2018年底，龙头企业对外农业投资存量11 276.24万美元，占江西省对外农业投资存量的36.9%。其中，国家级龙头企业2 870.00万美元，占比9.4%；省级龙头企业4 049.01万美元，占比13.3%；市级龙头企业1 208.66万美元，占比4.0%；其他龙头企业3 148.57万美元，占比10.3%。

江西省农业企业对外直接投资规模较非农企业大，年新增投资流量相对稳定，特别是农业龙头企业，在资产总额和投资规模上，农业龙头企业都具有一定优势。从对外投资的农业企业从事的业务类别来看，龙头企业虽然对外投资规模大，产业链整体在基础性的种植业，环节单一。

4．非农企业对外农业投资情况

截至2018年底，江西省共有10家非农企业在境外投资设立了18家涉农企业，分别占对外农业投资主体和境外设立企业数量的41.7%和54.5%。2018年，非农企业对外农业投资流量为1 496.93万美元，占江西省对外农业投资总流量的50.4%。其中，多数企业投资较小，投资流量小于20万美元的企业有12家，占比66.7%；大于100万美元的企业4家，占比22.2%。江西正邦科技股份有限公司2018年投资1 461.93万美元，为所有企业中投资最大的。

截至2018年底，江西省非农企业对外农业投资存量为19 262.31万美元，占江西省对外农业投资总存量的63.1%。2018年，非农企业境外营业总收入为2 855.52万美元，在东道国缴纳税款48.72万美元，雇用外方人员326人。

非农企业对外直接投资的行业主要在农资、饲料、农副贸易。亚洲及澳大利亚为非农企业对外农业投资的主要区域。非农企业对外农业投资稳定性较农业企业差，由于经营方式、人才技术、业务等差异，投资过程中面临较大的市场风险，导致非农企业倾向于农副贸易。

（三）企业典型案例：江西正邦科技股份有限公司

江西正邦科技股份有限公司是农业产业化国家重点龙头企业，名列中国企业500强、中国制造业500强、中国民营企业500强，下设饲料、养殖、种植、物流、金融五大产业，现有2个上市公司，在全国29个省（市、区）拥有480家分公司、4.2万名员工。2018年实现总产值78亿元，发起设立了江西省首家民营银行。

近年来，江西正邦科技股份有限公司把国际化作为重要战略，积极融入"一带一路"倡议，加快"走出去"发展步伐，至今已在北非、东南亚地区10个国家创办了15个公司，实现了饲料、养殖、生化、兽药4大产业全面"走出去"发展。

1. 打造产业链，实行合作发展

江西正邦科技股份有限公司在"走出去"发展中与合作结合起来，经营方式秉持开放的态度，与当地发展融为一体。"一带一路"沿线的阿拉伯国家大多农业比较落后，不仅希望中国企业输入产品、输入技术、直接开办工厂，而且希望中国企业建立产业链，发挥示范、引导、带动作用，带动当地企业、广大农民发展，提高农业产业化发展水平。

正邦在缅甸开办农药公司，不仅生产农药，而且与当地经销商建立层级销售网络，在交通比较便利、种植业比较集中的地区建立病虫害防治示范基地，使农药成为一个完整的产业体系，带动当地农民发展壮大。

2. 打造命运共同体，带动当地农民发展

江西正邦科技股份有限公司把在国内实施的"四提供两担保"产业扶贫模式，复制到国外，直接与农民建立合作发展关系，助力现代农业发展。正邦在安哥拉、埃及等国发展，打的是组合拳，创办的是种养加一体化公司，不仅开办饲料厂、养殖场，而且推行"公司＋农户"的模式，通过向养殖户提供种苗、赊销饲料、疫情防控、回收产品等关键性服务，促使这些国家的畜禽养殖实现从家庭式向工厂化、从自用性到商品化的根本性改变，提高当地养殖水平，解决当地劳动力就业。良好的社会效益和经济效益，赢得了这些国家上至农业部长，下至地方酋长的大力支持。

3. 打造诚信体系，赢得更好发展

在与投资国业务伙伴、广大农民合作发展中，由于文化差异、市场变化等原因的存在，难免出现这样那样的矛盾。对此，正邦宁愿亏自己，绝不影响合作伙伴的利益，树立了良好声誉。

在未来"走出去"发展中，以阿拉伯国家为重点地区，以开办工厂、技术合作、参股控股为主要投资方式，以"公司＋农户"为主要发展模式，输出正邦产品、正邦技术、正邦模式、正邦品牌，发展现代农业，为推动当地经济社会发展做出更大贡献。

五、2018年农业对外投资面临的主要困难和政策建议

（一）主要困难

2018年，在江西省委省政府的大力支持下，积极推动企业参与对外农业投资。农业对外投资受投资国政治、地区环境、市场经济、人才技术等因素影响。

1. 技术及文化瓶颈

由于专业人员不足，技术推广缓慢，尤其是在语言、文化上难以与当地融为一体，导致企业难以迅速打开局面，影响后续项目进行。

2．程序烦琐

由于在有些投资国家申报手续繁杂（如产品准入登记），导致项目推进缓慢。

3．成本控制

由于一些国家人员成本过高、建设基础费用多，对于规模小的企业，在一定程度上影响了发展速度。

4．企业自身限制

企业受了解支持政策、制度有限以及江西省经济发展等方面的限制，江西省对外农业投资总体处于较低水平、产业单一。

（二）政策建议

1．加大资金支持力度

加大政府对农业"走出去"企业的支持力度。加强金融、保险等方面的支持力度，扶持在重要目标国拥有重要社会、市场、人文资源的中小企业，成立专项引导资金，帮助其优秀项目尽快建成，尽早实现预定的经济效益和社会效益。

2．加强资源整合

一是针对特定国别的重点区域重大项目，与对外援助项目相结合；二是加大对资源利用型、综合产业园，能产生集群带动作用的项目的综合帮扶力度；三是促进重大项目股份制合作，市场、资源、资本有机整合。

3．加大专项支持

加大专项支持，鼓励企业采用农业合作、替代型种植、研发投资等具有对外援助色彩的方式进行投资合作，充分利用东道国企业资源、技术、出口和进口政策。

2018山西省农业对外投资合作分析报告

一、2018年农业对外投资总体情况分析

随着我国农业对外合作持续推进，山西省境外农业投资也保持着稳定的发展。截至2018年末，山西省共有6家企业在境外从事农业投资，并处于有效运营期，境外农业投资总额4 099.12万美元，涉及农业种植、畜牧业两个产业类别，业务涵盖农产品加工、仓储、销售和研发等环节，投资分布在四大洲7个国家和地区。

（一）总体特征

1. 山西省农业对外投资流量情况

2018年，山西省新增农业对外投资7.42万美元，投资聚集于大洋洲，分布在澳大利亚。从产业来看，2018年农业对外投资流量全部流向种植业。

2. 山西省农业对外投资存量情况

截至2018年底，山西省农业对外投资存量为4 099.12万美元，分布在四大洲7个国家（地区）。其中，非洲投资存量为1 605.00万美元，占比39.2%；大洋洲1 122.52万美元，占比27.4%；亚洲1 257.00万美元，占比30.6%；北美洲114.60万美元，占比2.8%。

从国家（地区）来看，马达加斯加、瓦努阿图和蒙古国是山西省农业对外投资存量排名前三的国家，投向这三个国家的累计额达3 859.00万美元，占全部投资存量的94.1%。

截至2018年底，山西省农业对外投资主要集中于种植业，对外投资存量为3 599.12万美元，占比87.8%；畜牧业500.00万美元，占比12.2%。

（二）企业经营情况

2018年，新增1家投资企业。截至2018年底，山西省投资主体在境外投资设立10家农业企业，经营范围涉及生产、加工、仓储、物流和科研等多项业务。截至2018年底，累计投资额在500万美元以上的有5家，占50%；500万美元以下的有5家，占50%。

境内企业类型：截至2018年底，8家境内投资主体中，国有企业1家，占比12.5%；股份有限公司2家，占比25%；有限责任公司5家，占比62.5%。

境外企业类型：在境外设立的10家企业中，独资企业8家，占80%；合资企业2家，占20%。

对于设立方式：境外设立的10家企业中，9家为子公司，占比90%；1家为联营公司，占比10%。

企业经营状态：在境外设立的10家企业中，正常经营的有7家，占比70%；暂停经营的有

3家，占比30%。此外，尚有3家正处于筹备设立中。

业务类别：境外企业的业务活动普遍呈现多元化的发展态势。截至2018年底，10家境外企业中，4家企业同时经营两种以上类型的业务活动。其中，从事农业生产的企业最多（占90%），从事加工的企业有4家，从事仓库的企业有3家，从事物流的企业有2家，从事科研的企业有3家。

（三）投资趋势

近两年来，山西省农业对外投资依旧不温不火，呈现平稳的发展态势。从投资主体来看，民营企业占到主体地位。随着我国民营经济发展环境的不断改善，民营企业在境外农业投资中的地位将更为凸显。随着"一带一路"倡议的持续推进以及农业对外投资合作政策措施的落地，山西省农业投资将会在"一带一路"沿线国家取得较快的增长。

二、2018年重点区域和国别投资情况分析

（一）山西省在各洲农业投资分布情况

2018年，山西省在大洋洲的农业投资流量7.42万美元，占当年投资流量的100%，且主要投资于经济作物的研发。

截至2018年底，山西省对外农业投资主要集中于经济作物的种植，投资累计额3 521.12万美元。其中，非洲的投资存量为1 605.00万美元，占比45.6%；大洋洲投资存量1 044.52万美元，占比29.7%；亚洲投资存量757.00万美元，占比21.5%；北美洲114.60万美元，占比3.2%。粮食作物投资500.00万美元，集中在亚洲；畜牧业投资78.00万美元，集中在大洋洲。

（二）重点国家分布情况

截至2018年底，山西省境外农业投资大都集中于发展中国家（表1），占投资总额的94.1%，并且在各国的农业投资涵盖行业也较为单一，以种植业为主。

表1　截至2018年底山西省农业对外投资重点国家分布情况

国家	投资额（万美元）	投资占比	投资行业
马达加斯加	1 596	38.9%	种植业
蒙古国	1 155	28.2%	种植业
瓦努阿图	1 030	25.1%	种植业
瓦努阿图	78	1.9%	畜牧业

三、2018年对外农业投资的行业分析

（一）产业分布总体情况

目前，山西省农业对外投资中，种植业一直是企业投资的重点产业，并呈现良好的发展态势。2018年种植业投资流量为7.42万美元，截至2018年底，投资存量为4 021.12万美元，占比98.1%；畜牧业也有一定规模的发展，截至2018年底投资存量为78.00万美元，占比1.9%。

（二）各产业投资情况

投资来源地分布：截至2018年底，山西省境外种植业投资主要来自太原市（1 605万美元）、晋中市（1 530万美元）、阳泉市（769.6万美元），畜牧业投资来自晋中市（78万美元）。

投资区域分布：2018年，山西省企业境外种植业投资7.42万美元，投资集中在大洋洲。截至2018年底，山西省企业境外种植业投资存量主要分布：非洲1 605.00万美元，占比39.9%；大洋洲1 044.52万美元，占比26.0%；蒙古国1 155.00万美元，占比28.7%。

主要产品：2018年，山西省企业在境外种植业投资的产品以棉花为主，棉花总产量1 400吨，主要是太原市企业在境外投资生产，全部销往第三国。

（三）典型产业投资合作情况

境外企业的经营活动主要以经济作物的种植为主，其中棉花的种植较为典型。截至2018年底，山西省在境外对棉花种植的投资累计达1 596.00万美元，主要来自太原市的1家企业，投资集中在非洲的马达加斯加。通过在当地购买农用耕地、租用农用耕地的方式开展种植。2018年，购买当地种子2.40万美元，农药9.13万美元，农机0.19万美元，实现销售收入146.00万美元。

四、企业报告

（一）对外农业投资企业总体情况

截至2018年底，山西省共有8家企业开展境外农业投资，其中太原、阳泉各2家，晋中、运城、长治和晋城各1家。8家境内企业中，国有企业1家，股份有限公司2家，有限责任公司5家；非农企业2家，农业企业6家（都属于省级农业龙头企业）。此外，另有3家企业正在筹备境外农业投资。

（二）各类型企业对外农业投资情况

1. 国有企业对外农业投资情况

截至2018年底，山西省共有1家国有企业在境外设立1家农业企业，分别占农业投资主体和境

外设立企业数量的12.5%和10.0%，投资额占山西省境外农业投资总额的0.2%。由于当地政局动荡以及融资问题，目前该企业处于暂停经营中。

2．民营企业农业对外投资情况

2018年山西省共有1家民营企业在境外设立1家农业企业，农业对外投资流量为7.42万美元。截至2018年底，山西省共有7家民营企业开展农业对外投资，对外投资存量为4 090.12万美元，分别占农业投资主体的87.5%和总投资存量的99.8%。

3．龙头企业农业对外投资情况

在山西省农业对外投资中，农业龙头企业占据着主导地位，在对外投资中发挥着积极的作用。截至2018年底，共有6家省级农业龙头企业开展境外农业投资，占山西省农业境外投资企业总数的75.0%。2018年，农业龙头企业投资流量为7.42万美元，占当年投资总额的100.0%。截至2018年底，农业龙头企业投资存量为2 494.12万美元，占比60.8%。

4．非农企业农业对外投资情况

截至2018年底，共有2家非农企业在境外设立2家农业企业（1家暂停经营），投资存量为1 605.00万美元，占总投资存量的39.2%。2018年，非农企业境外雇用当地员工33人，指导当地农民开展农业生产1万人次。

（三）典型企业案例：山西天之润枣业有限公司

1．企业基本情况

山西天之润公司成立于2010年1月，是山西省一家专业从事红枣种植和红枣食品及功能食品研发生产的企业，是山西省的国家级农业产业化龙头企业。公司占地面积14.67余公顷，注册资金1.1亿元，总资产2.8亿元，红枣种植基地1 000多公顷，红枣加工生产能力2.5万吨，生产、销售十几种红枣配方系列食品（饮料），年销售收入3亿多元，实现利税2 000多万元。

2．企业对外投资情况

山西天之润公司在大力开发红枣系列普通食品、拓展国内市场的基础上，为"推进药食同源产品开发，大力发展保健食品等高附加值产品""推进特色优势农业发展"，积极寻求和开展国际科技合作，并于2018年10月与澳大利亚弗林德斯大学签署了产品合作研究协议。为此，公司在澳大利亚南澳州阿德莱德市注册设立天然功能食品（澳大利亚）科技有限公司。根据协议，公司将与弗林德斯大学密切合作，大力推进双方各自拥有的技术与资源优势相互融合，将山西省的红枣、核桃及其他药食同源资源优势和中医药食疗理论及技术优势与弗林德斯大学的相关现代科技优势相互融合，研发十几个红枣、核桃与其他药食同源原料配方的新型功能食品，由此提升产品在国内市场的影响力和竞争力，而且以国际科技合作为纽带和先导，带动新产品进入国际市场。预计这些产品上市后，将实现年销售额突破100亿元的目标。公司之所以选择澳大利亚弗林德斯大学作为合作对象，基于以下几方面的考量：

优良的投资环境：弗林德斯大学所在地阿德莱德市是澳大利亚南澳州的首府，是澳大利亚大陆唯一一个与所有州和领地接壤的州。该州具有发达的生物医学、农业以及食品和功能食品工业，且特别重视与我国开展中医药科技与产业合作，制定有鼓励支持中医药科技和产业合作的相关优惠政策，并且是本合作项目研发的功能食品进入澳大利亚和欧美西方主流市场的最佳基地，且制定有研发投资退税的优惠政策，具有良好的投资环境，有利于公司未来的发展。

一流的科研能力：弗林德斯大学设有世界一流的科学研究设施和能力，分别在工程和技术、健康和医学、人类与社会、科学、环境与自然资源四大领域设有50多个各类、各级研究中心或研究所，开展多学科交叉的科学研究和技术开发。弗林德斯大学重视科技成果的商业转化，是世界上许多商业实体机构的股东，与世界上许多商业实体开展新技术研发与技术商业化的合作，形成了新技术转化为商业价值的良好体制和机制。

丰富的合作经验：弗林德斯大学与中国的许多大学和研究机构，例如南开大学、首都师范大学、湖南大学、中南大学和山东省科学院等，具有良好的教育和科技合作关系。湖南大学、中南大学与弗林德斯大学联合投入近400万澳元设立了合作研究的"种子基金"，支持大学与中国相关机构开展技术合作。

五、2018年农业对外投资面临的主要困难和政策建议

（一）主要困难

1. 融资难依旧是首要问题

山西省开展农业境外投资活动的企业多为中小企业，普遍存在实力偏弱、资金不足的问题。而农业投资"投入多、产出少、经济效益低"，难以吸纳到充沛的市场资金，使得资金压力成为境外农业投资所面临的最主要和首要的问题。虽然国家有相关的政策支持，但由于操作层面的问题往往较难落实，加之资金扶持力度不大，一直制约着农业对外投资的发展。

2. 企业境外投资缺乏整体规划和布局

目前，农业对外投资合作顶层战略体系虽然逐渐完善，但在企业层面对农业"走出去"战略却缺乏足够的认识和充分的理解，未能将境外投资纳入公司发展战略中，难以有效贯彻实施。

3．农业境外投资的服务体系仍有待加强

调研显示，部分企业不了解国家有关的支持性政策，也缺乏对境外投资信息的掌握；企业往往也面临由于东道国相关法律、文化差异带来的困惑，增加了企业境外投资的成本和困难。

（二）政策建议

1．加大政策支持力度

加强在财政、金融、保险、税收等方面的支持力度，完善支持政策，形成系统的支持体系。加强对境外农业投资企业的资金支持，对境外农业投资项目，在贷款利率、期限、额度上给予重点倾斜；建立一批能够发挥示范效应、带动作用的境外投资项目。

2．完善境外农业投资信息服务

加强对境外投资主要国家投资环境的分析和评估，为企业开展针对性的投资活动提供服务；充分发挥各级政府和相关部门的职能，拓宽企业境外投资信息获取渠道；建立有效、及时的联系机制和沟通渠道，降低企业信息收集成本，提高企业获取信息的时效性和渠道的多样化。

3．培育境外农业投资中介机构，加强境外投资服务

采取政府主导和市场培育相结合的方法，加快培育发展本土的境外投资中介机构，完善企业境外投资服务体系。鼓励和培育境外投资服务性商业机构，为企业境外投资提供信息咨询、风险评估、融通资金、商业保险、财税法律等多方面的专业性服务。

2018四川省农业对外投资合作分析报告

一、2018年农业对外投资总体情况分析

（一）总体特征

2018年，四川省农业对外投资平稳增长。年度投资流量为7 515.25万美元，同比下降60.62%，投资存量为78 050.09万美元，同比下降1.86%（存量减少是因为调查企业样本发生变化）。22家境内投资主体在境外经营71家企业，年度无新设立企业；投资区域覆盖五大洲（除南极洲、大洋洲）的27个国家和地区（包括中国香港）。

1. 企业农业对外投资流量情况

（1）流量区域分布情况。2018年，四川省农业对外直接投资流量7 515.25万美元，同比减少60.62%。亚洲新增投资最多，为5 730.58万美元，占比76.25%；非洲其次，新增投资1 661.35万美元，占比22.11%；欧洲和北美洲新增投资较少，共计123.32万美元，占比1.64%；南美洲没有新增投资。

表1显示，从国别来看，2018年投资流量排名前十国家的投资总额为7 290.65万美元，占比达97.01%。新加坡是新增投资最多的国家，额度为2 559.68万美元；印度尼西亚和孟加拉国分列第二、第三位，其他国家亦有少量增加。

表1　2018年四川省农业对外投资流量排名前十国家（地区）分布

序号	国家（地区）	投资流量（万美元）
1	新加坡	2 559.68
2	印度尼西亚	870.00
3	孟加拉国	792.36
4	埃及	670.00
5	尼日利亚	660.00
6	老挝	540.00
7	缅甸	525.60
8	印度	300.00
9	乌干达	230.07
10	越南	142.94
合计		7 290.65

（2）流量结构分布。2018年，四川省农业对外新增投资全部集中于绿地（新建）投资，无褐地（并购）投资。

2．企业农业对外投资存量情况

截至2018年底，四川省投资存量为78 050.09万美元，同比下降1.86%。

（1）投资存量区域分布。四川省农业对外投资存量分布于五大洲（除大洋洲、南极洲外）的27个国家（地区）。亚洲投资存量最大，额度为66 421.70万美元，占比85.10%；其次是非洲，额度为9 953.10万美元，占比12.75%；南美洲、北美洲和欧洲投资存量较小，共计1 675.29万美元，占比2.15%。

从国家（地区）分布来看（表2），截至2018年底，四川省农业对外投资存量排名前十的国家总额为70 185.66万美元，占比89.92%。新加坡存量最多，为25 985.09万美元，越南和印度尼西亚分列第二、第三位。

表2　2018年四川省农业对外投资存量排名前十的国家（地区）分布

序号	国家（地区）	投资存量（万美元）
1	新加坡	25 985.09
2	越南	20 602.34
3	印度尼西亚	6 851.86
4	孟加拉国	4 195.67
5	老挝	3 690.00
6	缅甸	2 398.81
7	埃及	2 314.69
8	南非	2 313.28
9	马达加斯加	1 833.92
10	尼日利亚	1 080.00
合计		70 185.66

（2）各生产环节投资存量分布。从各生产环节投资存量上看，主要集中在生产和物流两个板块。其中，生产投资存量为47 373.05万美元，占比60.69%；物流投资存量23 522.73万美元，占比30.14%；加工、品牌、仓储、科研占比均较小，共计9.17%。

3．农业对外投资的境外企业及行业类型

（1）境外企业类别。境外企业注册类别以独资为主。从统计数据来看，2018年四川省在境外的71家企业中，独资61家，占比85.92%；合资9家，占比12.68%；合作1家，占比1.40%。

境外企业设立方式以子公司为主。企业设立方式主要是子公司（64家，占比90.14%），其次是联营机构（5家，占比7.04%），最后是其他企业（1家，占比1.41%）和分支机构（1家，占比1.41%）。究其原因，子公司占绝对数量主要考虑到子公司具有适用税率较低、集团内部转移固定资产取得增值部分免税、注册地给居民公司同等优惠待遇等优势。

（2）境外企业行业类型。从境外企业投资行业类型来看，2018年四川省企业农业对外投资行业主要为其他行业，投资6 602.37万美元，占比87.85%；经济作物投资540.00万美元，占比7.19%；畜牧业和粮食作物投资均占比较小，共计占比4.96%。

（二）企业经营情况

总体而言，由于四川省农业对外投资企业多集中于国际政治、经济环境相对稳定的亚洲、非洲，2018年四川省农业对外投资企业经营状况良好。在71家境外企业中，63家企业正在经营，占比89%；6家企业暂停经营，占比8%；2家企业筹备设立，占比3%。

1．境外企业资产情况

中小资产规模企业居多。截至2018年底，四川省农业对外投资境外企业资产总额在500万美元以下的企业有35家，占对外投资合作企业总数的49.30%；500万～1 000万美元的有16家，占比22.52%；1 000万～5 000万美元的有17家，占比23.94%；5 000万美元以上的企业有3家，占比4.24%。与2017年底相比，资产在500万美元以下的企业增加11家，资产在1 000万～5 000万美元的企业减少13家；其他数额资产范围的企业数量变化不大。

2．产品生产结构情况

饲料生产、经济作物及粮食作物仍是主力军。2018年四川省企业农业对外投资饲料生产为332 747.92吨，销售给东道国352 204.96吨（饲料出售量大于生产量是因为企业销售了2017年的库存），销售金额达21 271.69万美元；经济作物以塔拉豆荚为主，在东道国生产1 594.00吨，在东道国收购7 974.00吨，均在其他国家销售；粮食作物生产以水稻为主，水稻产量为2 802.00吨，在东道国收购2 802.00吨，直接销售给东道国514.00吨，销售金额18.55万美元；此外，还生产少量保健品。年内产品主要销售给东道国是受市场供求关系，以及国内进口配额管理、动植物检验检疫管理等因素的影响。

3．境外企业营业收入情况

营业收入增加明显，农业经营占绝对优势。2018年，四川省农业对外投资境外企业实现总营业收入161 697.08万美元，与2017年相比，增长22.04%。其中农业营业收入125 819.90万美元，占年度总营业收入的77.81%。

4．企业在东道国人员雇用及纳税情况

（1）劳务雇用情况。截至2018年底，四川省农业对外投资境外企业从业总人数22 070人，雇用外方人员21 054人。外方人员年工资总额3 988.17万美元，人均年工资1 894.26美元。大量雇用外方人员是考虑到东道国劳动力成本低、能克服语言障碍、本土适应能力强、能够与当地政府建立良好的社会关系等优势。

（2）企业在东道国纳税及公益活动开展情况。2018年，四川省农业对外投资企业在东道国缴纳税收总额3 841.40万美元，同比增长25.84%。指导东道国农民开展农业生产17 231人，在东道国开展公益慈善活动达140.19万美元。四川省企业对外农业投资对东道国发展持续发挥促进作用：一是帮助东道国解决部分人口就业问题，增加当地农民的收入；二是在东道国缴纳税金，为当地经济发展做贡献；三是企业在东道国积极履行社会责任，推进慈善事业发展，促进当地社会经济腾飞。

（三）投资趋势

2018年四川省企业对外农业投资流量明显下滑，同比下降60.62%。对外投资流量下降的原因可能与国际贸易冲突加剧、经济不确定性激增及企业加强风险控制有关。国家发布《关于进一步引导和规范境外投资方向的指导意见》中明确提出"加快提升我国企业对外投资质量"，根据指导意见，对外投资企业为规避风险将战略从投资数量向投资质量转变。预期未来企业对"一带一路"倡议沿线国家的投资或将成为四川省农业"走出去"的重要方向和增长点。

二、2018年重点区域和国别投资情况分析

（一）各大洲分布情况及特征

1．亚洲

从投资流量来看，2018年四川省企业在亚洲国家（地区）新增农业投资额为5 730.58万美元，占新增农业投资总额的76.25%。其中，新加坡（2 559.68万美元）、印度尼西亚（870.00万美元）、孟加拉国（792.36万美元）是四川省企业在亚洲新增农业投资额排名前三位的国家。从投资存量来看，截至2018年底，四川省企业对亚洲累计农业投资总额为66 421.70万美元，占全省累计农业对外投资总额的85.10%。可见，亚洲为四川省企业农业对外投资的重点区域。

截至2018年底，四川省企业在亚洲农业投资成立境外企业共45家，占全省农业对外投资境外注册企业总数的64.79%。农业年营业收入共计112 183.22万美元，在东道国缴纳税金共计2 809.32万美元，雇用外方人员数量1 599人，指导东道国15 939名农民开展农业生产活动。亚洲粮食作物生产以水稻为主，水稻总产量为4 964.00吨。

2．非洲

从投资流量来看，2018年四川省企业在非洲国家（地区）新增农业投资额为1 661.35万美元，占比22.11%。其中，埃及（670.00万美元）、尼日利亚（660.00万美元）、乌干达（228.87万美元）是四川省企业在非洲新增农业投资额排名前三位的国家。从投资存量来看，截至2018年底，四川省企业对非洲累计农业投资总额为9 953.10万美元，占全省累计农业对外投资总额的12.75%，排名第二。

截至2018年底，四川省企业在非洲农业投资成立境外企业共16家，占比22.53%。2018年农业产业营业收入共计12 455.91万美元，在东道国缴纳税金共计899.42万美元，雇用外方人员数量为15 822人。

3．欧洲

从投资流量来看，2018年四川省企业在欧洲国家（地区）新增农业投资额为117.21万美元，占比1.56%，投资流量主要集中在俄罗斯。从投资存量来看，截至2018年底，四川省企业对欧洲累计农业投资总额为394.57万美元，占全省累计农业对外投资总额的0.50%，排名第三。在欧洲农业投资成立境外企业6家，占农业境外企业总数的8.45%。分析可见，四川省在欧洲国家（地区）的农业对外投资有待加强，市场投资潜力巨大，投资规模需进一步扩大。

4．南美洲

2018年四川省企业在南美洲国家（地区）无新增农业投资额。从投资存量来看，截至2018年底，四川省企业对南美洲累计农业投资总额为832.00万美元，仅有四川亭江新材料股份有限公司在秘鲁开展农业生产活动。2018年农业营业收入为1 181.00万美元，在东道国缴纳税金45.00万美元，农产品产出为塔拉豆荚，产量为9 568.00吨，其中东道国销售量165.00吨，销售收入42.26美元；其他国家销售量9 403.00吨，销售收入1 159.61万美元。

5．北美洲

从投资流量来看，2018年四川省企业在北美洲国家（地区）新增农业投资额为6.11万美元。从投资存量来看，截至2018年底，四川省企业对北美洲累计农业投资总额为448.72万美元，占全省累计农业对外投资总额的0.57%。在北美洲农业投资成立境外企业3家，占境外企业总数的4.23%。2018年农业营业收入为-0.23万美元（部分企业营业收入为负或由中美贸易战导致美国投资环境趋于恶劣，企业经营效益衰退所致），在东道国共缴纳税金19.56万美元。

（二）主要经济合作组织分布情况

1．在"一带一路"倡议沿线国家农业投资情况

随着国家"一带一路"倡议的推进，四川省借助政策红利，加快农业"走出去"步伐。截至2018年底，四川省企业在除大洋洲和南极洲外的五大洲27个国家开展农业对外投资，境外企业所在国家（地区）有10个处于"一带一路"沿线，占农业对外投资国家的37%，主要分布在西南方向的"中国－南亚－西亚经济带"上，包括印度、印度尼西亚、越南、缅甸、老挝、柬埔寨、新加坡等国家。在71家境外企业中，有42家在"一带一路"倡议沿线国家注册，覆盖59.15%的"一带一路"倡议沿线国家。截至2018年底，四川省企业在"一带一路"倡议沿线国家累计农业对外投资总额达61 978.44万美元，占79.41%。进一步反映，在"一带一路"倡议互利共赢的政策举措下，四川企业发挥自身优势，加强与"一带一路"沿线国家互利合作，推动企业对外农业直接投资全方位发展。

2．在东盟国家农业投资情况

截至2018年底，四川省境外企业注册地所在国家（地区）有7个属于东盟国家（印度尼西亚、越南、缅甸、老挝、柬埔寨、新加坡及菲律宾），覆盖70%的东盟成员国。在71家境外企业中，有38家在东盟国家注册，占53.52%；累计农业对外投资总额达60 318.03万美元，占比77.28%。中国大部分地区处于温带气候，而东盟国家多处于热带，这一农业气候差异导致双方在资源禀赋方面存在差异，从而导致双方农产品结构上具有较强的互补性。四川省企业正是借助与东盟国家地理与制度距离上的优势，找准着力点，不断加强与东盟各国在农业领域的合作，开拓企业对外农业投资合作潜力。

3．在"一省包一国"国家农业投资情况

2012年农业部提出尝试"一省包一国"实施农业"南南合作"项目新模式，四川省主动承担试点任务，负责组织实施乌干达农业"南南合作"项目。

2018年四川省企业对乌干达新增农业投资额为230.07万美元，截至2018年底，对乌干达累计农业投资额为409.27万美元，共指导当地1 158名农民开展农业生产活动。依托"南南合作"项目和园区建设带动，仲衍种业乌干达公司的蔬菜种子已占据乌干达30%的市场份额，园区生产的大米已销售到卢旺达、刚果等国。四川省按照中央统一部署安排，主动承担国际责任，将技术援助与推动企业"走出去"相结合，促进"中国－乌干达农业合作产业园"项目实现进一步突破，带动乌干达当地就业及促进农民增收，推动乌干达农业经济建设，彰显我国大国风范，加深我国国际治理的话语权。

（三）重点国家分布情况

1. 越南

统计数据显示，截至2018年底，四川省企业在越南共注册15家境外农业企业，占全省农业对外投资境外企业总数的21.13%。2018年四川省企业在越南的农业投资流量为142.94万美元。截至2018年底，四川省企业对越南的农业投资存量为20 602.34万美元，占全省累计农业对外投资总额的26.40%。2018年在越南实现农业营业收入46 980.71万美元，缴纳税金1 200.47万美元，指导越南当地14 065名农民开展农业生产活动。预期未来，随着今后越南农业基础设施的改良、农业政策措施的完善，中国对越南的农业投资将不断深化。

2. 埃及

埃及是目前四川省企业在非洲农业投资流量（2018年）和投资存量最大的国家，也是四川省开展农业对外投资合作的重要非洲国家之一。2018年四川省企业在埃及的农业新增投资额为670万美元，累计农业投资额为2 314.69万美元。截至2018年底，四川省企业在埃及共注册4家境外农业企业，实现农业营业收入4 741.34万美元，缴纳税金5.19万美元，雇用当地员工226人。

近年来，埃及政府不断鼓励外国企业在其一般农业领域以及特殊农业机械领域投资，两国农业合作在深度和广度上将进一步拓展。

三、2018年农业对外投资的行业分析

基于企业在畜牧业、经济作物、粮食作物、林业、渔业、农资及其他方面的投资情况，结合各大洲国家的投资特点和趋势，对2018年四川省企业农业对外投资行业进行分析。

（一）行业分布总体情况

2018年，四川省企业农业对外投资主要集中在其他（主要为饲料）、畜牧业、经济作物、粮食作物四大行业。各行业投资流量依次为其他6 602.37万美元，占比87.85%；经济作物540.00万美元，占比7.19%；畜牧业256.90万美元，占比3.42%；粮食作物115.98万美元，占比1.54%。

（二）境外企业在各行业投资情况

1. 其他行业对外投资

截至2018年底，四川省企业在其他行业（主要为饲料、保健品及塔拉豆荚）设立对外投资企业68家（部分企业有多个投资产业，故本节统计的企业数量有交叉），2018年度对外投资流量6 602.37万美元。其中投向亚洲地区（主要在缅甸）5 164.98万美元，占比78.23%；非洲地区（主

要在乌干达）1 431.28万美元，占比21.68%；北美洲地区6.11万美元，占比0.09%。

2．畜牧业对外投资

截至2018年底，四川省企业在境外投资设立畜牧业企业9家，2018年度对外投资流量256.90万美元。其中投向非洲地区（主要在乌干达）139.69万美元，占比54.38%；欧洲地区（主要在俄罗斯）117.21万美元，占比45.62%。

3．粮食作物对外投资

截至2018年底，四川省企业在境外投资设立粮食作物企业4家，年度对外投资流量115.98万美元。其中投向非洲地区（主要在乌干达）90.38万美元，占比77.93%；亚洲地区（主要在缅甸）25.60万美元，占比22.07%。

4．经济作物对外投资

截至2018年底，四川省企业在境外投资设立经济作物企业2家，全部投资于亚洲地区，主要是老挝和中国香港，年度投资流量540.00万美元。

（三）典型行业投资合作情况

其他行业为2018年四川省农业对外投资的典型行业。2018年，其他行业因年度农业投资流量、农业营业收入最高具备典型行业特征，故选此项分析。

2018年，四川省企业农业对外投资的其他产业主要为饲料、塔拉豆荚及保健品。其中，饲料总产量332 747.92吨，直接销售给东道国352 204.96吨（销量大于产量的主要原因是销量中包含往年的库存），销售收入21 271.69万美元；塔拉豆荚总产量1 594.00吨，当年东道国收购数量7 974.00吨，未在东道国销售。

由于国外土地资源丰富，价格相对国内低廉，故在国外生产饲料原料相对经济效益较高，预计未来四川省企业在东道国饲料相关产业环节投资仍会较热。

四、企业报告

（一）农业对外投资境内企业总体情况

1．农业对外投资境内企业数量

截至2018年底，四川省企业农业对外投资境内主体为22家，同比减少5家。其中，成都市数量最多，为13家，占比59.10%；德阳市3家，占比13.64%；绵阳市3家，占比13.64%；乐山市、眉山市、遂宁市各1家，均占比4.54%。

2．农业对外投资境内企业规模

截至2018年底，四川省企业农业对外投资境内主体注册资本总额为3 598 205.42万元，相较于2017年（3 642 530.96万元）有所减少。其中，注册资本总额在10 000万元及以下的企业有15家，占68.18%；10 000万~50 000万元的企业有3家，占13.64%；50 000万~100 000万元的企业有2家，占9.09%；100 000万元以上的企业有2家，占9.09%。

企业境内资产总额为11 787 703.69万元，同比增加1 621 450.67万元；企业境内从业人员为91 198人，同比增加492人。

（二）各类型企业农业对外投资情况

截至2018年底，在四川省企业农业对外投资的22家境内主体中，农业企业共15家，占比68.18%；农垦企业共4家，占比18.18%；其中既为农业企业又为农垦企业的企业共3家，占比13.64%。

1．农业龙头企业投资情况

截至2018年底，在四川省企业农业对外投资境内主体中，农业龙头企业共13家，占59.09%。其中，国家级龙头企业6家，占比46.16%；省级龙头企业2家，占比15.38%；市级龙头企业5家，占比38.46%。

2．各注册类型企业投资情况

2018年，在四川省企业农业对外投资企业境内主体中，注册类型为有限责任公司的12家，占比54.55%；股份有限公司企业8家，占比36.36%；私营企业2家，占比9.09%。

（三）企业典型案例

1．企业总体情况

四川北大荒物流集团有限公司成立于2011年4月，隶属于黑龙江农垦北大荒商贸集团有限责任公司，是集团有限公司在全国建设的五个物流平台之一，公司注册资金1亿元人民币。

德阳北大荒农产品物流园区项目计划总投资10.2亿元，园区建设地点为四川省德阳市旌阳区，园区建设期为五年（2011—2015），物流园区建成并达到设计产能后，年物流配送绿色农产品100万吨，粮食仓储中转能力达50万吨，生鲜农产品冷链物流50万吨，大宗商品物流200万吨，集装箱物流30万吨。年总营业收入达100亿元人民币，使旌阳成为辐射四川、连接中西部的农产品流通枢纽。

2．企业对外投资情况

按照国家"一带一路"倡议的总体要求和国家粮食安全战略，四川北大荒物流集团有限公司于2014年6月在老挝成立了老挝北大荒农业科技发展有限公司。阳正农业发展有限公司是四川北大荒物流集团有限公司与广州市寮谷米业有限公司、徐州德邦粮食贸易有限公司并购成立的，现已在老挝落地生根、茁壮成长。

3．企业发展目标

利用北大荒现代农业科技，公司将在老挝开垦2万公顷土地并建设功能齐全的农业科技示范园区。通过稻谷种子繁育、水稻种植示范、先进科技推广、人才培养、技术培训等手段推动当地农业的发展，同时为我国提供优质安全的粮食产品。

4．农业对外投资成功经验

（1）充分利用东道国优势。为使国家经济条件得到有效改善，老挝出台了很多招商引资的优惠政策，其中农业种植特别是粮食种植是一项非常受欢迎的产业。公司在老挝南部的占巴色省完成了1万公顷的种植谅解备忘录，并和老挝政府继续签订了5 000公顷的土地使用合同，用于水稻种植。

（2）科技示范效应初步显现。按照四川北大荒物流集团有限公司进入老挝时东道国政府提出的协助，建设一个有示范带动作用的水稻示范园区，使当地农民能够快速掌握现代农业技术。四川北大荒物流集团有限公司以此为契机加强与老挝政府之间的合作关系，争取一定的政策支持。同时园区的建设也能够为企业在老挝探寻水稻全面成产提供技术支持。园区在2018年完成水稻2 500公顷种植。

（3）水稻生产配套设施完备。老挝阳正米业有限公司第一条生产线为配套水稻种植项目，在2016年8月投入使用，已完成一期工程，该加工厂占地5万平方米，具备后续扩产产能的所有条件，加工厂已进入正常生产状态。由于米厂经营时间短，原有客户资源断裂，新客户资源不稳定，产品回国未获得配额，2018年公司加工销售大米61万美元。

五、2018年企业农业对外投资面临的主要困难和政策建议

（一）主要困难

四川省农业对外投资境外企业大部分成立于2010年以后，由于投资时间尚短，已有企业未能对投资市场提供有效的投资经验，加之目前国内对外投资服务体系尚未完善、国际投资市场风云多变，农业投资效益比较低，摸着石头过河，一定程度上制约了农业对外投资的发展。

1. 跨国经营能力尚需加强

（1）缺乏对外投资经验及管理人才。数据分析显示，目前四川省境外企业管理层员工数量不足，且多数赴境外投资人员缺乏跨国经营管理能力。缺少企业国际化经营管理理念、不熟悉国际经营市场、缺乏专业知识储备、语言沟通交流障碍等问题尤为突出。专业人才的匮乏、对境外投资市场的不熟悉阻碍了企业跨国经营战略的开展，进而影响境外企业正常经营。

（2）标准化生产意识有待提高。目前，部分四川省对外投资企业沿用国际相对落后的生产模式，安全生产管理不够、农业化学投入品控制不严、农药残留和国际标准仍有差距，导致其农产品长期以来不被国际市场认同。

（3）企业规避风险能力不足。目前四川省农业对外投资企业尚处于小规模的初级阶段。部分境内企业在开展跨国投资初期，未能对境外市场政治、经济风险进行合理评估，导致境外企业在经营过程中难以有效应对复杂多变的国际市场环境波动。由于农业投资"靠天吃饭"的自然属性，在面对经营中期的风险冲击时缺乏及时有效的应对措施，极易导致企业跨国投资的失败，这也是2018年四川省18家企业无农业对外投资业务（退出农业投资改为其他投资）、注销（经营不善）、无限期暂停（拟注销）在东道国投资的原因。

2. 投资保障水平有待提升

长期以来，中国企业对外投资普遍存在重生产轻服务的问题。在公共信息服务方面尚不完善，对外投资企业通过企业间及协会等方面获取的信息不够精准且不对称。

3. 国际投资环境风云多变

（1）国际政局经济格局更迭迅速。对企业调研过程中了解到，因个别国家政局不稳、政策连续性差，部分在东道国前任政局领导任期内签订的对外投资项目，在新一届的政局领导下，项目会被延期或者取消，导致企业前期投入无法收回，损失巨大。

（2）东道国技术性贸易壁垒频发。目前来看，以美国为首的国际贸易保护势力逐步抬头，四川省企业在东道国投资面临多种贸易壁垒。

（二）政策建议

为进一步推动四川省企业农业对外投资的发展，提高农业对外投资企业的经营管理水平，获得稳定的经济效益和良好的社会效益，需要从以下几方面做好工作。

1. 强化企业风险管控能力

（1）完善企业风险应对系统。在对外投资前期，境内企业应广泛了解东道国的制度环境、市场结构、文化习俗、宗教信仰等情况，评估东道国市场风险，了解境外东道国经济政治风险，建立完善的风险应对系统。在经营过程中，企业应该加强对风险的防范意识，采取必要的风险分散策略，如投资方式多元化、投资结构多元化、融资渠道多元化等。

（2）实施企业产品本土化战略。企业应实行生产经营本土化战略，降低风险和矛盾发生的可能性；理性地根据东道国市场对产品进行定价，对生产经营活动进行有效安排，制定灵活的生产和销售战略，避免企业因东道国政府实施征用、国有化或没收而带来的风险。

（3）完善对外投资保险制度。企业境外经营面临政治、经济、自然等多种风险，企业应根据自身情况购买相应的农业对外投资保险，减少因风险突发对企业造成的毁灭性打击。

2. 提高对外投资服务质量

在完善金融财税和农业信贷保险制度方面，政府应加强双边税收谈判，加大对农业企业重点投资领域的中长期项目信贷投放力度，开发适应涉外农业企业经营和投资安全需求的特殊险种。

3. 加强对外投资宏观引导

我国应积极参与国际与地区粮农事务，提升我国在国际农业合作领域的话语权。与更多的国家与地区积极开展双边或多边谈判，以设立境外经济贸易合作园区、签署政府间协定等方式，确立多边合作机制、重点领域项目和融资安排。继续推进自贸区建设，促进企业农业对外投资和农产品贸易的自由化和便利化。建立一套我国与中东、中亚等重点投资区域共同认可的协调规则和争端仲裁规定。积极通过外交途径，解决人员工作签证发放数额受限、审批手续复杂和入境农业生产资料通关等问题。

2018陕西省农业对外投资合作分析报告

一、2018年农业对外投资总体情况分析

（一）总体特征

陕西作为农业大省，对外农业投资规模总量较小，但"一带一路"倡议的提出，掀起了投资热潮，为陕西农业"走出去"提供了良好的外部环境和内在动力，陕西省充分发挥地缘优势，进一步加强与沿线国家的合作与对话，拓展农业发展空间，促进经济增长。

据不完全统计，2018年陕西省新增对外农业投资额1 245.36万美元。其中农业投资额273万美元，占比21.92%；农林牧渔服务业投资额972.36万美元，占比78.08%。

截至2018年底，陕西省累计对外农业投资额3 382.56万美元。其中农业投资额2 406万美元，占比71.13%；农林牧渔服务业对外投资额976.56万美元，占比28.87%。

（二）企业经营情况

截至2018年底，陕西省农业对外投资境内企业共10家，分别是西安爱菊粮油工业集团有限公司、陕西亚美农林科技开发有限公司、陕西林鼎农林科技有限公司、杨凌库斯克农业科技有限公司、陕西杨凌农科集团有限公司、白水圣源果业股份有限公司、陕西乐达草业发展有限公司、杨凌千禄宽生物科技有限公司、杨凌乐达生物科技有限责任公司及陕西锦兴生物工程有限公司。其中，前5家企业分别投资了5家境外企业；白水圣源果业股份有限公司直接出口产品到东南亚、中东等十几个国家和地区，分别在泰国、迪拜、缅甸投资设立销售办事处；陕西乐达草业发展有限公司、杨凌千禄宽生物科技有限公司、杨凌乐达生物科技有限责任公司、陕西锦兴生物工程有限公司四家公司，对外投资领域为农牧产品加工和农作物种植，投资国家为吉尔吉斯斯坦。

2018年陕西省对外农业投资境内企业注册资本总额139 902万元，企业境内从业人员1 919人。

截至2018年底，陕西省境外投资企业共5家，有永兴有限公司（陕西亚美农林科技开发有限公司子公司）、特爱有限责任公司（西安爱菊粮油工业集团有限公司子公司）、陕西林鼎农林科技有限公司阿斯塔纳子公司、中国杨凌库斯克农业科技示范园合作项目（筹建中）、中国－哈萨克斯坦农业创新园合作项目（杨凌农科集团有限公司投资建设，处于筹备阶段）。截至2018年境外投资企业注册资本共566.78万美元。

陕西省5家境外企业中，3家处于正常经营状态，占比60%；2家处于筹备设立状态，占比40%。

（三）投资趋势

跨国农业投资成为国际社会及东道国日益重视的问题，世界粮食安全委员会、FAO和OECD等均

制定了相关指南、规范等，对农业"走出去"的影响进行评估。在此背景下，陕西省对外农业投资有两个趋势：一是政府通过支持企业以跨国并购而非绿地投资的方式进入东道国，降低新建企业面临的各类风险；二是外资更倾向地采取与东道国本地企业或农户进行合作的方式进入市场，开展多双边合作经营。这就要求企业在"走出去"过程中注重模式创新，在趋紧的国际投资规则下实现"走出去"。

二、2018年重点区域和国别投资情况分析

（一）各大洲分布情况

据不完全统计，截至2018年底，陕西省境外农业投资企业主要分布在欧洲和亚洲，其中1家设立于欧洲的俄罗斯，3家设立于亚洲的哈萨克斯坦，1家设立于亚洲的吉尔吉斯斯坦。

2018年，在陕西省对外农业合作新增的1 245.36万美元投资中，投资亚洲445.36万美元，占年度投资的35.76%，投资欧洲800万美元，占年度投资的64.24%。

截至2018年底，陕西省对外农业累计投资3 382.56万美元。其中亚洲2 582.56万美元，占比76.35%；欧洲800万美元，占比23.65%。

选择国家或地区的依据主要是处于"一带一路"沿线，具有政策、资金保障机制；农业资源丰富，农业在国家中所占地位较重；与中国政治外交关系较好，贸易联系较为紧密。

（二）重点国家分布情况

2018年，陕西省对俄罗斯新增农业投资800万美元，占年度投资64.24%；对哈萨克斯坦新增农业投资416.36万美元，占年度投资33.43%；对吉尔吉斯斯坦新增农业投资29万美元，占年度投资2.33%。

截至2018年底，陕西省对俄罗斯累计农业投资800万美元，占比23.65%；对哈萨克斯坦累计农业投资2 320.56万美元，占比68.6%；对吉尔吉斯斯坦累计农业投资262万美元，占比7.75%。

三、2018年对外农业投资行业分析

（一）产业分布总体情况

陕西省对外农业投资结构中，种植作物主要包括小麦、牧草、水果、玉米、蔬菜、园艺等，其他投资包括粮食、油料加工等。

2018年陕西省境外成立的5家涉农企业中，种植业企业4家，占比80%；农林牧渔服务业企业1家，占比20%。

（二）各产业投资合作情况

2018年，陕西省境外种植业对外直接投资额201.36万美元，占比16.17%；农林牧渔服务业对外直接投资额800万美元，占比64.24%；其他经营领域（以农副产品加工为主）对外直接投资额

244万美元，占比19.59%。

2018年，陕西省境外企业种植小麦10公顷，生产小麦30吨，收购小麦48 000吨，加工小麦42 000吨；生产油料6 100吨，收购油料45 000吨。

四、企业报告

（一）对外农业投资企业总体情况

据不完全统计，2018年陕西省对外农业投资境内主体有10家，境内企业注册资本总额139 902万元人民币，企业境内资产总额118 831.19万元人民币。

2018年陕西省对外农业投资境外企业有5家，企业注册资本总额516.78万美元，截至2018年底累计对外投资总额达3 382.56万美元，企业境外资产总额1 590万美元，在东道国雇用外方人员数量163人，指导当地农民开展生产人数316人。

（二）各类型企业对外农业投资情况

1. 陕西省对外农业投资境内企业基本情况

陕西省对外农业投资境内企业以农业企业和农林牧渔服务业企业为主，其中农业企业4家，占比40%，农林牧渔服务业企业6家，占比60%；对外农业投资的产业化龙头企业5家，其中国家级龙头企业1家（西安爱菊粮油工业集团有限公司），省级龙头企业1家（白水圣源果业股份有限公司），市级龙头企业3家（陕西杨凌农科集团有限公司、陕西乐达草业发展有限责任公司、杨凌乐达生物科技有限责任公司），见表1。

表1　2018年陕西省对外农业投资境内企业基本情况

项目与类别	总计
境内企业（家）	10
其中：农业企业（家）	4
农林牧渔服务企业（家）	6
产业化龙头企业（家）	5
其中：国家级龙头企业（家）	1
省级龙头企业（家）	1
市级龙头企业（家）	3
注册资本总额（万元人民币）	139 902
截至年底企业境内资产总额（万元人民币）	115 451
年企业境内从业人员总数（人）	1 919

2．对外农业投资境外企业基本情况

陕西省对外农业投资境外企业类别以独资为主，设立方式以子公司为主。5家境外企业中，注册类别数量最多的是独资企业，共3家（永兴有限公司、特爱有限责任公司、陕西林鼎农林科技有限公司阿斯塔纳子公司），占比60%；其次是合作企业，共2家，占比40%（表2）。

表2　2018年陕西省对外农业投资境外企业基本情况

项目与指标	总计
境外企业（家）	5
所在国家数（个）	3
企业注册资本总额（万美元）	516.78
年对外投资总额（万美元）	1 245.36
截至年底累计对外投资总额（万美元）	3 382.56

（三）企业典型案例：西安爱菊粮油工业集团有限公司

1．企业概况

西安爱菊粮油工业集团有限公司（简称爱菊集团）始建于1934年，是一个老字号粮油企业，现为国家级农业产业化重点龙头企业，在2003年非典、2008年汶川地震等社会事件中发挥了大型粮食企业的作用，维护了社会的稳定，曾荣获"兰州军区军粮供应指定单位""全国抗震救灾先进集体"等称号。集团公司成立于2007年，注册资本5 000万人民币，截至2018年底，该公司资产总额86 608万人民币，境内员工从业人数1 051人，是陕西省农业对外投资重点企业。

2．对外投资进程

2015年以来，爱菊集团响应国家"一带一路"倡议，走出国门，在哈萨克斯坦投资发展，投资项目已列入"中哈产能与投资合作55个项目清单"。目前主要进展如下：

哈萨克斯坦爱菊农产品物流加工园区：园区占地333.33公顷，拟投资10亿元，主要建设内容包括油脂加工厂、粮库、牛羊肉加工厂、食品加工厂等。其中一期年加工30万吨油脂厂于2016年5月31日正式开建，并于12月6日试投产运行，拥有两条铁路专用线，为哈萨克斯坦最大的油脂厂。哈萨克斯坦总统纳扎尔巴耶夫远程视频连线，亲自见证油脂厂投产仪式，目前正常运行。收购改造两个仓容量5万吨的粮库，拥有4条铁路专用线，并新建两个日处理1 000吨的烘干塔，目前正常运行。

进出口情况：截至目前，已累计进口小麦约7万吨、面粉约1万吨、食用油约2万吨，进口葵饼、菜饼约4万吨。正在收购小麦、油菜籽，已收购小麦约4万吨、油菜籽约5万吨。哈萨克斯坦

园区食用油生产设备全部由中国出口，通过"中欧货运班列"运至北哈州。

3. 企业下一步主要投资规划

根据爱菊集团"三位一体"体系布局，在对外农业投资方面，下一步将逐步完善，重点做好以下工作：

（1）组建新型订单农业合作社，进行跨国粮库布局，打造海外粮仓，打造企业与政府、与农户间"命运共同体"，让粮食"买得到"。哈萨克斯坦园区已列入商务部境外农业园区统计之列，拟建成境外粮油集散中心。哈萨克斯坦已投资1.5亿元，已拥有各5万吨仓容的两个粮库、一个年加工30万吨的油脂厂。拟再投资2.5亿元，在哈萨克斯坦、俄罗斯新建5～8个仓容5万吨油脂和小麦粮库，届时可实现年周转吞吐量小麦100万吨、油料100万吨。未来，还将在俄罗斯、乌克兰两国各收购或新建数个收储和周转仓库，以大量收储粮油原料；还将打造农产品园区平台，新建牛羊肉厂、食品厂、蛋奶制品厂等，形成产业集群。同时爱菊集团牵头组建新型订单农业合作社，西北农林科技大学、哈萨克斯坦国立大学、当地农场主等将共同参与，拟采取"订单农业、订单收购"方式，实施种子"研发、种植、管理、收割、收购、存储"一条龙运营策略，力争指导当地农户"种什么、种多少"，解决他们"卖粮难"问题。计划初期推广原料种植10万公顷，长期达到33.33万公顷。同时带动当地种植33.33万公顷，合计66.67万公顷，可收获100多万吨小麦、食用油及菜饼、葵饼等，预计需要5 000个专列。

（2）促进"陕西自贸区功能"前移至哈萨克斯坦北哈州爱菊农产品物流加工园区，实现"政府引领、企业运作、共同履行社会职责"的目标。爱菊集团已与陕西自贸区（西安国际港务区）达成合作意向，陕西自贸区拟入股爱菊集团，在政策指导下，引领企业发展，共同将哈萨克斯坦北哈州爱菊农产品物流加工园区打造成"陕西粮油产品的原料基地和集散基地"，进而确保陕西粮油供应安全，并辐射西北地区。

（3）打造境外投资平台，"抱团出海"。爱菊集团致力于将哈萨克斯坦爱菊园区打造为我国境外投资平台，吸引更多中国企业入区建厂，如新建牛羊肉厂、食品厂、蛋奶制品厂等，形成产业集群，从而"抱团出海"，共赢发展。

五、2018年农业对外投资面临的主要困难和政策建议

（一）主要困难

1. 企业层面

（1）企业规模较小、资金紧张。陕西省对外农业投资企业数量少，产业化龙头企业更少，缺乏资金、规模较小、竞争力低是陕西农业企业"走出去"面临的最普遍问题。境外投资周期长、见效慢，开展对外农业投资需要大量长期性融资支持。现有的对外农业直接投资的金融政策较少，境外

资产难以抵押，境外经营风险较大，国内金融机构在"走出去"项目中的资本合作参与度较低。我国对外农业投资低息政策性贷款规模小，而且主要集中在少数大企业，难以解决大多数境外企业资金需求问题。随着投资领域和规模的不断扩大，企业境外投资资金需求量增加，而产品不能及时销售，资金回收周期长，后期投入资金受限，可能导致企业经营不稳定，投资不连贯，极大地制约了企业的发展。

（2）缺乏高素质的国际型复合人才。企业普遍反馈，对外合作亟须掌握外语、了解国际规则和国际惯例、具有全球视野和国际化战略思维、熟悉国际投资规则、精通跨国投资经营管理和国际市场开拓的复合型人才，深化对投资国的农业产业政策、农产品市场潜力、农村风土人情等情况的理解。跨境人才的匮乏已成为制约企业发展的因素之一。

（3）"走出去"的集群效应尚未形成。目前多数企业仍处于各自为战、无序竞争状态，远未形成上下游产业配套、分工协作的海外农业投资格局，抵御境外投资风险能力不强。

2．东道国层面

（1）境外投资风险较大。对外农业投资会受当地自然、人文、政策等各类因素影响，由于国外政治、经济形势不稳定，不可控因素较多，企业境外投资风险较大。具体表现为：部分东道国政局不稳定，恐怖主义活动和国内动乱时有发生，安全形势不稳定，同时由于文化差异与过分严重的地方保护主义影响了境外企业正常的经营运行。此外，汇率变动较大，增加了境外企业的经营成本与东道国货币的贬值风险。部分东道国经济低迷不振，降低了境外企业盈利水平。

（2）境外基础设施薄弱。部分东道国国内基础设施相对落后，配套不完善，功能不健全，直接影响了企业"走出去"的长期顺利开展。俄罗斯农业生产设施基础较差，加工物流等服务业发展比较落后，土地开垦成本高。中亚五国农地资源丰富，但加工物流等服务业落后，交通运输方式单一，运力有限，且缺乏农田灌溉系统。这些都会严重制约大型农业项目的实施，同时也导致企业基础设施建设投资增大，增加生产经营成本。

（3）企业国内员工外派签证难度大。部分中亚国家的工作签证发放数额十分有限，发放条件也极其苛刻，办理签证的时间较长，影响了境外企业正常的生产经营活动。

3．政府层面

（1）缺乏总体规划引导和统筹协调。近年来，我国与"一带一路"沿线国家在多、双边机制下开展了形式多样的农业交流与合作，但由于信息渠道、资金来源、合作主体及方式等不同和部门间工作联系机制不健全，合作项目较为分散，未能形成合力发挥整体效应。

（2）部分政策落实困难，审批程序复杂。目前国家涉及农业对外投资的重要政策性文件覆盖了项目审批、财政、融资、外汇、税收、保险等各个方面，主要的扶持政策包括公共财政对前期考察和运营的费用支持、信贷优惠、税收优惠、农产品进口税率、保险和融资担保等，但部分政策落实困难，企业争取政府财政支持难度较大。另外，企业反映，农业对外合作的项目审批手续复杂，程序繁多，时间成本较高，不能适应瞬息万变的国际竞争形势，特别是在出现突发事件时，难以及时有效应对。

（3）信息服务不到位。如市场信息、资源状况、风土人情等没有系统权威的来源渠道，基本上靠企业自身收集。

（二）政策建议

为加快推动陕西省农业对外投资合作，以境外全产业链建设为抓手打造陕西省农业"走出去"的标志工程，要充分发挥企业主体功能和政府服务功能，强化政府在农业"走出去"的引导与服务职能，完善"走出去"企业信息、整合财政资金、鼓励金融机构加大对重点项目予以扶持，培育一批具有国际竞争力的农业企业。

1. 做好宏观层面的规划和引导

（1）做好农业"走出去"的规划。制订详细可行的陕西省农业对外合作规划，从工作格局、政策体系、信息支撑上为农业对外合作保驾护航，让企业进行投资时有所参考，也让相关政府部门更好地指导企业的境外投资活动，以更好地促进陕西省农业"走出去"。

（2）做好"走出去"企业的引导工作。引导企业树立风险意识，准确识别政治、税收、汇率、环保等方面风险，完善风险防范控制措施，改善经营环境；引导企业树立合作意识，加强协调沟通和团结协作，形成合力，共同发展；引导企业树立法律意识，认真遵守所在国法律法规，尊重当地文化、宗教和习俗，在法律范围内承担企业义务和社会责任，确保生产经营活动顺利开展并取得良好的经济社会效益。

（3）搭好农业"走出去"的平台。充分发挥政府在推进农业企业境外投资过程中的桥梁和平台作用，把政府开展的合作、援助项目与陕西省企业"走出去"有效结合起来，为企业提供良好的境外投资环境。加快推进与重点国家之间的农业双边和多边合作谈判，积极争取和利用联合国粮农组织、国际农业发展基金会、世界粮食计划署等多边合作资源，拓展国际化发展的合作新形式与新内容，为陕西省农业"走出去"创造机遇。

2. 完善政策支持服务体系

结合企业境外投资的实际需求，重点在财政、金融、保险、税收等方面加强支持力度，完善支持政策，形成系统的支持体系。

（1）提供政策、资金支持。进一步完善和落实支持农业"走出去"的有关政策，将农业补贴、农业综合开发、农业基本建设支持等国内农业相关政策延伸到农业对外合作领域。结合农业境外投资项目特点，建立农业"走出去"专项基金，用于投资主体开拓国际市场、建立境外加工生产基地、开发利用境外资源、技术合作等的各种补贴、贴息和紧急援助等。加大对农业"走出去"企业贷款贴息力度，延长贴息年限、扩大贴息范围并支持其海外上市融资。针对性地重点加强对中小农业企业的支持力度，充分利用"一带一路"倡议的投资机遇，促进具有地缘优势的中小农业企业的外向型发展。

（2）放宽融资条件。进一步提高国内金融机构支持农业企业"走出去"的能力，探索企业以境外资产、股权、土地等作抵押，由境外银行出具保函，为境外企业在国内取得贷款提供担保的"外保内贷"的融资模式。同时，加强对境外农业投资风险的评估与保障工作，设立专门针对农业境外投资保险的险种。对非常规性的风险，扩大对企业的承保范围，加大保费补贴比例。

（3）简化企业对外农业投资的各项审批手续。进一步增加鼓励企业对外投资的相关优惠政策，简化和规范办事程序和境外投资审批程序，为企业提供高效率、高质量的服务。

3. 强化农业对外合作服务措施

积极与企业对接，了解企业的需求，完善支持农业企业对外合作的政策措施，及时提供相应的政策服务，综合运用财税、金融、通关、外交、对外援助等多种措施，切实帮助企业解决实际困难，打好服务农业对外合作的组合拳。做好重点项目跟踪服务，推动相关项目尽快落实落地，帮助企业"走出去"、站住脚、扎下根。强化政府信息服务功能，建立完善陕西省农业"走出去"公共信息服务平台，发布重点国家国情信息，包括法律、文化习俗、投资环境和国外寻求农业投资合作的相关信息，为企业"走出去"提供决策参考；持续跟踪、完善陕西省农业"走出去"项目库，梳理现有境外投资项目所在国别、主导产业及招商需求，并及时在平台上发布，实现境外投资项目信息共享，促进企业抱团"走出去"。加快培育社会服务机构，为对外投资企业提供法律、金融、农业等全方位的服务。

4. 加强农业"走出去"人才队伍建设

建立健全农业"走出去"人才的引进、培养机制，与高校、科研机构合作，加大投入，建设一支具有全球视野和跨国经营管理能力的高素质复合型人才队伍。鼓励和支持企业与国内外高等院校和培训机构合作，开展专业明确、内容具体的国际化人才培训。组织企业管理者、党政干部、专家学者、技术人员开展境内外培训学习活动。通过人才引进渠道引进具有丰富国际投资经验、熟悉国际经贸规则和惯例、掌握外语的专业化管理人才，以更好地服务于企业境外投资的现实需求。政府部门成立由专业人士组成的专门机构，为企业提供境外信息咨询、调查评估和问题解决方案等服务。

2018吉林省农业对外投资合作分析报告

一、2018年农业对外投资总体情况分析

（一）总体特征

吉林省企业对外农业投资始于1989年，经历了从无到有、从小到大、从弱到强的艰难创业过程。经过近30年的探索和努力，尤其近几年，在吉林省委、省政府的高度重视和正确领导下，在农业农村部等国家有关部委的大力支持下，吉林省对外农业投资合作取得了较好成效，境外投资企业数量增加，投资规模不断扩大（图1）。

图1　2017—2018年吉林省涉农企业对外投资总量对比

2018年吉林省共采集15家企业在境外5个国家（地区）投资设立了15家对外农业合作企业，注册资本总额为213 257.45万美元，累计对外投资16 158万美元，企业新增投资额2 280万美元，境外农业合作投资除粮食蔬菜种植外，已拓展延伸到养殖业、加工业、仓储物流、进出口贸易等领域。

从投资主体看，民营企业是吉林省农业"走出去"的主力军。吉林省"走出去"企业传统上以国有企业为主，但近年来民营企业经济实力不断增强，逐渐成为吉林省农业"走出去"的新生力量，形成多元化的格局。民营企业因其自身经营方式的灵活性及其对市场机遇把握的敏锐性，在吉林省境外农业投资活动中表现得最为活跃，在境外农业投资中占到绝大多数。2018年，采集到的吉林省农业对外投资者设立的15家企业，按境外投资企业境内注册类型划分，有限责任公司12家，占比高达80%；国有企业2家，占比13.3%；集团企业1家，占比6.7%。

（二）企业经营情况

2018年，吉林省采集到15家在境外投资设立农业企业，与2017年基本持平，其中筹备设立

2家，正在经营10家，注销2家，暂停经营1家，业务范围涵盖了生产、讲稿、仓储、物流等多个环节。

从资产状况及投资情况来看，吉林省采集到的15家境外农业企业中，资产总额在200万美元以下的有4家（占比26.7%），200万～500万美元的有3家（占比20%），500万美元以上的有8家（占比53.3%）。

从境外投资主体企业类型及现状看，2018年吉林省采集到的在境外投资成立的15家农业企业中，境外企业的设立方式分别为设立子公司、联营公司、分支机构等。其中子公司10家，占比为66.7%；联营公司2家，占比为13.3%；分支机构（含办事处、代表处等）1家，占比为6.7%；另有筹备设立企业2家，占比为13.3%。

从社会效益和经营情况看，2018年，吉林省采集到的企业在境外指导当地农民开展农业生产共计1 000余人次，农资投资总额为852.7万美元，农业营业收入总额为2 586万美元。农资主要需求是种子、农药、化肥，目前基本从东道国购买。

二、2018年重点区域和国别投资情况分析

（一）各大洲分布情况及特征

从投资区域看，俄远东地区是吉林省对外农业投资的重点地区，同时向其他区域不断拓展。吉林省采集到的15家企业，投资主要分布在欧洲、亚洲和非洲，其中欧洲占比最大，约占73.3%，亚洲约占20%，非洲仅占6.7%左右。

（二）重点国家分布情况

吉林省2018年采集到的企业投资主要集中在欧洲，其中俄罗斯是吉林省企业境外农业投资较为集中的地区。一方面源于俄罗斯自然资源丰富、市场容量大，另一方面，主要源于吉林省地缘优势。调研显示，市场导向型的投资多集中于发达国家，而资源导向的投资偏向于发展中国家，主要是利用当地廉价的土地、人力等。

三、2018年对外农业投资的行业分析

（一）产业分布总体情况

从吉林省2018年采集到的15家企业来看，农业对外合作开发已由从前的蔬菜和粮食种植向生猪及肉牛饲养、粮豆及饲料加工、食用菌加工、建材制造、仓储物流、农副产品批发市场等多个领域延伸（表1）。

表1　部分境外农业投资企业行业分布情况

境内企业名称	境外企业名称	企业类型	投资所在国	投资行业
吉林省海外农业投资开发集团有限公司	吉海投资赞比亚有限公司	独资	赞比亚	种植业、食用菌加工、进出口贸易
吉林省泰源农牧科技开发有限公司	俄罗斯泰源农牧业产业园区有限责任公司	独资	俄罗斯	种植业、养殖、加工、建立农牧产业园
吉林省金达海外农业开发投资有限公司	土星有限责任公司	独资	俄罗斯	种植业、养殖业、仓储
吉林省吉蒙农牧产业发展有限公司	蒙古国万盛农业有限公司	合资	蒙古国	种植业、养殖业
延边卫峰国际经贸有限公司	俄罗斯普拉格列斯69责任有限公司	独资	俄罗斯	进出口贸易、种植业、养殖业

（二）各产业投资情况

吉林省采集到的15家企业对外农业投资累计16 158万美元，其中种植业为13 734万美元，占全部对外农业投资额的85.0%；养殖业10 341万美元，占全部对外农业投资的6.4%；其他行业为1 400万美元，占全部对外农业投资额的8.6%。

（三）种植业对外投资

2018年吉林省采集到的15家农业对外投资企业中，除尚在筹备设立中的两家企业外，其他境外投资企业均以种植业为主，主要种植品种为玉米、水稻、大豆，目前仅光大集团在老挝开展橡胶种植。

四、企业典型案例：吉林泰源农牧业有限公司

吉林省泰源农牧科技开发有限公司（以下简称泰源公司）成立于2010年，注册资本1 000万元人民币。公司现有员工300余人，俄籍员工200余人。

1. 企业对外投资情况

吉林省泰源农牧科技开发有限公司在俄罗斯滨海边疆区投资建设的泰源农业与牧业产业园区，是贯彻落实"一带一路"倡议和响应吉林省委、省政府提出的农业"走出去"的号召，运用吉林省在粮食育种、种植、转化、深加工以及在食品和饲料加工等方面的产业优势，创建了吉林省境外第一个"农牧业产业园区"。2018年完成累计投资4 357万美元，利用俄农业用地1.8万公顷，完成园区项目规划，购置工业用地（旧军营），租赁配套农业用地以及基础设施建设，房屋

维修改造和机械购置，园区已具雏形。园区完成果蔬种植采摘园建设。目前园区内已有加工企业5家，种植大户10余家。实现年内玉米加工量1.35万吨，大豆0.21万吨。项目园区基本形成了"种、养、加、储、销"一体化发展格局。该公司已经被俄罗斯联邦政府批准加入海参崴自由港，成为首批享受自由港政策的企业。

2．企业对外合作面临的问题及建议

该公司在俄罗斯的投资中也遇到了一些困难：一是海外资产抵押融资难，融资渠道狭窄、融资难、融资贵；二是大型农机具境外购置使用限制多；三是粮食产品本地销售利润低，农产品回运困难；四是俄罗斯技术支持能力不足；五是中俄农业政策以及汇率方面的不确定性。

建议从外交层面，加强双方的协调与沟通。借助俄远东大开发战略的实施，协调和敦促俄罗斯政府完善农业开发合作的相关法律和制度建设，加强对中国在俄远东农业投资的保护，减少劳务、农资、农机等进口限制。

五、2018年农业对外投资面临的主要困难和政策建议

（一）主要困难

（1）投资企业整体规模小、实力弱、缺乏竞争力。吉林省农业对外投资主体仍以中小企业为主。"走出去"企业总体实力较弱，对外投资规模偏小，抗风险能力差，且企业基本为涉农企业，以生产、加工为主，物流、仓储为辅，处于产业链低端环节，对产品收储、流通、定价、销售等缺乏有效掌控，导致在国际市场中缺乏竞争力。

（2）投资企业融资渠道窄，很难获得贷款支持。企业反映最为集中的是资金问题。主要是金融部门的融资问题，由于企业投资项目在境外，而企业在海外的固定资产又不能作为贷款抵押物，缺少有效担保，国内商业银行一般不愿发放支持农业投资项目的贷款。而投资企业本身对国际融资环境不熟悉，经验不足，更难得到东道国金融机构的信贷支持。

（3）投资企业缺乏跨国经营管理人才。农业对外投资企业普遍缺乏掌握外语、了解国际惯例和规则，熟悉投资国有关农业产业政策、农产品市场潜力、税收政策、东道国风土人情等，并具有国际化眼光和视野的经营管理人才，境外经营管理水平低下，以致于一些投资项目甚至搁浅或陷入困境。

（4）对外合作风险和不确定因素较多。农业对外合作宗旨是服务于国家外交大局，近几年，农业对外合作已经成为中国对外交往的名片，但面对目标国的政权更替、金融限制、政策变化、文化融入等问题，农业对外合作效果依然存在着较大的不确定性和经营风险。目前国内和省内还未有专业性、系统化的服务团队给予企业全方位指导服务，海外农业投资和合作的经济风险依然较大。

（5）国家有关政策尚存在一定局限性。一是种子出口限制。俄罗斯远东地区种子产量低，使用

国内种子因没有列入"可以对外交换"目录而不能出口，对企业效益影响较大。二是粮食回运关税配额限制。企业获得海外自产粮食进口配额较难，有些企业不得不向其他企业购买回运配额。三是动植物检验检疫烦琐。受我国与俄罗斯等国家没有签订双边检疫协定的影响，企业回运粮食检验检疫程序复杂。四是强农惠农政策没能惠及海外农业开发企业。国内企业享受粮食直补、综合直补、农资补贴、农机具购置补贴等一系列强农惠农政策，而海外农业开发企业享受不到这些政策。

（二）政策建议

（1）加快培育多元化农业对外投资主体。鼓励和引导大型优势企业利用自身的规模、技术、品牌、资金和管理等优势，进行强强联合、优势组合，培育大型企业集团；引导"走出去"企业通过契约、协议等形式结成利益共享、风险共担的联合体、协会或战略联盟；积极推荐"走出去"企业申报国家级、省级农业产业化龙头企业，培育一些具有国际竞争力的重点粮商和大型农业企业。

（2）加强服务体系建设。联合有关部门建立农业对外合作公共信息服务平台，加强海外农业信息调查与收集，为企业提供优质信息支持；加强农业对外合作信息采集统计，切实了解掌握企业发展情况；研究探索农业对外合作信息购买服务，推动农业对外信息资源共享共建。鼓励支持境外企业建立行业协会、成立企业联盟等社会服务组织，为企业提供市场化、国际化的法律、会计、税务、通关、专利、融资担保、风险评估、经贸摩擦应对等服务，提高服务质量。协调设立省级农业对外合作专项发展资金，推动投融资和担保机构对农业"走出去"企业及农产品出口的投融资和保险支持力度。

（3）加大政策扶持。希望农业农村部及国家有关部委让"走出去"企业享有国内企业同等待遇。在支农惠农政策、农机具和农业生产资料出口减免关税、赴俄农业劳务配额，以及将在"一带一路"沿线国家建立的重点农业产业园区、农业对外合作"两区"建设等项目纳入国家政府间合作框架等方面，加大政策倾斜、资金扶持，给予重点支持。在农业农村部及国家有关部委的扶持下，联合省内有关部门，增强在财政、税收、信贷、保险等方面的政策扶持，推动投融资和担保机构农业"走出去"企业及农产品出口的投融资以及保险的支持力度，调动企业对外合作的积极性。

（4）建议企业做好调查，提高规避风险的能力。企业对外投资时，一定要开展调查，客观评估投资活动的预期收益、可能遭受的损失及承担风险的能力，熟知对外农业投资受东道国自然条件、政策变更、市场化程度、市场潜力、市场饱和情况以及价格波动等多重因素影响，企业在"走出去"之前，做到知己知彼，科学决策。另外，在"走出去"后，要处理好与东道国政府、企业和农户的关系，履行社会责任。

2018 上海市农业对外投资合作分析报告

一、2018 年农业对外投资总体情况分析

（一）总体特征

截至 2018 年底，上海共有 22 家境内企业在六大洲 19 个国家（境外地区）设立了 35 家农业对外合作企业，投资领域涉及种植业、畜牧业、渔业、零售业以及食品的加工、批发等全产业链，投资存量 373 767.65 万美元，其中投资流量 6 171.75 万美元，2018 年营业收入总额 828 719.27 万美元，其中农业产业营业收入总额 425 304.27 万美元。

上海农业对外投资情况主要呈现以下几个特点：

（1）从投资区域看，上海对外农业投资企业数量最多的区域和国家（境外地区）分别是大洋洲（15 家，占比 42.86%）和新西兰（7 家，占比 20%），但投资存量最多的区域和国家（境外地区）分别是亚洲（141 068.6 万美元，占比约 38%）（图 1）和以色列（135 635.23 万美元，占比 36.29%）。2018 年新增投资主要集中在大洋洲的澳大利亚（共 4 家，投资流量 5 405.07 万美元，占比 87.58%）。

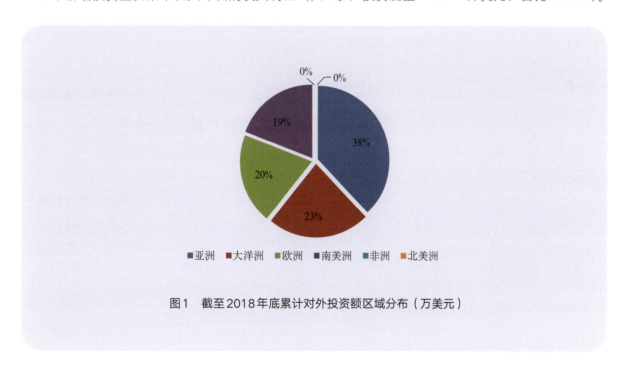

图 1　截至 2018 年底累计对外投资额区域分布（万美元）

（2）从投资行业看，上海的 35 家企业对外投资领域涉及种植业、畜牧业、渔业以及食品的加工、批发、零售等全产业链，其中投资企业数量较多的行业为畜牧业（11 家）和渔业（9 家），投资存量最多的行业是食品加工业（181 038.44 万美元，占比约 49%），2018 年投资流量最多的行业为粮食作物（2 831.68 万美元，占比 46.48%）（图 2）。

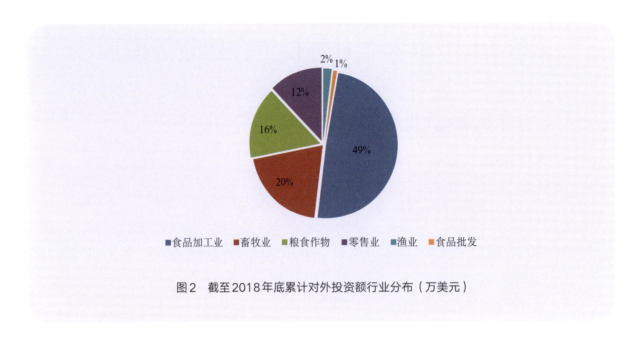

图2 截至2018年底累计对外投资额行业分布（万美元）

（3）从投资主体看，22家境内企业主要为国有企业和有限责任公司，投资存量分别为251 501万美元（占比67.29%）和84 958.3万美元（占比22.73%）。

（二）企业经营情况

截至2018年底，上海在境外设立的35家农业企业中，资产总额在200万美元以下的有5家，占比14.29%；200万~500万美元的有3家，占比8.57%；500万~1 000万美元的有2家，占比5.71%；1 000万~2 000万美元的有4家，占比11.43%；2 000万~5 000万美元的有5家，占比14.29%；5 000万~10 000万美元的有3家，占比8.57%；1亿美元以上的有13家，占比37.14%。

截至2018年底，上海在境外设立的35家农业企业中，投资存量在200万美元以下的有6家，占比17.14%；200万~500万美元的有5家，占比14.29%；500万~1 000万美元的有4家，占比11.43%；1 000万~2 000万美元的有3家，占比8.57%；2 000万~5 000万美元的有3家，占比8.57%；5 000万~10 000万美元的有5家，占比14.29%；1亿美元以上的有9家，占比25.71%。

（三）投资趋势

2019年上半年，上海有6家企业在四大洲的6个国家（境外地区）新增1 579.21万美元投资额。从投资领域来看，主要涉及粮食作物、渔业和畜牧业；从投资方式来看，在加拿大投资的1家为新并购企业，其余5家均为追加投资；从投资分布来看，其中2家在大洋洲，分别位于澳大利亚和新西兰，2家在亚洲，分别位于柬埔寨和缅甸，另2家分别位于加拿大和坦桑尼亚。

二、2018年重点区域投资情况分析

上海对外农业投资范围覆盖大洋洲、南美洲、亚洲、欧洲、非洲、北美洲等六大洲的19个国家（境

外地区），其中投资存量主要集中在亚洲、大洋洲、南美洲和欧洲，2018年投资流量主要集中在大洋洲。

（一）投资的区域分布

1. 总体分布情况

截至2018年底，上海在境外投资的农业企业数按降序排列分别为大洋洲（15家，占比42.86%）、南美洲（6家，占比17.14%）、亚洲和欧洲（各5家，分别占比14.29%）、非洲（3家，占比8.57%）以及北美洲（1家，占比2.86%）。按投资存量降序排列，分别为亚洲（141 068.6万美元，占比37.74%）、大洋洲（86 418.28万美元，占比23.12%）、欧洲（73 557.81万美元，占比19.68%）、南美洲（70 505.27万美元，占比18.86%）、非洲（1 217.69万美元，占比0.33%）以及北美洲（1 000万美元，占比0.27%）。

2018年新增投资的9家境外企业中，大洋洲有4家，投资金额5 405.07万美元，占比87.58%；欧洲2家，投资金额551.11万美元，占比8.93%；非洲、北美洲和亚洲各1家，投资金额分别为100万美元（1.62%）、80万美元（1.30%）和35.57万美元（0.58%）。

2. 在亚洲的农业投资情况

截至2018年底，上海对外农业投资存量最高的地区是亚洲，共有5家企业累计投资141 068.6万美元，涉及畜牧业、粮食作物、食品的加工和批发业，投资存量主要集中于食品加工业（135 635.23万美元，占比96.15%），相应的境内投资主体为国有企业。

3. 在大洋洲的农业投资情况

截至2018年底，上海对外农业投资企业数量最多的地区是大洋洲，共有15家境外企业累计投资141 068.6万美元，所涉及的行业中投资存量最高的为畜牧业（52 911.97万美元，占比60.53%），其余按降序排列依次为食品加工业（17 467.4，占比19.98%）、粮食作物（14 759.38万美元，占比16.88%）以及渔业（2 279.53万美元，占比2.61%）。从境内投资企业注册类型来看，大洋洲投资存量主要集中于国有企业（38 746.93万美元，占比44.84%）和有限责任公司（35 156.93万美元，占比40.68%），此外还有股份有限公司（9 208.95万美元，占比10.66%）以及私营企业（3 305.47万美元，占比3.82%）。

（二）投资的国家（境外地区）分布

截至2018年底，上海在境外投资的农业企业数量排名前3位的分别是新西兰（7家，占比20%）、澳大利亚（4家，占比11.43%）以及阿根廷和西班牙（各3家，分别占比8.57%）。上海对外农业投资存量主要集中在以色列（135 635.23万美元，占比36.29%）、西班牙（50 657.81万美元，占比13.55%）、巴西（45 300，占比12.12%）、新西兰（40 844.97，占比10.93%）、澳大利亚（38 270.38万美元，占比10.24%）等国（表1）。

表1　截至2018年底投资存量的国家（地区）分布

序号	国家（地区）	投资存量（万美元）	百分比（%）
1	以色列	135 635.23	36.29
2	西班牙	50 657.81	13.55
3	巴西	45 300	12.12
4	新西兰	40 844.97	10.93
5	澳大利亚	38 270.378 8	10.24
6	玻利维亚	22 723.93	6.08
7	意大利	21 000	5.62
8	马绍尔群岛	7 020.73	1.88
9	中国香港	4 957.8	1.33
10	阿根廷	2 481.34	0.66
11	法国	1 900	0.51
12	美国	1 000	0.27
13	摩洛哥	793.69	0.21
14	柬埔寨	440	0.12
15	毛里塔尼亚	324	0.09
16	基里巴斯	200	0.05
17	坦桑尼亚	100	0.03
18	斐济	82.2	0.02
19	缅甸	35.57	0.01

2018年新增投资的9家境外企业中有3家位于澳大利亚，其余6家分别位于西班牙、坦桑尼亚、美国、新西兰、缅甸和法国6个国家，新增投资金额主要集中在澳大利亚（5 355.07万美元，占比86.77%）。

（三）"一带一路"沿线国家投资情况

截至2018年底，上海在"一带一路"沿线国家共设立了4家农业企业，分别位于以色列、柬埔寨、坦桑尼亚和缅甸，累计投资总额为136 210.8万美元，2018年新增投资额135.57万美元。从投资行业来看，4家企业中畜牧业有2家，粮食作物和零售业各有1家。从境内投资企业注册类别来看，国有企业、有限责任公司、私营企业和其他类别企业各有1家（表2）。

表2 截至2018年底"一带一路"沿线国家投资情况

单位：万美元

国家	行业	投资流量	投资存量
缅甸	畜牧业	35.57	35.57
柬埔寨	畜牧业	0	440
坦桑尼亚	粮食作物	100	100
以色列	零售业	0	135 635.23

三、2018年对外农业投资的行业分析

截至2018年底，上海对外投资的35家农业企业投资领域涉及种植业、畜牧业、渔业以及食品的加工、批发、零售等全产业链，按照境外企业数量由多到少排列分别为畜牧业（11家）、渔业（9家）、食品加工业（5家）、粮食作物（5家）、零售业（4家）、食品批发（1家）。按照投资存量降序排列分别为食品加工业（181 038.44万美元，占比48.44%）、畜牧业（76 111.47万美元，占比20.36%）、粮食作物（60 789.38万美元，占比16.26%）、零售业（45 622万美元，占比12.21%）、渔业（5 878.56，占比1.57%）以及食品批发（4 327.8万美元，占比1.16%）。

2018年新增投资的9家境外企业中，投资畜牧业、粮食作物、零售业和食品加工业的各有2家，还有1家投资渔业。按投资流量降序排列，分别是粮食作物2 831.68万美元，占比46.48%；食品加工业2 132.19万美元，占比35%；畜牧业576.77万美元，占比9.47%；零售业551.11万美元，占比9.05%；渔业80万美元，占比1.31%。

四、企业报告

（一）对外农业投资企业总体情况

截至2018年底，上海共有22家境内企业在境外投资设立了35家企业，境内和境外企业数量分别较2017年增加了2家。

境内22家企业中农业企业有12家（占比54.55%），非农业企业有10家（占比45.45%）。10家农业企业中，省级龙头企业有2家，国家级龙头企业和市级龙头企业各1家。按登记注册类型分，22家境内企业中有限责任公司10家，占比45.45%；国有企业7家，占比31.82%；私营企业3家，占比13.64%；股份有限公司和其他企业（合作社）各1家，占比4.55%。

境外35家企业中正在经营的有34家，筹备设立的有1家。按境外企业类别来分，独资企业有18家，占比51.43%；合资企业15家，占比42.86%；其他类别企业2家，占比5.71%。按企业设立方式来分，上海境外投资企业以子公司形式设立，共有28家，占比80%，此外还有联营公司（4家，占比11.43%）、分支机构（2家，占比5.71%）、其他类别（1家，占比2.86%）等形式。

（二）各类型企业对外农业投资经营情况

据不完全统计，2018年上海对外农业投资企业总收入为828 719.27万美元，其中农业产业营业收入为425 304.27万美元（占比51.32%），非农业产业收入为403 415万美元（占比48.68%）。所有产业中，按营业收入降序排列分别是食品加工业（361 739.31，占比43.65%）、畜牧业（219 812.11万美元，占比26.52%）、粮食作物（176 622.14，占比21.31%）、零售业（55 431.21万美元，占比6.69%）和渔业（15 114.5万美元，占比1.82%）。

（三）企业典型案例

光明乳业发挥国有资本优势，积极响应国家"走出去"战略和"一带一路"倡议，2010年投资8 200万新西兰元，成功收购了新西兰本土企业新莱特（Synlait Milk）乳业51%的股份，是国内第一家完成海外并购的乳品企业，开创了中国乳企"走出去"的先河。

光明乳业把国家战略与企业发展有机结合，利用国内、国际两种资源，发展两个市场，推动企业的战略转型和升级，打响了"中国品牌""中国制造"。投资9年来，始终坚持"开放、包容、合作、共享"的理念，完成了二轮战略和业务的转型升级，实现了从"低附加值工业奶粉企业"转型为"高附加值婴儿奶粉企业"，从"单一乳粉生产企业"转型为"综合性生产企业"，产品品种由单一的工业奶粉发展到婴儿奶粉、液态奶、奶酪、乳铁蛋白、奶油等高附加值系列产品，产品销往全球30多个国家和地区。

新莱特公司于2013年和2016年分别在新西兰和澳大利亚主板上市，募资近9亿元，成功搭建了海外融资平台，走上了自我造血、自我发展之路。9年来，新莱特公司累计投资近10亿新元用于婴儿奶粉、乳铁蛋白等高附加值项目的发展，产能扩大了3倍多，生产基地从单一工厂扩大到了南北岛四大基地，包括原料生产、深度加工、科技研发等功能。截至2018年，新莱特公司已经从2010年一家50人的小企业发展成为了近千人的大中型企业，总资产增长了5.4倍，净资产增长了128倍，负债率从96.6%降至44.9%，销售规模由不足10亿元增长到40多亿元，企业净利润由亏损6 000万到盈利3.5亿元。企业价值从1.6亿新元增长到22.4亿，一跃成为新西兰本土发展最快的乳品企业。

9年飞速发展过程中，新莱特公司收获了累累荣誉，曾荣获"中新合作大奖""坎特伯雷地区国际企业冠军""快速发展50强企业"等重要奖项，被新西兰前总理约翰基誉为"中新合作的成功典范"。同时，新莱特项目也创造了多项行业纪录，如中国乳业第一家海外并购项目，中国第一家海外并购后成功在澳、新两国上市的企业，澳新区域最大的全产业链一站式的婴儿奶粉生产商，建立了国际认可的ISO/IEC 17065牧场标准，也是为数不多的提供灵活工作时间和产假的新西兰企业，更是澳新乳制品行业第一个提出在2030年实现积极环保指标的企业。新莱特不仅是光明乳业"走出去"的成功范例，也是中国新一轮对外开放大背景下的先行者与成功者。

五、2018年农业对外投资面临的主要困难和政策建议

（一）创新金融税收体制，构建风险防控体系

针对企业融资难、融资模式传统、银行贷款利率高、大部分境内补贴难以延伸到境外的问题，建议有关部门：

（1）协调中国农业发展银行、国家开发银行、进出口银行等政策性银行，加大对农业"走出去"企业的金融支持，并给予充分的融资利率优惠。

（2）协调国家主权基金、政府引导基金、私募股权发展基金、风险投资基金等，和企业一同进入并购，互利共赢。

（3）加大农业对外投资项目的扶持资金，促进境内农业补贴全面延伸到境外政策尽快实施，积极与相关国家签订税收协定，避免双重课税，并针对农业企业，制定更特殊的税收优惠政策。

针对国际汇率变动、投资国经济发展和信贷等政策发生变动、所在行业市场及价格波动、仓储成本波动等风险，建议有关部门对企业就风险防控方面提供政策指引，并构建相应的风险防控体系。

（二）促进科技交流合作，推动两区建设

针对一些发展中国家在基础设施、农业技术水平方面都比较落后的问题，建议大力推进境外农业合作示范区和境内农业对外开放合作试验区建设，加强科技交流合作，分享农业技术、经验和农业发展模式，共同规划实施区域粮食综合生产能力提升、农业科技合作示范、农产品产业一体化建设、农业研发促进培训综合平台等合作项目，为促进和带动更多的企业"走出去"提供平台，并支持相关企业建立海外农产品储备基地。

（三）简化政府审批和检验检疫流程，便利"走出去"和"运回来"

针对企业海外并购过程中政府审批时间过长，农产品回运时遇到的贸易限制、配额限制、海关商品编码不一致、某些检验检疫规定完全不适合农产品（如澳洲活牛入境后14天内必须屠宰完毕）以及农产品走私猖獗、缺乏法律监控等问题，建议有关部门：

（1）简化政府审批环节，不要让企业在国际资本市场上痛失最佳投资时机。

（2）鼓励农产品回运，适当放宽农产品进口配额，并根据企业实际需要给予配额指标。

（3）协调海关、检验检疫等相关部门针对农产品制定更加切实可行的检验检疫政策，对于保质期短的产品（如巴氏消毒奶等）给予通关、检验检疫便利化服务。

（4）制定相关法律，严厉打击农产品走私，保护合法经营的企业和消费者的利益。

（四）完善公共信息服务，布局国际人才培养

针对"走出去"企业缺乏成熟的境外投资分析团队以及复合型境外投资人才的问题，建议有关部门：

（1）梳理、完善"各国农业投资指引"，为企业提供各国（至少是目前重点投资国）政策、法律、农地、汇率、税务、农业科技、检验检疫等方面的权威信息，以及各种关于投资目标国的研究报告，并将相关信息通过政府网站、研讨会、微信公众平台、App等多种形式提供给相关企业。

（2）联合企业、各相关院校、科研机构，通过企业培训、院系课程优化、协议培养等方式，培育一批既有实践经验，又在农业技术、管理、贸易、语言方面融会贯通的复合型人才，为提高中国农业在国际资本市场上的竞争力谋篇布局。

（五）加强政府间合作，优化投资环境

此外，为保证海外企业的权益，确保最惠国待遇以及促进与缔约国的资金、技术交流，建议加强政府间双边合作，与更多相关目标国签订农产品贸易协议，建立稳定贸易伙伴关系和紧密的信息交换机制，积极协调因政策和法律制度不同而产生的分歧，从外交层面上为"走出去"农业企业提供切实有力的政治保障。

2018湖北省农业对外投资合作分析报告

一、湖北省企业对外农业投资合作概况

（一）投资规模

2018年，湖北全省经审批核准或备案的境外企业和机构共计9 899家，累计中方投资备案额6 195.74亿元人民币（折合902.75亿美元）。覆盖147个国家和地区，湖北省对外投资前五位的国家和地区是中国香港、美国、印度尼西亚、瑞典和德国。其中境外直接投资备案额1 261.52亿元人民币，同比增长1倍（折合183.81亿美元，同比增长90.63%）。

从系统上报数据情况看，湖北省农业对外投资项目累计达16个之多，但2018年几乎没有新增农业投资。

（二）企业经营情况

从上报数据情况看，湖北省10家境外企业在国外的经营项目以生产、加工粮食作物和经济作物为主，包括水稻、小麦、香菇、茶叶、畜牧业等，生产的作物主要销售东道国，或者经过加工运回国内销售，通过利用国外的物质资源和人力资源等优势，不仅增加了境外企业的营业收入，也给东道国带去了经济效益和技术进步。境外企业通过雇用东道国人员、购买东道国物资以及缴税等方式促进了东道国经济的发展，同时指导当地同民开展农业生产，给当地带去了现代化管理方法和科学技术，为这些国家的后期发展打下基础。

（1）湖北省种子集团有限公司。巴基斯坦HS农业有限公司是湖北省种子集团2015年在巴基斯坦设立的全资子公司，截至2018年底农业累计对外投资额30万美元，但暂时未有营业收入。

湖北省种子集团是湖北省农业产业化龙头企业，技术力量雄厚，各类专业技术和经营管理人员占职工总数的70%，中、高级技术人员占职工总数的45%。建立了自己的科研机构，已选育出了40多个组合（品系）。同时已与20余家大专院校、科研单位建立了密切的合作关系。先后承担国家863计划、948计划、湖北省科技攻关项目。成功地自主和联合选育、开发出了一批新优品种，每年参加国家和省级区试品种（组合）20多个。其中拥有已审定自主品种权品种15个。与湖北大学联合选育开发的两优287被农业农村部评定为超级稻，这是湖北省第一个也是目前唯一的超级稻，同时也是全国两个超级杂交早稻中唯一达国标一级米的新品种。其两优42、两优25、两优1号等后续组合先后被国家和省级审定。公司已与20多个国家和地区的种子公司建立了密切合作关系。2002年获得国家《进出口企业资格证》，年经营种子量500万千克，农药5 000吨，年销售收入2亿元左右，其中年出口种子2 000吨以上，进出口贸易总额800万美元以上。

（2）湖北省联丰海外农业开发集团有限责任公司。截至2018年，联丰海外公司设有境外农业

企业和分支机构共6个，分别是津巴布韦联丰公司、马拉维联丰公司、澳大利亚龙佑（联丰）开发有限公司、联禾非洲农业发展有限公司、联丰莫桑比克建材有限公司、莫桑比克联丰农业开发有限责任公司。

其中，津巴布韦联丰公司，2010年设立于津巴布韦，分支机构，截至2018年底农业累计对外投资额50万美元，2018年农业产业营业收入5万美元；马拉维联丰公司，2014年设立于马拉维，全资子公司，截至2018年底农业累计对外投资额55万美元，2018年农业产业营业收入10万美元，在东道国雇用外方人员数量20人，指导当地农民开展农业生产人数1 000人；澳大利亚龙佑（联丰）开发有限公司，2012年设立于澳大利亚，联营公司，持股比例99%，截至2018年底农业累计对外投资额150万美元，2018年没有农业产业营业收入；联禾非洲农业发展有限公司，2012年设立于莫桑比克，合资公司，截至2018年底农业累计对外投资额600万美元，2018年农业产业营业收入50万美元，在东道国雇用外方人员数量43人，指导当地农民开展农业生产人数100人。

（3）湖北菇缘菌业科技有限公司。截至2018年，公司境外农业企业1个，为2015年在美国设立的湖北菇缘菌业科技（美国）有限公司，注册资本1 000万美元。截至2018年底累计对外投资额1 900万美元，2018年农业产业营业收入总额200万美元，租赁农用耕地5公顷，租期10年。

（4）宜城市兴华工贸有限公司。截至2018年，公司境外农业企业1个，为2012年在坦桑尼亚设立的全资子公司宜城市兴华工贸（坦桑尼亚）有限公司，注册资本2 557万美元。截至2018年底累计对外投资额2 607万美元，2018年没有农业产业营业收入。

（5）湖北禾丰粮油集团有限公司。截至2018年，公司境外农业企业1个，为2013年在莫桑比克设立的全资子公司联禾非洲农业发展有限公司，注册资本3万美元。截至2018年底累计对外投资额640万美元，其中2018年新增粮食作物投资5万美元，2018年农业产业营业收入总额342万美元。

湖北禾丰粮油集团有限公司是农业产业化国家重点龙头企业，全国大米加工50强企业，国家粮食局与农发行联合认定的507家"重点支持粮油产业化龙头企业"，湖北省粮食行业五强龙头企业，中国优质粮食工程重点示范企业，2018湖北省民营企业100强第80位、2018湖北省民营企业制造业100强第36位企业。现有员工864人，其中具有大专以上学历人员130人，专职保管、防化、检验人员70人，生产技术人员48人。公司秉承"立足农业，依靠科技，面向市场，发展壮大"的宗旨，通过发展绿色循环经济，打造大米加工全产业链的优质产品来提升企业核心竞争力，实现农产品转化增值，带动农民增收。

（6）湖北奥晨进出口贸易有限公司。截至2018年，公司境外农业企业1个，为2016年在纳米比亚设立的全资子公司奥晨投资集团（私人）有限责任公司，注册资本36万美元。截至2018年底累计对外投资额38万美元，2018年农业产业营业收入160万美元，在东道国雇用外方人员数量76人，指导当地农民开展农业生产人数150人。

（三）投资趋势

湖北省对外农业投资以民营企业为主。统计数据表明，截至2018年底，湖北省农业累计对外投资额达6 981.99万美元。其中，民营企业累计对外投资额6 951.99万美元，占比达到99%左右。

二、2018年重点区域和国别投资情况分析

（一）各大洲分布情况及特征

从上报数据情况看，湖北省农业对外投资地区主要集中在非洲、欧洲、大洋洲、美洲、亚洲等，且基本由中方出资。具体对外投资行业及分布如表1所示。

表1　2018年湖北省对外投资行业及分布

序号	境内投资主体	境内投资主体在境外设立的企业	投资行业	投资区域分布
1	湖北省种子集团有限公司	巴基斯坦HS农业有限公司	谷物种植	亚洲
2	湖北省联丰海外农业开发集团有限责任公司（6家公司）	津巴布韦联丰公司	经济作物种植	非洲
		马拉维联丰公司	种植业	非洲
		澳大利亚龙佑（联丰）开发有限公司	畜牧业	大洋洲
		联禾非洲农业发展有限公司	谷物种植	非洲
		联丰莫桑比克建材有限公司	种植业	非洲
		莫桑比克联丰农业开发有限责任公司	种植业	非洲
3	湖北菇缘菌业科技有限公司	湖北菇缘菌业科技（美国）有限公司	食用菌	美洲
4	应城市新都化工复合肥有限公司	嘉施利（越南）有限责任公司	化肥批发销售	亚洲
5	武汉联投置业有限公司	联投瓦努阿图投资有限公司	畜牧业	大洋洲
6	嘉施利农业服务有限公司（2家公司）	嘉施利（马来西亚）有限责任公司	化肥批发销售	亚洲
		嘉施利（泰国）有限责任公司	化肥批发销售	亚洲
7	宜城市兴华工贸有限公司	宜城市兴华工贸（坦桑尼亚）有限公司	畜牧业	非洲
8	湖北禾丰粮油有限公司	联禾非洲农业发展有限公司	种植业	非洲
9	湖北芳盛果蔬有限公司	芳盛农业科技（俄罗斯）有限公司	粮食作物种植	欧洲
10	湖北奥晨进出口贸易有限公司	奥晨投资集团（私人）有限责任公司	蔬菜、园艺作物的种植	非洲

从投资区域结构来看，湖北省对外投资的农业企业主要分布在"一路一带"沿线的东欧、中亚国家及耕地资源较为丰富的非洲等，投资区域以农业技术发展相对落后和农业基础设施尚不配套的不发达国家和地区为主，对于湖北省农业企业进一步开展国际化经营，积累国际先进管理经验的带动作用有限。

（二）主要经济合作组织分布情况

从当前湖北省企业在境外农业投资设立的**16**家企业来看，主要以独资为主，其次是合资。合资主要是湖北省内投资主体与当地企业合作或合资，比如湖北菇缘菌业科技（美国）有限公司，是湖北菇缘菌业科技有限公司与美国本土企业合资建立香菇生产项目；嘉施利（马来西亚）有限责任公司和嘉施利（泰国）有限责任公司为嘉施利农业服务有限公司与本土企业合资建立。具体情况见表2。

表2　湖北省在境外农业投资企业及其类型

序号	境内投资主体在境外设立的企业	企业类型
1	巴基斯坦HS农业有限公司	独资
2	津巴布韦联丰公司	独资
3	马拉维联丰公司	独资
4	澳大利亚龙佑（联丰）开发有限公司	合资
5	联禾非洲农业发展有限公司	合资
6	联丰莫桑比克建材有限公司	合资
7	莫桑比克联丰农业开发有限责任公司	独资
8	湖北菇缘菌业科技（美国）有限公司	与当地企业合资
9	嘉施利（越南）有限责任公司	独资
10	联投瓦努阿图投资有限公司	独资
11	嘉施利（马来西亚）有限责任公司	与当地企业合资
12	嘉施利（泰国）有限责任公司	与当地企业合资
13	宜城市兴华工贸（坦桑尼亚）有限公司	独资
14	联禾非洲农业发展有限公司	独资
15	芳盛农业科技（俄罗斯）有限公司	独资
16	奥晨投资集团（私人）有限责任公司	独资

（三）重点国家分布情况

从当前湖北省企业在境外农业投资设立的**16**家企业来看，设在莫桑比克的有**4**家，巴基斯坦、津巴布韦、马拉维、澳大利亚、美国、越南、瓦努阿图、马来西亚、泰国、坦桑尼亚、俄罗斯、纳米比亚各1家。从上述情况看,湖北省农业企业境外投资区域主要集中在莫桑比克为主的非洲国家,建设农产品种植、加工、仓储、物流、销售为一体的农业产业园。

三、2018年对外农业投资的行业分析

(一)产业分布总体情况

上述农业企业对外投资领域涵盖了农林牧渔业,设有境外企业16家。从"走出去"企业在海外的农业发展领域看,涉及的农业品种有水稻、蔬菜、茶叶、畜牧养殖、农副产品加工、种子以及农产品进出口等农业领域的全方位发展。

(二)各产业投资情况

从产业投资情况来看,湖北省农业对外投资集中在种植业及粮油加工业,很大程度上依靠东道国土地资源优势,以粗放型经营为主,农林牧渔服务业等附加值较高的行业的投资比例很低。从产品结构来看,湖北省对外投资的农业企业生产的产品以湖北省具有传统优势的谷物、豆类等农产品为主,产品结构趋同化问题突显,产业链过短,抗风险能力薄弱。

(三)典型产业投资合作情况

湖北省农业对外投资技术层次普遍不高,农业用地以土地租赁为主,受东道国土地政策的影响的风险较高。截至2018年底16家境外企业农业用地共达5.28万公顷,其中,租赁农业用地面积达5.23万公顷,占湖北省境外农业用地的90%左右。

湖北省对外农业投资规模逐年增加,但单个项目规模不大。统计数据表明,截至2018年底,湖北省农业累计对外投资额达6 981.99万美元。这些企业一方面受制于缺乏包含生产、加工、贸易、金融、物流等环节的完整的配套产业链,另一方面由于生产、市场、管理等方面信息渠道不畅通,再者受东道国出口政策和我国进口政策的制约,除少数几个邻近国家和地区生产的粮食返销国内外,湖北省农业对外投资生产的农产品95%以上都供应东道国市场。

目前,湖北省农业境外投资还处于起步阶段,在16家境外投资企业中有11家有营业收入,另外5家尚处于前期投入阶段。2018年,湖北省境外农业产业营业收入合计2 679.28万美元。

四、企业报告

(一)对外农业投资企业总体情况

截至2018年底,从数据上看,10家企业中民营企业有8家,分别是湖北禾丰粮油有限公司、嘉施利农业服务有限公司、应城市新都化工复合肥有限公司、湖北芳盛果蔬有限公司、湖北奥晨进出

口贸易有限公司、湖北菇缘菌业科技有限公司等；国有企业1家，是武汉联投置业有限公司；股份制企业1家，即湖北种子集团。

（1）民营企业。湖北禾丰粮油集团有限公司是伴随市场经济的浪潮而发展起来的一家民营企业集团，于2010年6月1日组建成立。集团下辖湖北禾丰米业有限责任公司、湖北德安府糖业有限责任公司、安陆金丰置业有限公司、安陆市裕丰生态农庄有限责任公司和联禾非洲农业发展有限公司；集团总资产5.2亿元，总占地面积50万平方米，建筑面积15.7万平方米，仓储能力10万吨，可年生产大米30万吨，生产麦芽糖浆、F42-90型糖浆20万吨。湖北菇缘菌业科技有限公司是2012年在湖北随州随县成立的自然人独资民营企业，主要从事食用菌种植、销售及自营相关产品的进出口业务。宜城市兴华工贸有限公司成立于2006年，地处湖北襄阳宜城市郑集原种场，机构类型为企业法人，经营范围是棉花收购、加工、销售等。应城市新都化工复合肥有限公司实质上的股东是成都云图控股股份有限公司，是一家上市公司，公司年产各类复合肥100万吨、联碱32吨、氯化铵35万吨、合成铵10万吨，总资产3.6亿元，是中国规模最大、销量最多、产品系列化程度最高的中、低浓度复合肥生产企业。湖北芳盛果蔬有限公司是2011年3月在荆门市工商局注册登记的自然人独资民营企业，是一家集蔬菜果品种植、净菜加工、冷链物流、平价蔬菜订购直销配送、生态养殖、生态休闲、电子商务、进出口贸易、以蔬菜食品安全推广为主的高新技术产业化龙头企业和国家级示范合作社。

（2）国有企业。武汉联投置业有限公司于2009年5月15日在武汉经济技术开发区（汉南区）行政审批局登记成立，是省管国企湖北省联合发展投资集团有限公司的全资子公司，负责联投集团地产板块的建设与经营，主营业务包括房地产开发、商品房销售、酒店管理、物业管理、广告传媒等。

（3）股份制企业。湖北省种子集团有限公司成立于1990年10月29日，主要从事各类大田作物和园艺作物原（良）种提纯、繁殖、种子生产、加工、储运、推广经营、新品种试验示范和科研开发等任务，兼营农药、肥料、种子包衣剂及种用机械，是湖北省种子育、繁、推、销一体化的龙头企业。

（二）各类型企业对外农业投资情况

（1）民营企业。截至2018年，湖北省8家民营企业累计对外投资额6 951.99万美元，占湖北省境外农业累计投资额的99%左右。

（2）国有企业。武汉联投置业有限公司在大洋洲瓦努阿图成立了独资子公司——联投瓦努阿图投资有限公司，注册资本17.91万美元，因公司战略调整，目前该公司尚在筹备中。

（3）股份制企业。省种子集团于2015年在巴基斯坦设立了全资子公司——巴基斯坦HS农业有限公司，截至2018年底农业累计对外投资额30万美元，但暂时未有营业收入。

五、2018年农业对外投资面临的主要困难和政策建议

（一）主要困难

1．投融资体制的障碍

一方面，国内融资政策与对外农业投资现状不匹配。例如，湖北省农业企业海外投资用地以租赁为主，产权结构相对复杂，目前农业企业海外投资的土地还不能作为抵押物，海外投资租赁的土地资产无法作为担保物在东道国获得贷款，增加了湖北省农业企业海外投资风险和融资难度。另一方面，对外投资的农业企业在海外申请贷款时境外银行核定授信的主体只能是其海外分公司，而不是境内母公司，因此获得的授信额度较低。采用内保外贷方式，借助境内母公司的担保来实现信用增级以向境外银行申请贷款，可以充分利用境外较低的融资利率。

部分调研企业反映，目前，对外农业投资企业无法和国内企业一样享受农机购机补贴优惠政策，甚至存在差别待遇的情况。此外，农业对外投资存在着巨大风险，但政府和企业缺乏风险防范机制，没有建立专门针对"走出去"企业的保险制度，增加了农业对外投资风险。

2．信息交流与服务机制不完善

湖北省在境外投资的信息服务方面还远远不能满足企业，特别是农业跨国企业的需求。由于国内还没有建立专业的中介机构、信息服务中心，缺乏有效信息及来源，除了个别有实力的大企业业务开展较早，拥有自身信息渠道，大多企业对外投资还存在一定盲目性，拓展境外业务难度很大。

3．高端人才匮乏

农业企业对外投资要面对海外市场不可预知的政策风险、全新的商业环境，以及巨大的文化差异鸿沟，需要大量通晓国际市场、东道国投资环境、文化习惯并有经营管理经验的高素质综合型人才。

而且，全球的农业资源已经基本被控制着全球农业产业链的高端的国际农业资本集团控制，其凭借人才、技术和资本优势占据着主导地位。在此背景下，湖北省乃至中国发展农业对外投资合作实际上是在争夺国际农业资本集团的主导权。因此，高素质综合管理型人才是湖北省农业企业扬帆海外应首先解决的问题。目前，湖北省农业企业外派人员普遍面临着语言沟通障碍，绝大部分只单纯掌握生产技术，没有接受系统教育和专业培训，懂得农产品国际市场结构、东道国投资政策、文化习惯的复合型人才稀缺，进一步加大了湖北省农业企业与掌握现代化技术、国际化理念的农业资本集团的差距。

另外，受语言障碍和文化差异的影响，湖北省从事境外农业投资企业被迫使用境内派出人员，在东道国当地聘请的中高级管理人员寥寥无几，直接制约着农业企业"走出去"的本土化发展战略。

（二）政策建议

1．设立境外农业企业服务机构，提高对外信息服务水平

（1）在逐步完善市县级已有的办事处和综合服务站的基础上，组成省级企业管理服务机构，对境外农业企业提供政策宣传、生产指导、外事协调、信息沟通、法律援助等各项服务。建立境外投资农业企业数据库，对重点企业和重点项目实行跟踪服务，为积极寻求投资资金的国家和渴望向外投资的企业牵线。

（2）完善网络信息服务功能，及时收集、发布国外最新的农业政策、相关法律法规调整、产品市场和用工等信息，为境外合作主体准确把握市场商机提供服务。该平台初期可考虑将东南亚、非洲、中亚市场为重点信息搜集对象，对其供求信息、法律法规信息、操作流程信息以及中介服务信息等进行全面整合，为引导"走出去"的农业企业抢夺市场份额提供信息保障。

2．开展专门培训工作，提高境外企业人员素质

（1）鼓励支持院校和培训机构举办各类培训班，使管理人员学习和具备外国的法律法规、外贸管理操作程序、农业生产标准和地方民风民俗等实用知识，提升管理水平。

（2）充分利用原有的农民工培训教育基地，加大阳光培训工程实施力度，对准备出国的劳务人员进行重点培训，使他们在出国前具有基本的对外沟通能力，了解国外相关的法律法规和风土人情，掌握当地的农业生产标准和先进的农业生产技术，力争出国后能够较快适应当地的生活和生产，为境外企业的发展提供人力保障。

3．建立境外行业协会，维护对外投资农业企业合法权益

（1）组建境外农业开发企业商会。通过商会，加强横向联系，改变企业各自为战、恶性竞争的不利局面。同时，协调解决官方不好干预，而企业自己又解决不了的疑难问题。

（2）组建境外农民专业合作社。借鉴境外农业农民专业合作社的经验，通过合作社对内的协调机能，提高大型农机具使用效率，保障劳务人员充分就业。通过成员间联盟，统一购买生产资料、销售产品，降低生产成本。

2018湖南省农业对外投资合作分析报告

"一带一路"倡议和长江经济带构成了我国今后一段时期区域协同发展的"大棋局",湖南地处东部沿海地区和中西部地区过渡带、长江开放经济带和沿海开放经济带结合部,是"一带一路"的重要节点。随着我国对外开放不断深化、区域合作加速推进,"一带一路"建设和长江经济带发展的实施路径日益清晰,稳步实施成效显著,为国内经济转方式、调结构提供了广阔的发展空间。农业是我国以及"一带一路"沿线国家的重要基础产业,"一带一路"倡议和长江经济带发展均把农业合作作为发展的重要组成部分,发挥关键作用。

湖南是农业大省和农业援外强省。"十三五"以来,随着社会经济的发展,新型城镇化、工业化进程的加快,湖南人口增长和土地面积减少的矛盾日益突出,资源与环境对农业发展的制约也日益显露,若只是依靠省内现有的农业资源,难以满足人民日益增长的美好生活需要。因此,必须积极推动湖南省企业开展对外农业投资和合作,努力促进湖南省充分利用境外农业资源,确保农产品供给,改善国际农产品供需关系,构筑国际化的生产流通网络,规避贸易壁垒,扩大中资企业在国际农产品市场话语权,从而实现农业国际合作、发展现代农业、实现农业可持续稳定的发展。

一、湖南省农业对外投资概况

根据调查统计,截至2018年9月底,湖南省开展对外农业投资的企业有18家,境外农业公司32家。投资区域已经遍布五大洲11个国家。据不完全统计,2018年湖南企业完成农业对外投资额为581.82万美元。其中,2018年对外农业投资超过100万美元的企业有2家。湖南北欧投资管理有限公司对外农业投资386.8万美元,湖南炫烨生态农业发展有限公司对外农业投资187.82万美元。湖南省农业对外投资呈现稳步发展的态势。

据不完全统计,截至2018年底,湖南省企业累计对外农业投资额达21 745.58万美元。其中,累计对外农业投资超过1 000万美元的企业有5家。其中湖南北欧投资管理有限公司对外农业投资4 992万美元,永州市鼎鑫进出口贸易有限公司对外农业投资1 725万美元,袁隆平农业高科技股份公司对外农业投资1 350万美元,袁氏种业高科技有限公司对外农业投资1 267万美元,湖南味菇坊生物科技有限公司对外农业投资1 205万美元。各境外企业的外派中方人员共579人,企业在东道国雇用外方人员共计2 274人。

湖南对外农业投资的领域正在逐步向多元化发展。在18个企业的对外农业投资项目中,覆盖的行业越来越广,产品门类也越来越多。既有从事种植业生产和经营的项目,也有从事畜牧业和渔业养殖和经营的项目;既有从事生产、加工等各种生产性活动的项目,也有从事研发和贸易服务的项目。

从投资项目的区域结构来看,湖南对外农业投资已经遍布亚洲、非洲、欧洲、美洲、大洋洲五大洲,对外投资国家数已经达到17个。其中,在俄罗斯投资的项目有3个,投资项目数达到2个的国家有芬兰、马达加斯加和孟加拉国。此外，湖南省企业在美国、荷兰、安哥拉、印度、新西兰、阿尔及利亚、毛里求斯等国也有农业投资项目。从投资项目类型的区域分布来看，种业相关的对外投资主要集中在东南亚以及非洲的相关国家，茶叶贸易、渔业以及农业产业园项目主要分布在欧美国家。

二、湖南省对外农业投资企业特征

（一）企业境外设立特征

据不完全统计，2018年湖南省对外农业投资企业设立的32家境外企业共有独资、合资、合作等三种企业类别形式。其中，独资企业17家，占比53%；合资企业10家，占比31%；合作经营企业5家，占比16%。

湖南省对外农业投资境外企业的设立方式主要为设立子公司和联营公司。

2018年湖南省对外农业投资重点企业均处于正在经营与筹备设立两种状态，没有各种原因造成的暂停经营及撤销注销现象，对外投资企业总体状态较好。其中，农业境外投资企业正在经营的有28家，占境外企业的绝大多数，比例高达88%，有意向筹备设立的企业有4家，在湖南省境外投资企业中占比12%。由于多种原因，部分对外农业投资未能统计在内。

（二）企业注册类型分布

2018年末，统计结果显示，湖南省的对外农业投资开发合作企业中，企业登记注册类型有私营有限责任公司、其他有限公司、股份有限公司、私营独资企业4种形式，合作形式呈多样化。私营有限责任公司企业占比最高，为40%；其次是股份有限公司，占比为30%；其他有限责任公司的企业注册类型占比为20%；私营独资企业占比为10%。

（三）企业农业投资结构分布

调查结果显示，湖南省对外农业投资合作开发企业主要集中在长沙市。对外农业投资开发企业中约有30%的企业选择单独进行农业生产投资，10%的企业选择单独农产品加工投资；30%的企业选择生产、加工、仓储及物流等混合经营投资；30%的企业选择其他经营方式。

三、湖南省典型企业案例

（一）案例1：湖南北欧投资管理有限公司

1．企业简介

芬兰大唐集团是2013年6月在芬兰科沃拉市注册成立的集园区建设及管理、农业产业投资管理、酒店经营与管理、旅游管理经营于一体的企业，是湖南北欧投资管理有限公司全额投资控股的子公司。公司目前在科沃拉市投资建设目标为国家级的产业园区——北欧湖南农业产业园，并拥有一家旅游度假式酒店。根据集团最新制定的战略发展规划，芬兰大唐将以北欧湖南农业产业园为核心主业，向上下游延伸物业管理、酒店经营管理、旅游度假、商务旅行、考察、培训、会展等的专业接待旅游服务产业链，打造集"吃、住、行、娱、游"一体的现代旅游服务业产业集群。

2. 农业对外投资情况

北欧湖南农业产业园定位是建设绿色有机农业的现代化产业园。园区将依托优势的生态资源及政府对环境保护的重视，将大力发展生态农业，重点培育食用菌、果蔬产品，开展规模化种植和培育，实现高产、优质、生态、安全的绿色有机食品的批量生产。园区物流中心设施齐备、功能俱全，以农副产品现代化流通管理作为主要手段，进行粮、油、果、蔬、副食分区交易管理，形成批发中转、配送、集中采购、跨区域贸易四大块主导业务。

2014—2018年，芬兰大唐完成投资近5 000万美元，先后完成了园区占地150亩、建筑面积10 000平方米的办公区域及相关水、电、燃气、网络等基础设施建设，完成了占地面积1平方千米的农产品深加工及工厂化生产区的基础设施建设，收购及新建厂房面积30 000平方米，完成了农业种植及培育区1.2平方千米的土地征收及农副产品物流中心0.2平方千米的建设。园区坚持"边建设、边招商"的原则，北欧湖南农业产业园的招商已初见成效，签约入园企业近10家，农业相关中小型贸易商及物流企业达到20家，解决约500人的就业，出口创汇达到6 000万美元。

3. 园区优势

（1）物流优势。北欧湖南农业产业园拥有强大的铁路和港口物流支持，依靠科沃拉独特的区位优势，在"北欧之门"的芬兰占据极其重要的地位。目前园区与我国上海、宁波等港口都有海运、海铁、铁路等货运通道，并设有海关、保税仓库等配套设施。

（2）空运条件。赫尔辛基的万塔机场（Helsinki—Vantaa Airport）距离园区只有110千米，是芬兰最大的机场，多次被国际航运协会（IATA）评为世界最佳机场和欧洲最佳机场。北京、上海、重庆、西安、香港都开设了直达航班。

（3）铁路运输。芬兰是通往俄罗斯的理想门户，大部分从欧盟至俄罗斯的过境贸易均经由芬兰进行。芬兰与俄罗斯的火车轨道拥有相同轨距，因此当火车越过边境时，无须重新装卸。科沃拉市是北欧最重要的铁路货运枢纽和物流中心，不仅是我国进入北欧五国和俄罗斯欧洲地区贸易往来的重要门户，也是欧盟与俄罗斯、中、韩等国之间的铁路货运集散地，是欧亚贸易往来的"桥头堡"之一。

（4）水运条件。距芬兰最大的出口港哈明那（FREDRIKSHAMN）港口仅50千米。距科特卡（KOTKA）港口约60千米（该港口是中国货物出口俄罗斯西部发达地区的必经港）。

（5）优惠政策。入驻园区的企业同样享有芬兰当地公司同等的农业补贴政策支持。芬兰农业补贴政策主要根据欧盟共同农业政策（CAP）规定的支持计划制定，包括直接补贴、环境欠佳地区补贴、农业环境补贴和芬兰本国补助4个部分。芬兰企业（在芬兰注册的企业）融资是重要目标。中小型公司以及各种研发项目均可融资，融资的形式可以是补贴、贷款或者担保。通过资金投入、贷款和担保等形式使企业的价值得以提升。外资公司和芬兰公司一样有平等的资格获得政府鼓励。支持的形式有现金拨款、贷款、税项利益、参股、担保和员工培训等。

（6）商业补助。在芬兰，政府管理的商业补助主要目的在于提高中小型公司的长期竞争力。对公司的商业补助由就业与经济发展中心（T&E Centers）协调，中心也是获得欧盟补贴的一个重要渠道。公共基金分配向那些对项目执行，取得商业成功和增加就业有贡献的项目倾斜。

（7）研发激励。芬兰科技创新局（TEKES）提供的资助主要用于那些有潜力在全球范围取得成功的创新项目。TEKES的资助目标是在芬兰经营的，积极发展技术、服务和商业运作的公司企业。这些资助也可以帮助新公司成立和扩大。

（8）贷款和担保。芬兰出口信贷担保公司（Finnvera）是国有金融公司，通过提供贷款、担保和出口金融服务，帮助提高各企业的融资能力和多样性。出口信贷担保公司的服务覆盖企业发展的各个阶段，从给刚成立的公司或者超小企业贷款担保到大型出口商和金融家的出口信用保证都有。

（9）园区服务。北欧湖南农业产业园将聘请芬兰专业律师和专业会计师，提供一揽子的欧洲商务、法律和会计等服务，包括公司注册、品牌注册、融资贷款、法律咨询、投资咨询。帮助和培训中国企业学会在欧洲的法律框架下做生意，培养全球化企业人才。

4. 面临问题

首先是企业在海外融资较为困难。另外，国内农业企业对欧洲农业产业的发展以及政府对境外投资政策缺乏了解，对园区招商有一定影响。

5. 亟须支持

希望政府部门针对园区及入园企业出台相关具体支持政策，牵头联合银行对园区及入园企业提供一些资金支持。希望政府部门能够组织相关部门及更多与农业相关的企业前往北欧湖南农业园区参观考察，让更多的湖南企业了解园区。

（二）案例2：湖南袁氏种业高科技有限公司

1. 企业简介

袁氏种业高科技有限公司（以下简称袁氏种业）2012年于长沙成立，注册资本3 000万元人民币，主营杂交水稻种子、大米加工、农业生产资料等业务，对外投资主要分布在马达加斯加和孟加拉国。

2. 农业对外投资情况

2008年以来，袁氏种业及其关联公司袁氏马达加斯加农业发展有限公司（袁氏马达）持续在马达加斯加投资农业，主要从事杂交水稻制种、种植和加工业务，至今已有10年之久。10年来，袁氏种业抓住实施我国援马达加斯加农业技术合作项目的契机，实施国家农业"走出去"战略，克服各种困难，探索通过农业投资实现农业援外项目的可持续发展模式，在马达加斯加发展杂交水稻取得了显著成绩。

袁氏种业现已在马达加斯加累计投资1300万美元，长期租用土地1200公顷（99年），建立了50公顷的种子基地、1 150公顷种植基地和年产6 000吨的大米加工厂，培育出3个经马达加斯加政府审定的杂交水稻品种，注册了5个杂交水稻大米品牌，年产杂交水稻种子100吨，推广种植3 000公顷，年增产稻谷9 000吨，建成年产6 000吨的大米加工厂，注册了5个袁氏大米品牌，公司已实现杂交水稻育种、制种、种植、加工及销售的全产业链覆盖。杂交水稻在马国表现高产、优质、高效、抗旱、抗涝，可以增加稻谷产量，替代进口大米，提高农民收入，创造就业机会，为实现马达加斯加粮食安全做出了突出的贡献，深得当地政府及普通百姓的欢迎。

为了开拓袁氏大米在毛里求斯的市场，利用毛里求斯金融中心有利条件，2015年袁氏种业在毛里求斯注册成立了袁氏国际农业发展有限公司，注册资金200万美元，该公司是袁氏马达的控股公司。

袁氏种业在孟加拉国投资300万美元，建立了合作经营企业，杂交水稻种子生产面积达400公顷，年生产销售杂交水稻种子1 200吨。

袁氏种业与李氏集团尼日利亚杂交水稻合作项目。双方于2016年7月在尼国境内开始进行以杂交水稻为主的农业试验计划，大面积试种品种NR16012、NR16013和NR16014，每个品种种植1公顷；小面积新品种试种观察NR16001～NR16011共11个品种，为小规模试种观察。通过5个多月的种植试验，2016年12月雨季试种项目完成全部收割，去水除杂后稻谷总产量30.1吨，平均产量达到7.5吨/公顷，加工出的大米口感优于当地品种，到达试种目标。2017年双方在尼国组建合营公司开展大规模杂交水稻种植项目。

3. 面临问题

杂交水稻全产业链开发建设需要大量投资，需要低利率、长周期的优惠贷款支持；企业大量资产在国外，贷款担保难；新品种研发、良种推广示范、培训需要政府援外项目支持；大规模经营需要打造更加强大的国际化团队。

4. 亟须支持

需要政府有关部门在政策、技术、经营管理、人才等方面给予更多指导和支持。希望国家主管部门和湖南省政府相关部门赴马达加斯加对接农业投资。加大农业对外投资专项资金在保费、利息、农机、基础设施建设等方面的支持力度。请求省政府及相关厅局帮助袁氏种业积极申报中央和省内农业国际合作专项资金项目，解决袁氏种业在农业投资中遇到的技术适应性研究、培训、推广等困难。

四、湖南省企业对外农业投资面临的主要问题

（一）面临的外部挑战

1. 投资目的地政治经济风险凸显

政治经济风险是我国企业海外农业投资必须考虑的首要风险。一般来讲，政治经济风险指东道国的政局变动、农业保护主义政策、农业企业国有化等几种类型，政治经济风险极大影响国外投资企业的投资安全。比如湖南省有些企业在东南亚以及非洲等国家和地区进行投资，虽然上述区域资源非常丰富，但是政局不太稳定，容易发生领导人更替现象，而且产业政策延续性不强，法律不健全，政策朝令夕改。这就给投资企业带来巨大的政治经济风险。特别是在农业领域，由于粮食生产在国计民生中的重要地位，为了确保本国的粮食安全，各国政府对外来农业投资都非常重视，也会更加警惕，尤其是一些经济比较发达的国家往往会在农业投资领域推行具有较强保护主义倾向的政策，从而会使中方企业对外农业投资面临风险。

2. 投资目的地基础设施建设较差

东南亚、非洲等地的发展中国家长期以来经济发展水平不高，农业基础设施投资严重缺乏，农业基础设施的建设水平普遍不高。到当地进行农业投资，企业不仅要完全负担项目自身的建设成本，同时还要负担一定的农业基础设施建设费用。由于农业基础设施建设时期长、开发投入大，而投资回报的周期又很长，很多湖南企业都表示较难承受这方面的巨额开发费用。比如，湖南一家公司花费500万元人民币在埃塞俄比亚租地建甘蔗农场，由于通往农场的道路迟迟不能打通，机械设备不能进场，项目处于停滞状态。由于基础建设薄弱，导致运输成本大幅提高，成为推高企业成本的重要原因。此外，由于发展中国家医疗卫生条件较差，企业员工的患病率也大为上升，医疗成本也不可小视。例如，在对隆平高科的境外投资活动进行调查时我们了解到，该企业的外派人员所处的工作和生活环境普遍较为艰苦，疟疾等传染病较多，人员的健康安全等存在较大隐患。

3. 政策扶持有待于进一步完善

目前来看，湖南企业的资本和经济实力不强，参与国际市场竞争能力较弱，政府支持农业对外合作投资与国内农业发展相互促进的政策体系不完善，政策和项目支持力度不够，对外农业投资企业没有与国内企业享受到同等的农产品补贴、项目支持等政策优惠，缺少专项发展基金和支持资金，企业融资成本高，投资大，建设周期长，投资回报率较低，税收及人工成本较高，利润空间小，制约了农业对外合作的发展。一是企业农产品进出口手续烦琐、程序复杂，缺少统一管理的协调机制。商务、农业、检验检疫、外汇、出入境、银行、保险、税收等多个部门各自为政，审批程序繁多，耗时很长，给企业造成了很大的不便。二是不能享受国内对农业投资的同等优惠政策，增

加企业负担。近年来，国家为了推动现代农业发展，出台了一系列支农惠农政策，但在国外投资的农业企业涉及这些业务时，并不能享受这些优惠政策。以种子出口为例，由于海关将种子列为粮食品种目录，从而增加了湖南省种子企业"走出去"的税负。国家对种子亲本的出口控制严厉，影响了湖南省种子企业投资国外建立生产基地的积极性。国内农户采购农机，政府提供总购价30%的补贴，但农机出口补贴正在试点，尚未全面实施。

4．规划引导与信息共享不足

农业对外合作投资的特殊性和复杂性，导致不确定因素诸多，投资风险高，经营管理难度大。湖南省尚未制定明确的农业"走出去"战略，在重点投资国家、产品和项目等方面提供指引，在融资、保险等方面提供服务。目前，企业缺少抱团出海、规模化发展的引导性信息，企业获取投资东道国政策法律、商业环境、风土人情习惯和投资信息不足，投资前期评估不足，独立操作较多，相互沟通与合作不足，规避风险的意识和经验不足，导致企业投资延误、错误和失败。另外，从湖南现有农业对外合作企业所从事的产业看，与国家农业对外合作倡导的粮食等主要产业指导思路还有差距，产业单一，代表湖南农业的技术优势和优势产业没有反映出来。企业"走出去"未形成集团优势。

（二）面临的内部困难

1．企业资金实力不足

目前湖南省对外农业投资多为民营企业，大多数属于中小规模，企业资金实力有限，不具备完全依靠自有资金发展对外直接投资，因此多渠道融资是推动企业能够进行可持续对外投资的基础和前提。但是从现实来看，国内融资还存在一定的障碍。由于担心农业企业海外投资规模收益较低、风险较大，难以提供担保和抵押，国内商业银行以及相关金融机构一般不愿支持农业企业用于对外投资项目的贷款。同时，国际融资就更加困难。由于对外投资企业对国际融资环境不熟悉、经验不足，利用国际融资的能力有限，所以也很难得到东道国金融机构的信贷支持。

2．企业经营人才缺乏

从企业自身来看，目前湖南省对外农业投资的企业中，一是缺乏国际化经营管理人才，特别是能够全面掌握国际贸易规则、国际市场环境、跨国营销管理以及国际项目运作等国际化人才不多；二是缺乏国际化技术创新人才。有些企业虽拥有技术研发人员，但是不懂东道国语言文化，难以与国际接轨；有些企业虽拥有外语能力比较强的人才，但是技术创新能力不足。从外部环境来看，湖南省高校培养的国际化经营管理人才规模不大，而且相当一部分专业化人才毕业后去了沿海发达省份；另外，由于薪资待遇、工作环境等一些因素，湖南省农业对外投资企业很难吸引到其他省份的优秀人才。

五、湖南省企业对外农业投资的对策建议

湖南企业应该仅仅抓住"一带一路"倡议和湖南省"创新引领、开放崛起"战略发展机遇，充分发挥湖南省的比较优势，按照积极稳妥、循序渐进的思路，坚定不移地实施农业"走出去"战略。

（一）统筹谋划规划，积极引导有序发展

根据国家"开放包容、互利共赢，企业主导、政府引导，统筹谋划、重点推进，积极稳妥、安全高效"和"着力扩大农业对外合作，开展农林牧副渔等领域互利共赢的投资合作"的指导原则，按照湖南"向东推进、向西开放"方针，结合湖南农业对外合作工作目标，依托湖南农业技术优势和茶叶、油料、水果、蔬菜、水产、楠竹、中药材、种业等优势产业，按照农业供给侧结构性改革的需要，利用湖南地处"一带一路"重要节点的区位优势，把握与湖南农业生态条件相近相似"一带一路"沿线国家的地域优势，进一步制定面向新亚欧大陆桥、中蒙俄、中国-中南半岛、中巴、孟中印缅经济走廊为重点的农业对外合作区域、国别和产业布局"十四五"规划，引导企业有序开展农业对外合作，建设与产业规模相适应的国际生产、加工、仓储、物流等设施，引导和支持省内企业有序开展对外农业合作投资工作。

（二）着力推进境外湖南农业产业园建设

境外农业园区建设是农业"走出去"的重要方式之一，应积极引导园区建立开放型招商机制，提升园区内企业的产业化水平，形成产业链配套，带动区内企业集群式发展，加快农业"走出去"步伐，提高农业企业的资源配置能力和竞争能力。根据湖南省实际情况，建议将芬兰、马达加斯加、俄罗斯、尼日利亚、埃塞俄比亚、乌干达、越南、老挝等国家作为湖南省重点投资和贸易国家，在湖南省委、省政府的领导下，省农业农村厅、省财政厅、省发改委、省商务厅等相关政府部门大力支持湖南农业产业园园区建设，推动湖南省有实力的种业、农产品加工业、农机等企业进驻产业园，推动湖南省具有比较优势的农业产业和企业"走出去"。引导和鼓励具有较强竞争力和"走出去"意愿的农业科研机构、种植、养殖、深加工、农用机械、农用物资等企业发挥自身优势，采取集群方式在境外农业园区发展，形成集聚效应。引导和鼓励园内企业探索建立产业化经营体系、政策体系、利益联结体系、组织体系、风险保障体系和支持保障体系等，打通农产品生产、加工、储存、流通、销售等环节，形成产业链协同发展机制。

（三）依托援外项目促进农业对外投资

以援外项目实施为依托，通过企业化运作，把农业科技援外与发展经济结合起来，解决援外项目在国家援助项目结束后如何巩固和发展的问题。采取公司管理企业化运作，是一种可行的方式。公司运作股权清晰、职责分明，既能提升企业内生动力，又能使成果快速融入市场，产生效益，实

现项目的可持续发展。通过继承和发扬湖南省50多年农业援外工作的优良传统，坚持"以人为本"的思想，积极实施多种形式的政府援外项目。积极争取并认真实施国家的援外项目，发挥援外项目的平台作用，带动更多的企业开展农业投资。湖南省要加大农业援外的争取与实施力度，密切与商务部和国家国际发展合作署的工作联系，把农业援外与"走出去"结合起来，挑选真正有实力"走出去"的农业企业实施援外项目。同时，湖南省要加大实施联合国粮农组织支持的"南南合作"项目的工作力度，铺设平台，通过这条途径派出大批农业专家技术员到发展中国家推广农业技术，为带动企业"走出去"发挥技术准备、信息准备和人才准备等作用。

（四）构建农业企业"走出去"综合服务平台

农业行政主管部门要加强对农业"走出去"工作的管理和服务，与商务、财政、外事、海关等相关部门建立紧密的工作联系，设立农业"走出去"企业库、项目库，建立信息服务平台。对已经"走出去"的企业进行跟踪了解，做好咨询服务，加强上下沟通协调，定期将辖区内农业"走出去"的情况汇总上报。对有条件"走出去"或有"走出去"愿望的企业要及时提供"走出去"对象国的相关信息，如投资政策、税收政策、法律法规、市场结构、社会发展动态及其政治经济、民风民俗、农业水平等。通过组织企业参加有关国家举办的招商活动，组织企业对相关国家和地区进行实地考察，开展专题研讨活动和信息发布等使企业有更多的渠道了解所需的信息，尽量规避投资风险，正确引导有条件的企业更好更快地"走出去"。

（五）加大企业对外农业投资政策扶持力度

设立湖南农业对外投资专项资金，加大支持企业"走出去"的力度。农业对外投资的专项资金，主要用于农业企业"走出去"的补贴、贴息、贴保险费、前期考察费、规划论证费和紧急援助等；在发生突发性动植物疫情、重大食品安全、重大自然灾害时，给予及时支持，从而降低企业"走出去"的风险，调动企业"走出去"的积极性。

（六）强化风险评估，建立绩效评价制度

建立风险评估机制，强化对湖南农业对外合作重点投资区域、国别政治、经济和社会重大风险警示通报和风险评估十分重要，在帮助指导企业开展农业对外合作投资项目经济效益评估的同时，还要对项目投资东道国的政治、经济、社会等安全形势进行评估。督促企业开展境外项目安全风险评估，做好项目安全风险预测应对，建立完善安保制度，加强安保培训，提出应对预案和防范措施，提升企业境外投资安全风险防范能力，切实维护企业境外合法权益。建立绩效评价制度，按照农业农村部制定的境外企业绩效考核办法，加强企业境外投资真实性、合规性审查，防范虚假投资行为，建立健全境外投资决策、财务管理和违规责任追究制度，指导境内企业加强对其控制的境外企业的监督和管理，建立境外投资黑名单制度，加强政府部门间信息共享，对违规投资行为实施联合惩戒。

2018甘肃省农业对外投资合作分析报告

一、2018年甘肃省企业对外农业投资合作总体情况分析

（一）总量特征

1. 甘肃省农业对外投资新增投资额情况

2018年甘肃省农业对外新增投资总额1 052万美元，同比2017年增加72.43%。

（1）新增投资额的区域分布。主要聚集区域是亚洲，其次是欧洲。2018年甘肃省对亚洲新增投资额215.3万美元，占比20.47%；欧洲836.7万美元，占比79.53%。

从国家数量来看，哈萨克斯坦（3家）、法国（2家）等国是主要目标国，但从新增投资额来看，德国、哈萨克斯坦为主要新增投资额分布国（表1）。2018年对哈萨克斯坦新增投资额155.3万美元，占比14.76%；对法国新增投资额为零；对德国新增投资额757.7万美元，占比72.02%；对印度尼西亚新增投资额为零；对柬埔寨新增投资额60万美元，占比5.70%；对白俄罗斯新增投资额79万美元，占比7.5%。

表1　甘肃省农业对外投资2018年新增投资额国别分布

投资国	所属洲	新增投资额（万美元）	占比（%）
哈萨克斯坦	亚洲	155.3	14.76
柬埔寨	亚洲	60	5.70
印度尼西亚	亚洲	0	0
法国	欧洲	0	0
德国	欧洲	757.7	72.02
白俄罗斯	欧洲	79	7.5
总计		1 052	100

（2）新增投资额产业分布。2018年甘肃省农业对外新增投资额主要集中在种植业、其他和畜牧业，其中对种植业投资1 022.11万美元，占比97.16%；对其他投资24万美元，占比2.28%；对畜牧业投资5.89万美元，占比0.56%（表2）。

表2　甘肃省农业对外投资2018年新增投资额产业分布

投资国	新增投资额（万美元）	占比（%）
种植业	1 022.11	97.16

（续）

投资国	新增投资额（万美元）	占比（%）
畜牧业	5.89	0.56
其他	24	2.28
总计	1 052	100

2. 甘肃省累计农业对外投资总额情况

截至2018年底，甘肃省农业累计对外投资总额达3 379.28万美元，同比增长47.88%。

累计投资额的区域分布主要聚集区域是亚洲，其次是欧洲。2018年甘肃省对亚洲累计投资1 208.85万美元，欧洲2 170.43万美元。

从国家来看，哈萨克斯坦、法国、德国等国是主要目标国（表3）。2018年对哈萨克斯坦累计投资总额1 037.85万美元，占比30.71%；对法国累计投资总额706.81万美元，占比20.92%；2018年对德国累计投资总额1 313.62万美元，占比38.87%。截至2018年底农业资产总额4 415.4万美元，同比2017年增加34.25%。

表3　甘肃省农业对外投资累计投资额2018年国别分布

投资国	所属洲	累计投资额（万美元）	占比（%）
哈萨克斯坦	亚洲	1 037.85	30.71
柬埔寨	亚洲	170	5.03
印度尼西亚	亚洲	1	0.03
法国	欧洲	706.81	20.92
德国	欧洲	1 313.62	38.87
白俄罗斯	欧洲	150	4.44
总计		3 379.28	100

（二）企业经营情况

截至2018年底，甘肃省目前在商务厅登记备案的农业对外投资企业总共有16家，全部在境外仅设立1家农业企业。本次共采集到9家信息。

企业类型分布。截至2018年底，在9家境内投资机构中，有限责任公司5家，投资境外企业5家；股份有限公司2家，投资境外企业2家；其他企业2家，投资境外企业2家。

企业产业分布。在境外设立的9家农业企业中，除去暂停经营的2家，剩余7家中，纯种植业企业2家，畜牧业企业2家（兼营），农副产品加工业企业1家（兼营），其他企业4家。

经营状况。截至2018年底，甘肃省境外涉农投资企业，经营范围涵盖生产、加工、仓储、物流等多项业务。

资产及投资情况。截至2018年底，在有效填写资产总额的9家境外企业中，资产总额在200万美元以下的有5家，占55.56%；200万～500万美元的有2家，占22.22%；500万～1 000万美元的有1家，占11.11%；1 000万～2 000万美元的有1家。

2018年，有新增投资额的5家企业中，新增投资额在100万美元以下的有3家，占60.00%；新增投资额100万～500万美元的有1家，占20.00%；新增投资额500万美元以上的有1家，占20.00%。全部为绿地（新建）投资，无褐地（并购）投资。

2018年有效填写累计投资总额的9家企业中，截至2018年底，累计投资额在100万美元以下的有3家，占60.00%；累计投资额100万～500万美元的有1家，占20.00%；累计投资额500万美元以上的有1家，占20.00%。

投资企业类型。投资方式中，在境外设立的9家涉农企业，其中独资企业5家，合资企业4家。

设立方式中，子公司4家，占44.44%；联营公司2家；其他3家。

经营状态。在本次采集到的9家企业中，境外正在经营的有6家，暂停经营的有2家，筹备设立的有1家。

业务类别。截至2018年底，9家境外企业中，除了2家业务类别不明外，仅经营一种业务活动的有3家；同时经营两种及以上业务类型的有4家；从事农业生产的企业最多，有7家；其次是从事加工3家，从事贸易2家。

从业人员数量，截至2018年底，9家境外企业雇用外方人员总数722人，境外企业总人数737人。

社会效益和经营情况。2018年甘肃省农业对外投资在东道国交税总额33.6 097万美元，同比2017年增加139.39%。农业产业营业总收入404.21万美元，指导当地农民开展农业生产总人数345人。

农资投入情况。2018年，甘肃省农业对外投资企业农资投入形式形成了以东道国购买为主、进口为辅的格局。2018年，农资新增投入量205.3美元，其中在东道国购买185.3美元，占比90.26%；自大陆进口20万美元，占比9.74%。

东道国购买的农资中，种子51.89万美元，占比28.00%；农药42.52万美元，占比22.95%；化肥35.63万美元，占比19.23%；农机55.26万美元，占比29.82%。

农资进口方面，仅有种苗自国内进口20万美元。

二、2018年重点区域和国别投资情况分析

1. 各大洲分布情况及特征

2018年，甘肃省农业对外投资新增1 052万美元，主要集中在亚洲和欧洲。其中亚洲新增投资

额215.3万美元，主要分布在哈萨克斯坦。投资亚洲的企业有5家，投资欧洲的企业有4家，其中亚洲投资国家有哈萨克斯坦（3家）、印度尼西亚（1家）、柬埔寨（1家），欧洲投资国家有法国（2家）、德国（1家）、白俄罗斯（1家）。

截至2018年底，累计对亚洲投资总额达1 208.85万美元，主要分布在哈萨克斯坦；欧洲2 170.13万美元，主要分布在德国。

2. 重点国家分布情况

法国

截至2018年底，甘肃省在法国的涉农投资企业有两家，分别为夏博岚农业地产集团（境内企业名称为甘肃夏博岚葡萄种植有限公司，企业登机注册类型为有限责任公司）和玛乐城堡贸易股份公司（境内企业名称为定西市悦心房地产开发有限责任公司，企业登机注册类型为有限责任公司）。两家企业均从事酿酒葡萄种植与加工，均为正在运营的独资企业。2018年，两家企业在法国新增投资额为零，累计投资706.81万美元。2018年在法国缴纳税金21.6 097万美元，雇用外方人员138名，境外总人数139名，支出工资总额35.51万美元，农业产业营业收入101.13万美元。截至2018年底，甘肃省对外涉农企业在法国的资产总额达到543.97万美元，涉及生产、加工、仓储、物流等多项业务，每年葡萄酒产量合计达340吨。

哈萨克斯坦

截至2018年底，甘肃省在哈萨克斯坦涉农投资企业有3家，分别是金苹果哈萨克斯坦农业有限公司（境内企业名称为武威金苹果农业股份有限公司，企业登机注册类型为股份有限公司）、阳光农业合资有限责任公司（境内企业名称为甘肃天源阳光农业发展有限公司，企业登机注册类型为有限责任公司）和哈萨克斯坦阿拉木图州神舟农业科技有限公司（境内企业名称为酒泉市神舟农产品产销农民专业联合社，企业登机注册类型为其他）。3家企业中有2家正在经营，1家暂停经营；2家为独资企业且设立方式为子公司，1家为合资企业且设立方式为其他。经营企业涉及种植业（油料作物、蔬菜）、畜牧业、贸易等产业。2018年，甘肃省对外涉农企业在哈萨克斯坦新增投资为155.3万美元（均为2家经营企业），全部用于绿地（新建）投资；2018年底甘肃省对外涉农企业在哈萨克斯坦累计投资1 037.85万美元。2018年在哈萨克斯坦雇用外方人员213名，境外总人数215名，支出工资总额27.02万美元，农业产业营业收入178.08万美元。截至2018年底，甘肃省对外涉农企业在哈萨克斯坦的资产总额达到918.63万美元，涉及生产、加工、仓储等多项业务。

三、2018年甘肃省农业对外投资的行业分析

基于地方在种植业、畜牧业、渔业、林业、农副产品加工业、农林牧渔服务业等重点产业的投资情况，结合地方投资特点和趋势，对地方重点产业对外农业投资情况进行深入分析。

1．产业分布总体情况

2018年，甘肃省农业对外投资涉及种植业（油料作物、蔬菜、热带水果、酿酒葡萄）、畜牧业（驴、羊、奶牛）、其他（葡萄酒加工、热带水果加工）等产业。2018年甘肃省农业对外新增投资1 052万美元，种植业投资1 022.11万美元（占比97.16%），其他投资24万美元（占比2.28%）。

2．各产业投资情况

种植业依旧是甘肃省农业对外投资的主要产业，在2018年新增投资的1 022.11万美元中，757.7万美元用于食用菌生产投资，120万美元用于油料作物种植投资，36万美元用于热带水果种植投资，79万美元用于大麦燕麦种植投资，29.41万美元用于大棚蔬菜生产投资。投资区域为欧洲836.7万美元（占比81.86%），亚洲185.41万美元（占比18.14%）。

3．典型产业投资合作情况

以种植业为例，本次收集到数据的9家企业中，除2家暂停营业外，其余7家均涉及种植业。马逊帕克有限公司、阳光农业合资有限责任公司等2家是纯种植业经营，产品分别是杏鲍菇和菜籽；其余5家均为兼性经营，除了种植业之外，还有少量加工业、畜牧业等。投资分布于欧洲和亚洲，主要国家为德国、法国、白俄罗斯、哈萨克斯坦及柬埔寨。7家企业中有4家为独资企业，3家为合资企业，其中合资企业均为农业企业，独资公司中有2家是非农业企业。

四、企业报告

1．对外农业投资企业总体情况

本次收集到数据的9家企业中，除2家暂停营业外，其余7家均涉及种植业。马逊帕克有限公司、阳光农业合资有限责任公司等2家是纯种植业经营，产品分别是杏鲍菇和菜籽；其余5家均为多领域经营，除了种植业之外，还有少量加工业、畜牧业等。投资分布于欧洲和亚洲，主要国家为德国、法国、白俄罗斯、哈萨克斯坦及柬埔寨。7家公司中有4家为独资公司，3家为合资公司，其中合资公司均为农业企业并有一家为上市公司且为国家级龙头企业，独资公司中有2家是非农业企业。

2．各类型企业对外农业投资情况

国家级龙头企业天水众兴菌业科技股份有限公司在德国投资食用菌生产，目前仍在筹建中。2018年该企业对外投资新增额达到757.7万美元，占甘肃省2018年新增投资额和对欧洲新增投资额分别为72.02%和90.56%，投资力度为甘肃省第一。

除去天水众兴菌业科技股份有限公司，其他涉农企业，甘肃夏博岚葡萄种植有限公司、甘肃天源阳光农业发展有限公司、酒泉市月亮湖亚冷水鱼养殖专业合作社及酒泉市神舟农产品产销农民专业联合社等4家企业，2018年新增投资额合计为215.3万美元，占甘肃2018年新增投资额的20.47%，合计缴纳税款15万美元，占2018年甘肃省缴纳总税款的44.63%。合计雇用外方人员641人，占2018年甘肃省雇用外方人员总数的88.78%。4家农业产业营业收入合计368.71万美元，占2018年甘肃省对外涉农投资农业产业总营业收入的91.22%。4家企业截至2018年底，累计对外投资合计1 490.67万美元，占2018年甘肃省涉农对外投资累计投资额的44.11%。4家企业国内注册资本合计11 500万人民币，国外企业注册资本合计411.125万美元。4家企业中，除了甘肃天源阳光农业发展有限公司外，其余3家的境外经营产业都为兼营2种或2种以上，产业涉及种植、加工、畜牧、销售等。

2019年收集到的数据中，非涉农企业对外涉农投资的有2家，分别为定西市悦心房地产开发有限责任公司和甘肃机械化建设工程有限公司。

2家企业2018年新增投资额合计为79万美元，占2018年甘肃省新增投资额的7.51%，合计缴纳税款8.6 097万美元，占2018年甘肃省缴纳总税款的25.62%。合计雇用外方人员81人，占2018年甘肃省雇用外方人员总数的11.22%。2家农业产业营业收入合计35.5万美元，占2018年甘肃省对外涉农投资农业产业总营业收入的8.78%。2家企业截至2018年底，累计对外投资合计568.14万美元，占2018年甘肃省涉农对外投资累计投资额的16.81%。2家企业国内注册资本合计14 200万人民币，国外企业注册资本合计100.22万美元。2家企业中都为兼营2种或2种以上，产业涉及种植、加工、畜牧、销售等。

综上，在2018年收集到的运营企业数据中，产生净利润（营业收入—纳税金额—2018年新增投资额）的企业有4家；2018年营业收入/2018年新增投资额之比值有两家企业大于1，说明当年投资回报较好；投资回报率（2018年净利润/累计投资额）从−52.67%到31.18%不等，数值最高的两家均为兼性经营且加工比例较高。

3．企业典型案例

甘肃机械化建设工程有限公司是2018年信息采集新加入的对外涉农投资企业，于2017年在白俄罗斯独资设立了GMCE白俄罗斯有限公司，企业国内注册资本12 000万人民币（此次信息采集的9家公司中排名第3），企业境外注册资本100万美元（此次信息采集的9家公司中排名并列第3）。该公司在境外的项目主要有工程、矿场项目，工厂、农场投资经营管理、旅游、商业活动接待和进出口贸易等4项。2018年5月，该公司通过股份转让，购买了白俄罗斯的一家农业企业（目前中方占股99%），成为了白俄罗斯第一家中资企业。

公司在境外农业经营主要有种植和养殖两部分，种植方面主要是大麦和燕麦的栽培种植，养殖为奶牛养殖。种植方面，企业聘请了专业的技术管理人员在白俄罗斯指导生产；养殖方面，企业农场现存1 000多头奶牛，其中泌乳牛400头，与国内奶牛场相比，属于中、大型牛场，但目前平均泌乳牛每天产奶少于20千克，无专人管理，生产效率低下。

在与企业的沟通中，该企业主要存在以下四方面的问题。首先是资金，该企业从设立之初，每年需要100万美元的股份收购投入，属于聚集型投资，企业目前急需涉农对外投资的资金扶持项目；其次是工作人员缺乏海外经验，语言交流存在严重障碍，目前唯一的解决方法是临时雇用当地留学生进行翻译服务，但面对法律和政策性文件时，仍然无法做好翻译沟通工作，因此对海外政策不了解；再次是劳务问题，当地劳务人员积极性不高，但国内输出的劳动力资本管理压力大、成本高；最后是农业经营效益，种植结构需要调整，养殖方面至今缺乏愿意赴海外工作的专业奶牛场管理人员。

通过案例分析，可以得到如下结论：

（1）非农业企业缺乏农业生产经营方面的经验，在涉农投资的初期，可能会存在农业生产效益低下的问题。本次信息采集中，非农业企业定西市悦心房地产开发有限责任公司和甘肃机械化建设工程有限公司均反映出企业生产运营困难。定西市悦心房地产开发有限责任公司由于无法找到葡萄酒销路，生产的葡萄酒销量低，目前已经面临破产风险。甘肃机械化建设工程有限公司的奶牛生产效率低下，圈舍等基础设施落后，后期提高生产效率则需要大量的资金投入。

（2）对东道国缺乏投资环境的全方位了解，这一点是大多数企业反映的问题。武威金苹果农业股份有限公司在哈萨克斯坦投资南瓜种子繁育，由于缺乏对海关政策的了解（南瓜种子尚未列入我国准入产品名录），导致繁育的南瓜种子无法运输回国内销售，直接导致该企业在海外的农业生产全线停止；天水众兴菌业科技股份有限公司在德国投资的杏鲍菇生产线，由于缺乏对德国农业生产机具检验标准的了解，杏鲍菇生产线机具未达标准，至今无法投入生产；酒泉市神舟农产品产销农民专业联合社在哈萨克斯坦投资的农场，由于缺乏对当地投资环境的了解，导致企业在海外经常遭遇当地政府罚款等问题，常态化运营困难；甘肃豫兰生物科技有限公司也反映关于东道国政策培训方面的强烈诉求。

五、2018年农业对外投资面临的主要困难

在欧洲涉农投资可能发生的首要风险中，自然和市场各占50%，可能发生的次要风险中，仅有两家企业填写，分别是自然和政治，可能发生的第三类风险中，有两家填写，全部为商业环境；影响最大的首要风险中，自然占50%，市场和政治各占25%；次要风险中，填写的3家中有2家填报了市场，1家填报了自然；第三类风险中，填写的3家中有2家填报了商业环境。

在亚洲涉农投资可能发生的首要风险中，有3家分别填报了自然、法律、政治，可能发生的次要风险中，3家企业分别填写了商业环境、市场和企业无法盈利，可能发生的第三类风险中，有两家填写，全部为商业环境；影响最大的首要风险中，自然占50%，市场和政治各占25%；次要风险中，填写的3家中有2家填报了市场，1家填报了自然，第三类风险中，填写的3家中有2家填报了商业环境。

基于信息采集过程中收集到的情况，甘肃省农业企业对外投资主要有以下困难：

（1）甘肃省农业对外投资还处于初级发展阶段，一些比较优秀的农业骨干企业和农业产业作为龙头企业，尚未实质性介入对外投资领域。

（2）甘肃省一些企业技术力量雄厚，但资金缺乏的问题仍然比较突出，致使企业开辟国际市场难度较大，失去很多机会。多数项目资金要靠企业自己解决，有些境外企业有市场没资金，不能扩大生产规模。

（3）企业对获取投资对象国的政策法律、商业环境、风土人情习惯和投资风险评估等信息不足，导致企业投资延误、错误和失败，增加了企业对外农业投资风险。

（4）企业适应对外市场经营能力和跨国经营管理人才不足，竞争力不强，缺少融资、信息、管理、风险规避和专业人才培训和储备。

（5）甘肃省农业对外投资企业还没有建立相关商会，农业"走出去"企业缺乏交流共同的渠道，信息共享不畅通，造成单打独斗，没有形成合力。

六、甘肃省农业企业对外投资政策建议

（1）培育经营主体，增强跨国投资能力。以体制改革、技术创新、人才培养为重点，积极培育以农垦企业、产业化龙头企业、民营企业为主的跨国投资经营队伍。实行优势先行的主体发展战略，探索跨国经营的成功模式，在国家的龙头企业和有条件的省级龙头企业、农垦企业、民营企业中，选择一批竞争力较强的予以重点培育。积极促进农业组织资源整合，壮大农业企业集团的综合竞争力，鼓励企业构建战略联盟，探索集群式"走出去"模式。

（2）充分利用甘肃省科研、教育资源，强化高端跨国经营人才培训，为农业企业国际市场拓展、境外资源开发和技术研发合作、农产品加工等提供智力支持，增强其跨国经营能力。

（3）建立有关对外投资的投资咨询机构，大力发挥商会与行业协会的桥梁和纽带作用。当前，中亚丰富的资源、广大的发展前景吸引着很多中国中小企业的关注。但由于缺乏对当地的了解，它们对是否"走出去"犹豫不决。所以，应建立有关的对外投资咨询机构，进行信息收集和研究，仔细分析当地的气候条件、经济、文化、政策、宗教信仰、资源条件、产业政策、融资渠道以及中国各级政府的各种扶持政策，为企业更好地决策服务。

（4）支持建立商会、行业协会等，使商会大力发挥桥梁和纽带作用，不遗余力地为甘肃省农业对外投资提供便利和帮助，使行业协会帮助政府预测发展趋势，提出政策、制定标准并能够规范行业竞争、协调相关企业、规划行业发展、联合对外谈判、减少内部竞争。

2018广东省农业对外投资合作分析报告

一、2018年农业对外投资总体情况分析

（一）总体特征

1．境外企业数量变化分析

2018年广东省上报的境外企业，在2017年51家的数量基础上，减去4家非农业企业和4家投资撤销的企业，加上13家新报的企业，合计上报56家境外企业（见附表）。

2．投资企业数量

据本次调查统计企业的填报情况，截至2018年底，47家境内企业共在境外设立了56家涉农企业。这些企业分布在越南、柬埔寨、印度尼西亚、美国、马来西亚、老挝、泰国、毛里塔尼亚、智利以及中国香港等27个国家和地区。

共有3家境内企业在境外投资设立2家及以上企业：一是湛江华大贸易有限公司，在柬埔寨柏威夏省设立了5家企业；二是广东省恒兴饲料实业股份有限公司，在印度尼西亚、马来西亚、越南3个国家设立了4家企业；三是中冠农业控股（深圳）有限公司，在香港特别行政区设立了3家企业。

56家境外企业中，有50家企业正在经营，有3家企业正在筹备设立中，有3家企业暂停经营。

3．投资规模

据56家境外企业资料显示，所填报的境外企业总注册资本21 774.06万美元，2018年农业对外投资总额10 111.36万美元，截至2018年底，累计投资总额53 674.22万美元，企业境外资产总额达178 272.98万美元。

4．投资形式

截至2018年底，56家境外企业中，独资企业33家，占比58.93%；合资企业19家，占比33.93%；合作企业4家，占比7.14%。

56家境外企业中，以设立子公司的方式进行投资的有39家，占比69.64%；以联营方式进行投资的有9家，占比16.07%；以分支机构进行投资的有3家，占比5.36%；以其他方式进行投资的有5家，占比8.93%。

（二）企业经营情况

1. 资产状况

截至2018年底，47家境内企业注册资本总额为72.19亿元人民币，资产总额为664.36亿元人民币（部分未填报）。

2. 经营业务

在56家境外企业中，投资农、林、牧、渔的企业46家（其中渔业企业20家，经济作物和粮食作物企业17家，畜牧企业7家，林业企业2家），其他产业企业10家。

3. 带动当地就业和收入情况

由于部分数据企业未提供，据目前掌握的上报数据，截至2018年底，56家境外企业雇用人员共2 506人，企业在东道国雇用外方人员总数为2 536人（部分是短工）。在东道国缴纳税金总额293.38万美元，农业产业营业收入为42 472.36万美元。

（三）投资趋势

与2018年采集的数据相比，广东省2018年农业对外投资总额10 111.36万美元，较2017年农业对外投资总额3 690.08万美元，增长了1.7倍。通过分析，2018年数据中采集了13家新增企业数据，导致了数据的剧增。

二、2018年重点区域和国别投资情况分析

1. 各大洲分布情况及特征

56家境外企业在各大洲分布情况为：亚洲38家，北美洲3家，大洋洲5家，非洲7家，南美洲2家，欧洲1家。

从分布情况来看，56家境外企业主要分布在亚洲地区，其中有26家分布在东南亚国家，9家分布在中国香港，1家在中国澳门，1家在伊朗，1家在巴基斯坦。

从投资行业来看，38家设立在亚洲的境外企业中，有10家境外企业从事渔业，有7家境外企业从事畜牧业，有15家境外企业从事粮食作物和经济作物种植等，有6家境外企业从事其他与农业相关的产业等。

2. 主要经济合作组织分布情况

56家境外企业中，分布在亚洲太平洋经济合作组织（APEC）相关国家和地区的有33家，分布

在上海合作组织相关国家和地区的有10家（中国香港9家，中国澳门1家）。

3. 重点国家分布情况

56家境外企业分别分布在香港特别行政区（9家）、越南（6家）、柬埔寨（6家）、印度尼西亚（5家）、美国（3家）、马来西亚（3家）、老挝（2家）、泰国（2家）、毛里塔尼亚（2家）、智利等27个国家和地区。

三、2018年对外农业投资的行业分析

1. 产业分布总体情况

从产业分布来看，在56家境外企业中，投资农、林、牧、渔的企业46家（其中渔业企业20家，经济作物和粮食作物企业17家，畜牧企业7家，林业企业2家），其他农业产业10家。

2. 各产业投资情况

投资农、林、牧、渔的46家境外企业中，20家投资渔业的企业，2018年新增投资额3 298万美元，截至2018年底累计对外投资额达12 539.44万美元；17家投资经济作物和粮食作物的企业，2018年新增投资额284.58万美元，截至2018年底累计对外投资额达24 722.31万美元；7家投资畜牧业的企业，2018年新增投资额4 904.71万美元，截至2018年底累计对外投资额达8 044.02万美元；2家投资林业的企业2018年无新增投资，截至2018年底累计对外投资额达4 257万美元；10家投资其他产业的企业，2018年新增投资额1 624.07万美元，截至2018年底累计对外投资额达4 111.45万美元。

3. 典型产业投资合作情况

从采集的数据来看，广东农业企业对外投资以投资渔业（20家）、经济作物和粮食作物（17家）为主。

投资渔业的20家企业中，从企业当前状态来看，16家企业正在经营，2家企业筹备设立中，2家企业2018年暂停经营；从境外企业类别来看，有9家是独资企业，8家是合资企业，3家是合作企业；从设立方式来看，有10家是子公司，有4家是联营公司，有4家是其他形式，有2家是分支机构；从产业收入来看，20家企业2018年合计收入4 967.52万美元，没有非农业收入。

投资经济作物和粮食作物的17家企业中，从企业当前状态来看，17家企业全部经营；从境外企业类别来看，有14家是独资企业，3家是合资企业；从设立方式来看，有14家是子公司，有2家是联营公司，有1家是分支机构；从产业收入来看，17家企业2018年合计收入22 704.64万美元，没有非农业收入。

四、企业报告

1. 对外农业投资企业总体情况

2019年广东共完成采集47家境内企业的对外农业投资情况，其中，有限责任公司27家，股份有限公司有13家，国有企业1家，私营企业5家，其他类型企业1家。

47家境内企业中，有37家涉农企业，10家非涉农企业；有21家是农业龙头企业（国家级8家，省级9家，市级4家）；全部47家企业皆不是央企，也不是农垦企业。

截至2018年底，47家境内企业注册资本总额为72.19亿元人民币，资产总额为664.36亿元人民币（部分企业未填报），年末境内从业人员数达35 286人（部分企业未填报）。

2. 各类型企业对外农业投资情况

27家有限责任公司共设立了33家境外企业，2018年新增投资额2 388.58万美元，截至2018年底累计对外投资额达34 999.75万美元；投资农、林、牧、渔的境外企业有23家，2018年新增投资额1 432.58万美元，截至2018年底累计对外投资额达33 029.65万美元；投资其他农业产业的企业有4家，2018年新增投资额956万美元，截至2018年底累计对外投资额达1 970.1万美元。

13家股份有限公司共设立了16家境外企业，2018年新增投资额5 722.78万美元，截至2018年底累计对外投资额达14 056.37万美元；投资农、林、牧、渔的企业12家，2018年新增投资额5 054.71万美元，截至2018年底累计对外投资额达11 943.12万美元；投资其他农业产业的企业4家，2018年新增投资额668.07万美元，截至2018年底累计对外投资额达2 113.25万美元。

1家国有企业共设立了1家境外企业，产业类别为粮食作物，2018年无新增投资，截至2018年底累计对外投资5万美元。

5家私营企业共设立了5家境外企业，2018年新增投资额2 000万美元，截至2018年底累计对外投资额达4 585.1万美元；投资渔业的企业有4家，2018年新增投资额2 000万美元，截至2018年底累计对外投资额达4 585万美元；投资其他农业产业的企业1家，2018年无新增投资。

1家其他类型企业共设立了1家境外企业，产业类别为其他农业产业，2018年无新增投资，截至2018年底累计对外投资28万美元。

3. 企业典型案例：广东海茂投资有限公司（境外企业名称：普利茂对虾公司）

（1）企业介绍。广东海茂投资有限公司（以下简称海茂）成立于1987年，是集科研、开发、生产、销售、技术服务及苗种饵料销售为一体的大型水产苗种集团。公司拥有亲虾生产基地3个，小苗生产基地13个，养殖中试示范基地3个，总育苗水体超过5万立方米，总养殖面积53.33公顷，基地占地面积（含美国PRIMO生产基地）总计200公顷，年生产销售对虾幼体800亿尾、虾苗200亿尾。近3年海茂年销售增长超50%，"普利茂"高抗苗产品畅销我国华南、华东、华中、华北及东北等地区，同时远销越南、马来西亚等国家。

（2）境外企业及项目介绍。种虾是虾产业链的源头与"芯片"，世界种虾资源完全控制在美国手里，海茂通过全资收购美国普瑞莫种虾公司（PRIMO BROODSTOCK USA LLC），设立普利茂对虾公司，成为国内唯一拥有成熟的、经市场检验的对虾种质资源公司，带领国内对虾行业开创了高抗力虾苗养殖时代，引领对虾产业向高抗稳产方向发展，解决了对虾产业发展对抗病力虾苗的需求。

美国普瑞莫种虾公司是一家致力于选育适应复杂养殖环境的种虾公司，通过全病原攻毒（APE）选育理念，成功选育出了能耐受早期死亡综合征（EMS）和白斑病（WSSV）等常见对虾养殖疾病的南美白对虾。其种虾是目前市场上相对成熟且经过全球各个养殖环境验证过的高抗力南美白对虾品系。

美国普瑞莫种虾公司自2017年初被海茂收购，截至目前，海茂累计投入数百万美元对原德州基地进行改扩建，并新购置佛罗里达基地，进一步提升种虾选育能力和扩充种虾生产产能。公司常年与美国亚利桑那大学和圣地亚哥水生动物研究中心合作，持续加大在种质资源方面的研发投入。公司在2018年开始导入基因组芯片选育，并于2019年成功商业化应用基因组芯片进行南美白对虾选育，PRIMO拥有基因组芯片知识产权。

此外，海茂开创了国内对虾企业育种制种时代。从对虾种质资源受制于国外育种企业，到通过资本力量、人才力量，收购海外对虾育种制种公司，从源头掌握对虾种质资源，掌控对虾产业发展对种质资源的战略安全；海茂带领国内对虾企业从蜗居国内、毫无议价权、妥协地接收国外育种公司的种虾产品，到走出国门，通过资本力量、人才力量，掌控国外种源为己所用，为行业树立的典范起到了大型苗种企业的行业带头示范作用，引领国内对虾种业的发展，解决对虾产业发展的种质资源战略安全。

五、2018年农业对外投资面临的主要困难和政策建议

（一）主要困难

（1）资金需求大但解决难。珠海市东港兴远洋渔业有限公司积极拓展广东省渔业业务范围，致力于开展远洋渔业项目，需要较大资金需求，但目前仍面临融资难、起步难等问题。广东海大集团股份有限公司表示资金转移投资额度困难，当地贷款背书成本高，希望提高海外投资资金转移额度。湛江市华大贸易有限公司对外投资发展前期资金使用较大，急需补贴以便降低成本。从采集数据来看，中山科朗农业科技股份有限公司、深圳深水网箱科技有限公司、深圳市源兴果品股份有限公司、湛江国联水产开发股份有限公司、湛江市粤水渔业有限公司等9家公司将资金列为自身最迫切需要的支持。

（2）政策需求强但掌握少。广东海茂投资有限公司在"走出去"过程中，主要面临中美贸易战带来的政治风险、相关政策及信息不通畅等问题；侨益物流股份有限公司主要受中美贸易战的影响（影响美国农产品进口），同时中国对DDGS的双反政策也影响其业务的发展；仍有多数企业反映国

内农业对外投资扶持政策较少，不清楚有哪些扶持、补贴资金。深圳市运通力达实业有限公司表示对外投资相关信息匮乏，不了解国内种植业对外相关的扶持、补贴政策，以及投资国相关信息服务等。深圳市源兴果品股份有限公司反映希望获得更多国外投资相关法律法规的普及和支援需求。创世纪种业有限公司希望在政策上给与更多优惠，如贴息贷款等。

（3）投资范围广但局限大。广东省农业对外投资目前仍然主要集中在产业链中低端，前期投资大，回报慢，利润较低。此外，在境外投资仍然主要集中在亚洲尤其是东南亚，对外市场相对单一，农产品贸易多元化程度低，抗风险能力较低。

（4）投资审批手续多且难。深圳市运通力达实业有限公司表示相关投资业务审批手续仍较烦琐。广东恒兴饲料实业股份有限公司也表示融资审批、工作签证较难，有些投资国如马来西亚还对中国外派人员学历加以限制。珠海市东港兴远洋渔业有限公司希望简化审批、进出口检验检疫手续，提高进程效率。广东海大集团股份有限公司反映技术人员海外工作签证时间太短，只有半年。

（5）对外合作交流不足但意愿强。珠海市东港兴远洋渔业有限公司希望多组织对外合作企业交流会或培训会等，从而提高风险防控意识及风险和效果，帮助农业企业更好地对外合作。深圳市源兴果品股份有限公司希望对于国外投资环境的风险预警能够一定周期地分析和发布。广东海茂投资有限公司希望多组织农业"走出去"座谈、培训等，组建农业对外合作联盟，加强为企业提供"走出去"相关的政策、扶持等便利服务。湛江国联水产开发股份有限公司希望组织海关、商务部门等进行座谈交流，搭建政企合作交流平台。

（二）政策建议

（1）加强发展扶持。加快落实、推广提供专项农业贷款，简化资金申报及审批流程。支持与中国信保等机构合作，整合优势资源，提供专业化的出口融资、信息咨询、风险防控服务。

（2）加强顶层设计。系统梳理农业"走出去"扶持政策和服务指南，根据渔业、种植业、畜牧业等细分产业，分类研究制定专门的农业对外投资发展相关的扶持政策及办法。为企业"走出去"发展提供完善的法律体系指导，普及国外投资相关法律法规。

（3）加强信息服务。加快建立统一的对外农业投资信息服务平台，周期性分析和发布重点投资国投资环境情况，定期发布风险预警，为企业提供系统的东道国投资政策指引、信息数据咨询以及法律援助，支持企业更好地开展海外投资业务。

（4）加快扶持力度。积极做好农业"走出去"项目的申报确立、审批审核工作。开展针对性的项目扶持，加快简化投资项目审批程序和研究调整外汇管制，提高支付审批效率。

（5）加强学习交流。积极组织农业企业对外合作交流活动，组织农业企业"走出去"经验分享会、洽谈（交流）会、论坛等，提供"走出去"线下服务平台，引导有实力的农业龙头企业开展对外贸易和对外投资，加强对企业资本、对外发展、风险防控等投资事宜交流。

附表　2018年度广东省农业对外投资数据

境内企业名称	是否农业企业	是否农业央企	是否农垦企业	是否农业龙头企业	农业产业化龙头企业级别	企业登记注册类型	境外企业中文名称	所在洲	国家或地区	境外企业类别	设立方式	企业当前状态	新增投资额	农业产业营业收入（万美元）	年底累计对外投资额（万美元）
湛江粤华水产饲料有限公司	是	否	否	否		有限责任公司	越南水产饲料合资有限公司	亚洲	越南	合资	子公司	正在经营	0	0	0.1
湛江市粤水渔业有限公司	是	否	否	是	省级	有限责任公司	粤水渔业（马来西亚）有限公司	亚洲	马来西亚	独资	其他	正在经营	20	0	1 080
广东龙美渔业有限公司	是	否	否	否		有限责任公司	龙美渔业有限公司	亚洲	伊朗	合资	其他	正在经营	0	0	900
湛江京昌水产有限公司	是	否	否	是	省级	有限责任公司	福海大西洋渔业有限公司	非洲	安哥拉	合资	其他	暂停经营	0	0	68
湛江腾龙投资有限公司	否	否	否	否		有限责任公司	腾龙水产实业有限公司	亚洲	印度尼西亚	合资	子公司	正在经营	840	840 2 257.7	840
惠州东进农牧股份有限公司	是	否	否	是	国家级	股份有限公司	家乡食品有限公司	亚洲	中国香港	独资	子公司	正在经营	0	1 483	862
深圳市中烜进出口贸易有限公司	否	否	否	否		有限责任公司	邦臣国际实业有限公司	非洲	马达加斯加	独资	子公司	正在经营	0	335.758 2	600
源恒兴（深圳）海产品进出口有限公司	是	否	否	否		私营企业	源恒兴海产品进出口有限公司	南美洲	智利	独资	子公司	正在经营	2 000	2 000 2 500	3 000
深圳市深水远洋渔业有限公司	是	否	否	否		私营企业	马来西亚威达深水渔业有限公司	亚洲	马来西亚	合资	联营公司	筹备设立	0	0	1 055

（续）

境内企业名称	是否农业企业	是否央企	是否农垦企业	是否农业龙头企业	农业产业化龙头企业级别	企业登记/注册类型	境外企业中文名称	所在洲	国家或地区	境外企业类别	设立方式	企业当前状态	新增投资额	农业产业营业收入（万美元）	年底累计对外投资额（万美元）
深圳市德鲁客商贸有限公司	否	否	否	否		有限责任公司	苏里南中苏森林产品生产有限公司	南美洲	苏里南	独资	子公司	正在经营	0	0	2 900
深圳市双晖农业科技有限公司	是	否	否	是	省级	有限责任公司	六仔蔬菜食品有限公司	亚洲	中国香港	独资	子公司	正在经营	0	20 256.5	85.2
广东桂之神实业股份有限公司	是	否	否	是	市级	股份有限公司	桂之神实业（香港）有限公司	亚洲	中国香港	合资	联营公司	暂停经营	0	0	74.054 3
深圳市澳华集团股份有限公司	是	否	否	是	省级	股份有限公司	越南澳华农牧科技有限公司	亚洲	越南	独资	子公司	正在经营	220	0	220
中冠农业控股（深圳）有限公司	是	否	否	否		有限责任公司	华奥亚洲国际有限公司	亚洲	中国香港	独资	子公司	正在经营	0	0	900.38
中冠农业控股（深圳）有限公司	是	否	否	否		有限责任公司	华奥生物科技有限公司	亚洲	中国香港	独资	子公司	正在经营	0	0	2 248.16
中冠农业控股（深圳）有限公司	是	否	否	否		有限责任公司	华奥物种香港有限公司	亚洲	中国香港	独资	子公司	正在经营	0	0	900.57
广西嘉佑生态农业发展有限公司（广东籍投资人成立）	是	否	否	否		有限责任公司	得众农业公司	亚洲	老挝	独资	分支机构	正在经营	0	0	1 000

（续）

境内企业名称	是否农业企业	是否央企	是否农垦企业	是否农业龙头企业	农业产业化龙头企业级别	企业登记注册类型	境外企业中文名称	所在洲	国家或地区	境外企业类别	设立方式	企业当前状态	新增投资额	农业产业营业收入（万美元）	年底累计对外投资额（万美元）
汕尾市国泰食品有限公司	是	否	否	是	国家级	有限责任公司	汕尾国泰食品（文莱）有限公司	亚洲	文莱	合资	联营公司	正在经营	21	0	90.85
创世纪种业有限公司	是	否	是	是	省级	有限责任公司	巴基斯坦创世纪私人有限公司	亚洲	巴基斯坦	合资	联营公司	正在经营	38.39	40	60
茂名市电白区鼎兴农产品发展有限公司	是	否	否	否		有限责任公司	毛里塔尼亚鱼粉有限公司	非洲	毛里塔尼亚	合作	联营公司	正在经营	0	0	200
电白县嘉宝海蜇食品有限公司	是	否	否	否		有限责任公司	印度尼西亚嘉宝集团有限公司	亚洲	印度尼西亚	独资	子公司	筹备设立	0	0	172
深圳华大基因科技有限公司	否	否	否	否		有限责任公司	华大基因（老挝）有限公司	亚洲	老挝	独资	子公司	正在经营	6.186	11.303 4	133.647 1
湛江市华大贸易有限公司	否	否	否	否		有限责任公司	恒农（柬埔寨）国际有限公司	亚洲	柬埔寨	独资	子公司	正在经营	无	50	1 673.73
湛江市华大贸易有限公司	否	否	否	否		有限责任公司	恒悦（柬埔寨）国际有限公司	亚洲	柬埔寨	独资	子公司	正在经营	0	139	1 133.69
湛江市华大贸易有限公司	否	否	否	否		有限责任公司	瑞峰（柬埔寨）国际有限公司	亚洲	柬埔寨	独资	子公司	正在经营	0	1185	10 223.84
湛江市华大贸易有限公司	否	否	否	否		有限责任公司	恒瑞（柬埔寨）国际有限公司	亚洲	柬埔寨	独资	子公司	正在经营	0	168	1 608.86

（续）

境内企业名称	是否农业企业	是否农垦企业	是否农业龙头企业	农业产业化龙头企业级别	企业登记/注册类型	境外企业中文名称	所在洲	国家或地区	境外企业类别	设立方式	企业当前状态	新增投资额	农业产业营业收入（万美元）	年底累计对外投资额（万美元）
湛江市华大贸易有限公司	否	否	否		有限责任公司	岚峰（柬埔寨）国际有限公司	亚洲	柬埔寨	独资	子公司	正在经营	0	195	4 393.47
湛江市昊海远洋渔业有限公司	是	否	是		私营企业	昊海渔业（泰国）有限公司	亚洲	泰国	合作	其他	暂停经营	0	0	400
广东省海大集团股份有限公司	是	否	是	国家级	股份有限公司	印度尼西亚海大农业有限公司	亚洲	印度尼西亚	独资	子公司	正在经营	0	0	2 150
湛江国联水产开发股份有限公司	是	否	是	国家级	股份有限公司	美国桑尼威海鲜公司	北美洲	美国	独资	分支机构	正在经营	0	0.01	242
佛山进贸奥港进出口有限公司	否	否	否		有限责任公司	健怡果发展（越南）有限公司	亚洲	越南	独资	子公司	正在经营	10	0	55.66
广东省珠海粮油食品进出口有限公司	是	否	是	省级	国有企业	珠海粮油（澳门）贸易有限公司	亚洲	中国澳门	独资	子公司	正在经营	0	0	5
广州市煦日进出口有限公司	否	否	否		有限责任公司	越中煦日水产物料加工有限责任公司	亚洲	越南	合资	子公司	正在经营	0	764.1745	80.99
广东协荔投资管理有限公司	否	否	否		有限责任公司	香港和瑞盐业有限公司	亚洲	中国香港	独资	子公司	正在经营	0	0	0.1
汕头市潮阳区顺杰农机种养专业合作社	是	否	否		其他企业	顺杰国际农业实业有限公司	亚洲	泰国	合作	其他	正在经营	0	0	28

（续）

境内企业名称	是否农业企业	是否农垦企业	是否农业龙头企业	农业产业化龙头企业级别	企业登记注册类型	境外企业中文名称	所在洲	国家或地区	境外企业类别	设立方式	企业当前状态	新增投资额	农业产业营业收入（万美元）	年底累计对外投资额（万美元）
深圳市华南渔业有限公司	是	否	是	市级	有限责任公司	华南渔业（萨摩亚）有限公司	大洋洲	萨摩亚	独资	子公司	正在经营	157	0	157
深圳市联成远洋渔业有限公司	是	否	是	省级	有限责任公司	联成远洋渔业（密克罗尼西亚）有限公司	大洋洲	密克罗尼西亚	独资	分支机构	正在经营	560	1 360	1 410
深圳市源兴果品股份有限公司	是	否	是	国家级	股份有限公司	三川农业责任有限公司	亚洲	越南	独资	子公司	正在经营	0	687	100
深圳市运通力达实业有限公司	是	否	否		股份有限公司	刚果（布）运通力达实业有限公司	非洲	刚果（布）	独资	子公司	正在经营	150	0	150
宜华生活科技股份有限公司	是	否	是	国家级	股份有限公司	华嘉木业股份有限公司	非洲	加蓬	合资	子公司	正在经营	0	5 241.5	1 357
英德市英荼王荼业有限公司	是	否	否	其他	有限责任公司	长荣集团有限公司	大洋洲	斐济	合资	联营公司	正在经营	0	15	130
深圳中尚德投资有限公司	否	否	否		私营企业	中尚德有限公司	亚洲	中国香港	独资	子公司	正在经营	0	0	0.1
中山科朗农业科技股份有限公司	是	否	是	省级	股份有限公司	香港科朗现代农业有限公司	亚洲	中国香港	独资	子公司	正在经营	3 204	5 116	4 789
广东壹号食品股份有限公司	是	否	否		股份有限公司	澳洲壹号农牧投资有限公司	大洋洲	澳大利亚	独资	子公司	正在经营	1 370.71	0	1 370.71

（续）

境内企业名称	是否农业企业	是否央企	是否农垦企业	是否农业龙头企业	农业产业化龙头企业级别	企业登记注册类型	境外企业中文名称	所在洲	国家或地区	境外企业类别	设立方式	企业当前状态	新增投资额	农业产业营业收入（万美元）	年底累计对外投资额（万美元）
深圳汇华丰德投资控股股份有限公司	是	否	否	否	其他	有限责任公司	汇华丰德投资控股（巴新）有限公司	大洋洲	巴布亚新几内亚	独资	子公司	正在经营	116	0	1 000
深圳深水网箱科技有限公司	是	否	否	否		有限责任公司	巴拉望中菲合作水产有限公司	亚洲	菲律宾	合作	联营公司	正在经营	0	0	3.4
珠海市东港兴远洋渔业有限公司	是	否	否	否		私营企业	恩诺茵有限公司	非洲	毛里塔尼亚	合资	子公司	正在经营	0	7.577	130
侨益物流股份有限公司	否	否	否	是	市级	股份有限公司	土星农产品公司	北美洲	美国	合资	子公司	正在经营	0	623.84	0.1
广东中泰森达渔业有限公司	是	否	否	否	其他	有限责任公司	福弯渔业有限公司	非洲	莫桑比克	合资	子公司	正在经营	0	0	0.1
广东大广行生态农业有限公司	是	否	否	是	省级	有限责任公司	中新资力（柬埔寨）农业公司	亚洲	柬埔寨	合资	联营公司	正在经营	80	36	150
广东海茂投资有限公司	是	否	否	是	市级	有限责任公司	普利茂对虾公司	北美洲	美国	独资	子公司	正在经营	540	0	800
广东溢多利生物科技股份有限公司	是	否	否	是	国家级	股份有限公司	胜利酶制剂有限公司	欧洲	德国	合资	联营公司	筹备设立	110	0	110
广东省恒兴饲料实业股份有限公司	是	否	否	是	国家级	股份有限公司	印度尼西亚恒兴饲料有限公司	亚洲	印度尼西亚	合资	子公司	正在经营	0	0	0.1

（续）

境内企业名称	是否农业企业	是否央企	是否农垦企业	是否农业龙头企业	农业产业化龙头企业级别	企业登记注册类型	境外企业中文名称	所在洲	国家或地区	境外企业类别	设立方式	企业当前状态	新增投资额	农业产业营业收入（万美元）	年底累计对外投资额（万美元）
广东省恒兴饲料实业股份有限公司	是	否	否	是	国家级	股份有限公司	印度尼西亚恒兴海富饲料有限公司	亚洲	印度尼西亚	合资	子公司	正在经营	668.07	0	673.15
广东省恒兴饲料实业股份有限公司	是	否	否	是	国家级	股份有限公司	绿岛饲料有限公司	亚洲	马来西亚	合资	子公司	正在经营	0	0	618.26
广东省恒兴饲料实业股份有限公司	是	否	否	是	国家级	股份有限公司	越南恒兴科技责任有限公司	亚洲	越南	独资	子公司	正在经营	0	0	1 340

2018广东省广垦橡胶农业对外投资合作报告

一、公司概况

广东省广垦橡胶集团有限公司（以下简称广垦橡胶）是经农业农村部批准成立，由广东省农垦集团公司（以下简称广东农垦）控股的集天然橡胶种植、加工、销售和研发于一体的大型跨国天然橡胶产业集团，也是广东省重点培育的本土跨国集团之一，注册资金23.15亿元。橡胶集团专注于国内和国际天然橡胶产业的发展，目前已形成天然橡胶种苗、种植、加工、科研及销售贸易五大板块，并且向下游天然橡胶产品深加工方向拓展，形成较完备且具有较强竞争力的产业体系，产业范围除中国本土外，还对外发展到泰国、马来西亚、印度尼西亚、老挝、柬埔寨、新加坡等东南亚国家，是全球最大的天然橡胶全产业链生产经营跨国企业集团，被评为农业产业化国家重点龙头企业，被授予"全国农业先进集体""中国走进东盟十大成功企业""广东省文明单位"等荣誉称号。

二、对外农业投资合作概况

广垦橡胶对外农业投资合作主要集中在与东盟国家的天然橡胶产业项目合作，包括天然橡胶种苗培育、种植、加工和销售贸易及天然橡胶技术研究等全产业链领域（表1）。截至2018年底，广垦橡胶在泰国、马来西亚、印度尼西亚、新加坡、柬埔寨等国直接投资18个项目，其中泰国8个，马来西亚5个，印度尼西亚1个，柬埔寨3个，新加坡1个。泰国主要投资天然橡胶加工项目，马来西亚投资既有天然加工项目也有天然橡胶种植及种苗项目，印度尼西亚投资目前仅有天然橡胶加工项目，柬埔寨目前投资仅有天然橡胶种植及种苗项目，未来计划配套建设橡胶加工厂，新加坡投资主要是天然橡胶销售与贸易项目。2018年，境外投资企业天然橡胶加工生产折干胶总产量为近60万吨，已种植完成橡胶园近2.77万公顷，自有胶园产胶近6 000吨；总资产超10亿美元，营业收入10.5亿美元，缴纳税金3 300多万美元，直接提供就业岗位近10 000个，带动就业人口3万余人。截至2018年底，对外投资额累计4.15亿美元，2018年当年并没发生新增投资。

表1　2018年广垦橡胶对外农业投资合作情况

单位：万美元

序号	单位	投资国家	收入	资产总额	累计投资	产业投资环节比例					
						种苗培育	种植	加工	销售	技术	研究
1	春丰橡胶有限公司	柬埔寨	0.0	3 083.0	2 805.2	100%	0%	0%	0%	0%	0%
2	广垦橡胶（柬埔寨）农业科技有限公司	柬埔寨	58.6	225.0	193.3	100%	0%	0%	0%	0%	0%

（续）

序号	单位	投资国家	收入	资产总额	累计投资	种苗培育	产业投资环节比例				
							种植	加工	销售	技术	研究
3	广垦橡胶（柬埔寨）有限公司	柬埔寨	0.0	135.5	544.5	100%	0%	0%	0%	0%	0%
4	广垦橡胶（砂捞越）种苗有限公司	马来西亚	0.0	157.8	262.0	100%	0%	0%	0%	0%	0%
5	广垦橡胶（砂捞越）公司	马来西亚	105.3	1 329.9	259.5	100%	0%	0%	0%	0%	0%
6	广垦（砂捞越砂）工业公司	马来西亚	147.3	777.6	1 260.7	0%	100%	0%	0%	0%	0%
7	广垦橡胶（婆联）有限公司	马来西亚	205.5	8 256.6	2 037.0	100%	0%	0%	0%	0%	0%
8	广垦橡胶（砂捞越）种植有限公司	马来西亚	0.0	2 394.0	2 640.3	100%	0%	0%	0%	0%	0%
9	广垦橡胶（砂墩）有限公司	泰国	5 536.4	2 815.1	2 580.0	0%	100%	0%	0%	0%	0%
10	泰华树胶（大众）有限公司	泰国	58 404.4	58 773.4	18 082.0	10.12%	89.95%	0%	0%	0.03%	0%
11	广垦橡胶（帕侬）有限公司	泰国	0.0	250.6	175.0	0%	100%	0%	0%	0%	0%
12	广垦橡胶（湄公河）有限公司	泰国	6 877.2	4 465.6	1 399.0	0%	100%	0%	0%	0%	0%
13	广垦橡胶（泰东）有限公司	泰国	4 336.0	3 050.0	2 353.8	0%	100%	0%	0%	0%	0%
14	广垦橡胶（泰南）有限公司	泰国	6 459.3	3 845.1	2 378.0	0%	100%	0%	0%	0%	0%
15	广垦橡胶（董里）有限公司	泰国	6 153.0	2 700.2	1 652.0	0%	100%	0%	0%	0%	0%
16	广垦橡胶（春蓬）有限公司	泰国	0.0	257.0	179.6	0%	100%	0%	0%	0%	0%
17	广垦橡胶（新加坡）有限公司	新加坡	17 134.2	6 963.6	1 027.0	0%	0%	0%	100%	0%	0%
18	广垦橡胶（坤甸）有限公司	印度尼西亚	101.6	832.8	1 692.8	0%	100%	0%	0%	0%	0%
	合计		105 518.7	100 312.7	41 521.5	25.46%	72.05%	0.00%	2.47%	0.01%	0.00%

三、对外投资合作主要做法及成效

（一）以国家需要为导向，选择自身优势产业进行对外合作，国内外产业衔接互补

以国家战略需要、民生需要的产业作为选择对外合作产业的出发点，同时结合自身产业优势，

确定具体对外合作产业，并实现国内外产业衔接互补。广东农垦目前最大的对外合作产业——天然橡胶产业，是广东农垦的立垦之本，也是广东农垦产业中发展历史最悠久、产业积淀最深厚的产业，具有很强的发展优势。广东农垦将自身的产业优势与东南亚丰富的天然橡胶资源优势结合，以广垦橡胶在海外建立自有天然橡胶种植和加工基地，目前已初见成效，在市场全球化背景下，国外天然橡胶加工、种植业务与国内天然橡胶销售贸易业务形成良好的衔接和互补，共同促进发展。

（二）以合作共赢为对外合作的原则和基础，主动融入东道国经济社会发展

广垦橡胶一直秉持合作共赢的原则，在天然橡胶产业对外合作中，兼顾合作方、当地员工、社会、公众的利益，提升当地橡胶种植、加工技术水平，解决当地就业，为当地政府贡献税收，提高当地民众生活水平。严格遵守当地环保法规，开展绿色节能生产，所有加工企业均通过了ISO国际标准认证，种植基地全面实施生态发展模式。在马来西亚橡胶园被马来西亚环境部、农林部评为最高环保等级"A+"级。2018年广垦橡胶海外企业直接提供就业岗位近万个，带动就业人口超过3万人，为当地贡献税收超过3 300万美元。设立广垦公益和教育基金，为当地学校设立奖学金资助，开展公益捐赠，在偏远地区为胶工子女设立胶林学校等，组建志愿者服务，自觉履行企业社会责任。广垦橡胶海外天然橡胶产业的发展获得了当地政府和民众的信赖和欢迎，树立了中国海外企业的良好形象。

（三）加强对外合作项目风险管控，确保企业安全运营

风险管控一直都是广垦橡胶对外合作重点关注内容，从项目投资论证到项目运营管理，再到日常检查监管都进行严密把控。目前，海外天然橡胶产业布局基本完成，日常运营管理风险防控成为对外合作项目管理重点。2018年受泰国等国的限制出口政策，厂商提前发货，集中到港导致青岛港库存增加，中国国内假期期间下游工厂开工率不高，美元加息及对中国出口商品加征关税使橡胶消费前景不利等综合影响，天然橡胶价格一直下跌，3月中下旬和6月上中旬上期所天然橡胶主力合约价格更是快速下滑，下滑后都是长时间平台整理，基本没有反弹，目前天然橡胶价格在每吨11 000元左右摆动。在持续下跌行情中，广垦橡胶积极加强行情研判，结合期货，严格控制风险敞口，防控风险。充分把握销售和采购有价差时机，加大低价原料采购和生产、销售力度，获取利润。

（四）自主培养和外部吸收相结合储备人才，大力实施人才"本土化"策略

随着海外天然橡胶产业规模不断扩大，人才成为制约对外合作的瓶颈。为此，广垦橡胶在对外合作项目中大力实施人才"本土化"策略，除少数关键岗位外，其余所有岗位包括部分高层管理岗位向当地员工开放，中外方员工共同对项目公司进行管理，实现真正意义上的融入当地，"走出去"并且"走进去"。同时十分重视对外合作人才的自主培养，2018年分别开展了针对海外管理人员、优秀员工的培训，以及旨在促进海外财会人员深度交流融合的财会专业知识培训，累计培训海内外

员工100余人。制定和完善外派人才回国安置、回国待遇等相关制度，确保对外合作人才出得去、留得住、回得来。

（五）进一步巩固行业领头羊地位，增强行业影响力和话语权，提升产业竞争力

最具产业竞争力的大多是位于行业前列的企业。自2016年收购控股泰国第三大天然橡胶企业——泰华树胶（大众）有限公司之后，广垦橡胶在全球行业内的影响力和话语权逐渐凸显，广垦橡胶的原料采购报价、产品销售定价等被业内企业作为报价、定价的重要参考。越来越多的国际知名橡胶用户企业加大与广垦橡胶业务的往来，广垦橡胶旗下的广垦、三棵树、泰华等品牌被列入世界知名橡胶品牌行列，纳入其采购品牌库。

四、对外农业投资存在的问题

（一）外部环境方面

（1）市场风险加大。天然橡胶是大宗商品，既有商品属性又有金融属性，近年来天然橡胶产品金融属性越来越强，定价受期货炒作影响巨大，暴涨暴跌，对境外大规模天然橡胶产业项目正常生产经营产生不利影响，经营难度增大。

（2）汇兑风险增加。国际货币间汇率波动频率和幅度增大，导致汇率风险增加。境外天然橡胶产业加工环节赚取少量的加工利润，产品主要用于出口，以美元计价，美元与投资国当地货币汇率波动频繁且幅度大，微薄的加工利润被汇率波动侵蚀，对正常生产经营也造成巨大影响。

（3）贸易环境变化。中美贸易摩擦对天然橡胶下游用胶客户造成较大影响，由于出口美国关税提高，下游主要用胶的轮胎企业纷纷减产、限产，库存增加，使天然橡胶产品销售困难，竞争激烈，经营难度加大。

（二）政策方面

（1）融资担保政策。大多数东盟国家天然橡胶建设投资项目的金融配套政策不足，目前的融资贷款完全是市场行为，大部分东盟国家融资利率高，长期项目贷款只能通过国内贷款，而国内融资需要资产进行担保，国外资产担保国内银行不认可，造成融资难度大。

（2）企业人员出国审批复杂，耗时长。国有企业管理人员对海外投资项目进行监督检查，临时出国按照规定需要使用因公护照，而因公护照的使用审批耗时长，一般需要提前至少一个月申请办理，并且每次出国都需要重新申请，不利于投资项目临时、紧急事件的处理，十分不便。

（三）企业自身方面

（1）投资资金压力大。海外橡胶产业项目不仅需要投入大笔资金用于购买或租赁土地、建设厂

房、修缮基础建设，而且建设期长、资金回收慢，特别是天然橡胶种植项目，新种橡胶非生产期长达5～6年（种植1年，抚管4～5年），期间没有任何收益，还要投资进行抚管，给企业的持续经营带来了较大压力。

（2）高素质的国际化经营人才缺乏。随着海外投资项目日益增多，海外产业的不断发展壮大，熟悉外语并且熟悉国际经济合作、国际金融、国际贸易、国际企业管理的高素质的国际化经营人才缺乏，成为对外合作发展的瓶颈。

五、政策建议

（1）建议对企业开拓国际市场的前期费用、重要资源性农产品回运等给予适当补贴，减免相关回运关税、增值税等。

（2）建议加大保险政策支持力度。支持海外农业企业国内投保，将国内的橡胶农业保险覆盖到海外橡胶种植项目，同时提高保费补贴比率。天然橡胶种植和加工项目受市场风险影响较大，开展橡胶产品价格保险，在产品市场价格低于目标价格生产成本时，给予价格保护，降低市场风险。

（3）建议加大对跨国专业人才的培养。随着我国"一带一路"倡议的不断推进，我国境外投资规模和投资金额逐年增加，跨国专业人才不足成为发展瓶颈，建议我国政府教育部门、"走出去"企业与东盟国家政府加强教育方面的合作，确保境外投资合作有足够专业人才储备。

（4）建议将政府部门人员因公出国审批与企业人员因公出国进行区分，简化在境外有经营业务的企业人员因公出国审批手续，将企业低级别人员因公出国审批权下放给企业或企业主管部门，缩短办理因公护照时间，同时对企业人员因业务需要在出访时间上酌情给予适当延长处理。

2018贵州省农业对外投资合作分析报告

根据对贵州省对外农业投资合作情况的调研，发现贵州省农业在"走出去"工作上虽然已做出了有益探索，取得了一定成绩，但是在对外农业投资合作上步伐偏慢，对外农业投资企业极少，仅有一家企业在老挝进行投资，且存在规模偏小等方面的问题。现将相关企业投资合作情况进行分析。

一、贵州省企业对外农业投资合作概况

根据调研，贵州省农业对外投资企业仅有贵州鑫龙食品开发有限公司1家。贵州红四方农业发展股份有限公司因缅甸方面审查还在进行，因此仍在筹备中。

（一）总体特征

贵州鑫龙食品开发有限公司在老挝投资建立了薏仁米加工厂两家，分别是沙那坎薏仁米厂、宣欢薏仁米厂，主要从事薏仁米收购与加工，2018年累计投资总额达6 744万美元，与2017年相比，新增投资444万美元（图1）。

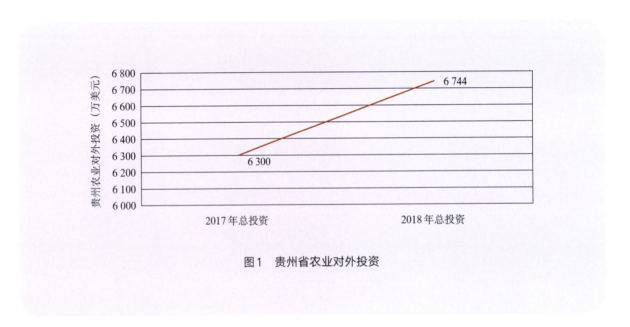

图1 贵州省农业对外投资

（二）企业经营情况

贵州鑫龙食品开发有限公司在老挝投资薏仁米收购与加工，分别在沙那坎和宣欢两省建厂。沙那坎薏仁米厂截至2018年底累计总投资3 380万美元，比2017年新增投资230万美元，营业收入757.14万美元；宣欢薏仁米厂截至2018年底累计总投资3 364万美元，比2017年新增投资214万美元，营业收入700万美元（图2）。

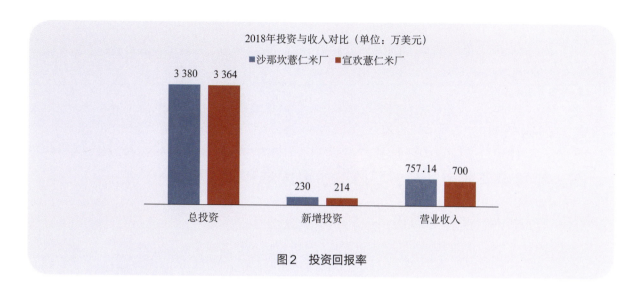

图2　投资回报率

（三）投资趋势

从近三年的投资来看，公司持股比例为95%，2017年对外投资达500万美元；截至2017年底累计对外投资总额为6 300万美元；2018年新增农业投资444万美元，截至2018年底，累计对外投资6 744万美元（图3）。2019年仅上半年就新增投资745.14万美元，通过访谈调查得知，薏仁米不愁销路，需继续追加投资，扩大生产。因此，总体上投资呈逐年递增趋势。

图3　新增投资及对外投资总额对比

二、2018年贵州省企业对外农业投资情况分析

根据此次调研，贵州省对外农业投资企业无变化，贵州红四方农业发展股份有限公司准备在缅甸的农业投资依然还在审理中，属于筹备状态。两家企业投资或者意向性投资主要在亚洲，以东南亚的老挝和缅甸为主。目前仅有贵州鑫龙食品开发有限公司在老挝的沙那坎和宣欢两省进行薏仁米收购与加工。由于只有一家企业在老挝投资和运行，尚无法掌握贵州企业其他洲及国别投资情况，

也无法对农业投资的行业进行对比分析。

与其他省市相比，贵州省对外农业投资依然处于十分落后的状态。今后贵州省将继续向周边省市学习，积极响应"一带一路"倡议，配合贵州省优质绿色农产品"泉涌"攻略，鼓励贵州省企业"走出去"并在境外投资，同时出台相关农业出口指导意见或扶持政策，促进贵州省农业企业对外出口的良性发展。

三、2018年农业对外投资面临的主要困难和政策建议

（一）主要困难

通过调研发现，境外农业投资面临的最大问题是审批难，贵州红四方农业发展股份有限公司于2017年就筹备对缅甸进行投资，尽管对方所要求的材料已经备齐送审，但几近两年，审核结果都还没有下达，因此后续相关工作无法开展。这其中牵涉到政治风险和法律风险，尤其像缅甸这种发展中国家，风险问题表现得更为突出。调查中，红四方方面认为，由于水稻种植需要土地，土地租赁或收购可能面临当地族群抵制，政府在审核时更为谨慎；另外，所种植的农产品的销路也面临严格审查，如果专供出口，可能影响到缅甸当地的粮食安全，因此审批上过于谨慎。

通过对贵州鑫龙食品开发有限公司的调查发现，融资难是境外农业投资面临的又一问题。从贵州鑫龙食品开发有限公司的利润增长来看，其增长势头较好，投资回报率高达22%，但从投资趋势来看，尽管从2017年以来一直增长，然而增长幅度较小，2018年较2017年甚至没有增长。通过对鑫龙公司的调查得知，薏仁米销路很好，利润高，但融资难，因而投资扩大趋缓。

（二）政策建议

党中央、国务院高度重视农业"走出去"工作，国务院办公厅出台了《关于促进农业对外合作的若干意见》，农业农村部牵头建立农业对外合作部际联席会议制度，是国家层面农业"走出去"重大机制创新。国办意见、农业对外合作"十三五"规划与共同推进"一带一路"倡议农业合作的愿景与行动先后发布出台，标志着国家层面农业"走出去"的顶层体系初步建成。围绕农业农村部对外合作的总体要求，贵州省采取如下措施。

1. 职能部门联手协同，解决对外投资难题

继续贯彻落实好国务院办公厅《关于促进农业对外合作的若干意见》、《贵州省人民政府办公厅关于印发贵州省促进农业对外合作的实施方案的通知》（简称《实施方案》）和《贵州农业对外合作厅际联席会议制度的通知》精神，发挥贵州农业对外合作厅际联席会议牵头部门的作用，将《实施方案》的任务分解到相关职能部门，协调成员单位结合部门职能做好相关工作。利用对外合作厅际联席会议，指导贵州省出台农业对外合作工作发展战略、中长期规划和指导意见，以及相关

投资、财政、税收、金融、保险、进出口政策，协调解决贵州省农业对外合作重大项目实施中遇到的困难和问题，确保贵州省农业对外合作工作的可持续发展。

2．组织境外展销活动，推动黔货泉涌出口

做好贵州绿色农产品"泉涌"行动"走出去"工作。农产品"泉涌"行动，是当前省委贯彻落实党的十九大、省委十二次党代会、省委十二届二次全会精神的重要举措。为此，将按照农业农村部的统一部署，积极配合有关部门，组织贵州省农业企业赴境外开展展销活动，推动贵州省农产品"走出去"，实现黔货出山、贵州绿色农产品"泉涌"发展。近期，农业农村部国际贸易中心正努力打造农业贸易促进新平台，加快实施特色优势农产品出口提升行动，贵州省将借助这个平台，鼓励和支持企业申请国际认证认可、参与国际知名展会，扩大茶叶、蔬菜、食用菌和中药材等高附加值的优势农产品出口。

3．摸清企业出境需求，服务农企对外投资

按农业农村部要求，进一步对贵州省农业企业进行调研、走访，摸清贵州省农业企业"走出去"的基本情况，目前贵州省农业"走出去"的企业有正筹备在缅甸进行谷物及其他作物种植的贵州红四方农业发展股份有限公司和在老挝建薏仁米加工厂的安顺鑫龙公司。此外，贵州贵茶有限公司、兴义市盘江源生态农业发展有限责任公司、六盘水乌蒙山马铃薯发展有限公司、贵州新野农业开发有限公司、贵阳坤成祥贸易有限公司、黔西南州吉鑫贸易有限公司、贵州安顺市世纪华荣投资有限公司等7家企业经备案在境外开展农业经济技术合作，将继续了解企业"走出去"需求，并对贵州省企业对外农业投资合作的相关信息进行采集与分析，录入系统。

4．实施农企品牌建设，增强农产品竞争力

为贯彻落实省委、省政府关于乡村振兴战略的有关要求，深入推进农业绿色化、优质化、特色化、品牌化，促进产业生态化、生态产业化，优化农业生产力布局，提升农业质量效益，实施"贵州绿色农产品"整体品牌建设工程，抓好"三品一标"等产品认证，加快建成无公害绿色有机农产品大省，贵州省将学习借鉴浙江、上海、广东等其他省份的先进经验和做法，做好政策咨询和服务，出台公共政策、金融政策等，助力企业提升产品质量升级，增强企业境外市场竞争力。

2018广西壮族自治区农业对外投资合作分析报告

以十九大精神、中央1号文件为指引，在部国际司和外经中心指导下，广西创新推动农业对外交流与合作，积极参与西部陆海浙运建设，目前已初步形成行业类别齐全、重点区域突出、投资主体多元化的农业对外合作格局。

一、2018年广西企业农业对外投资合作总体情况

2018年开展对外投资与合作项目的广西农业企业有90余家，采集到的样本包含25家境外农业投资企业（分支机构），样本企业当年新增境外投资额总计5 616.104 8万美元，企业累计投资总额达30 273.845 8万美元，实现农业营业收入186 182.43万美元。农业投资合作东道国遍及亚洲、非洲、大洋洲和美洲，主要集中于东盟国家。

（一）投资企业总体情况

1. 投资规模稳步扩大

如图1所示，2014—2018年，在采集的样本中，广西农业企业境外子公司及分支机构的农业投资额存量呈现波动增长的发展趋势。总体而言，近年来广西区内企业境外农业投资仍处于起步布局阶段，进行信息填报的企业多数在2015年后才在境外设立子公司，加之广西农业企业的投资东道国多为经济较落后的东盟国家和非洲国家，在众多因素的影响下，广西农业对外投资规模有些波动，但一些较早进行对外投资的企业，其近年的发展都十分稳定，比如广西华亚金桥农业科技开发有限责任公司以及广西福沃得农业技术国际合作有限公司。

随着我国"一带一路"倡议得到沿线多国的响应以及西部陆海新通道建设的开展，广西农业对外投资的前景和潜力无疑是可观的。

2. 以中小规模的有限责任公司为主

在采集到信息的25家样本企业中，有18家是有限责任公司，有10家企业是市级及以上级别的龙头企业，国有企业只有2家；企业总部在首府南宁市的有16家，在北海市的有4家，在钦州市的有3家，在防城港市和贵港市各有1家。从企业规模来看，25家企业注册资本在1 000万～1亿元的居多，截至2018年底资产总额最大的企业达到了551.51亿元，资产总额最小的只有89.96万元，境内企业从业人员最多的企业有28 000名，而大部分企业境内的员工都不超过100名，最少的只有3名。广西进行对外投资的农业企业的规模和类型总体上符合广西地方经济的

特色，国企和大型企业较少，以中小规模的民营企业为主。

3. 境外投资形式以独资子公司和绿地投资为主

广西境外农业投资企业数量保持稳定，本次信息采集工作采集到2018年22家境内农业企业设立的25家境外企业信息，2017年采集到的是26家，2016年是25家。考虑到自身经营方式的灵活性以及对市场机遇把握的敏锐性，以独资子公司形式设立的境外农业投资企业占有较大份额。如表1所示，2018年采集到的25家境外农业投资企业中，企业类型主要是独资（17家），设立方式主要是子公司（14家）。

所采集的25家广西境外农业投资企业对应的境内母公司规模普遍较小，因此2018年对外新增投资全部为绿地投资，采集的25家企业有16家在2018年追加了投资，追加额最多的为2 600万美元。

表1　2018年广西境外农业投资企业类型及设立方式

	子公司（家）	分支机构（家）	联营公司	其他方式（家）
独资	11	2	0	4
合资	3	0	3	0
合作	0	0	1	1

（二）境外企业经营基本情况

所采集的25家广西境外农业投资企业最早的设立于2008年，其余的企业普遍在近年设立，2015年（含）之后设立的企业有18家，其中又有5家企业还在筹备设立阶段，另外20家企业皆正常运营。广西境外农业投资企业经营的基本情况如下：

1. 经济、社会效益较好

所采集的25家企业2018年实现农业营业收入186 182.43万美元，在东道国缴纳税收302.49万美元。在促进东道国就业方面，广西境外农业投资企业也发挥着积极、重要的作用，25家企业2018年底从业总人数为1 621人，其中直接在东道国雇用的外方人员达1 390人（占总员工的85.75%），雇用外方人员年工资总额达470.27万美元，一定程度上改善了当地人民生活水平。另外值得提出的是，广西福沃得农业技术国际合作有限公司与广西红十字会合作，参与了2018年中国红十字会柬埔寨水灾赈灾活动，组织实施捐赠帐篷和蚊帐2万顶，为柬埔寨当地培训农业官员、技术人员、农民1 900人次；广西海世通食品股份有限公司与文莱大学、文莱技术理工学院开展渔业技术交流会，并成立文莱水产发展中心；广西万川种业有限公司、广西皓凯生物科技有限公司和广西瑞特种子有限责任公司分别和广西农业农村厅联合设立了中国（广西）－越南农作物优良品种试验站、中国（广西）－缅甸农作物优良品种试验站和中国（广西）－印度尼西亚农作物优良品种试验站，是广西政企合作对外投资项目的典范，不但创造了一定的经济效益，还提高了东盟国家的农业技术水平。

2．投资去向和资源利用情况

根据采集到的信息，截至2018年底，广西农业企业在进行境外投资活动的各类投资去向中，农业生产方面的投资额最高，达到12 520.36万美元（占投资总额的41.36%）；其次是加工方面的投资，投资额为7 582.89万美元（占比25.05%）；用于仓储和物流的投资则分别为6 175.63万美元和2 366.03万美元（占比分别为20.40%和7.82%）；用于科研的投资相对往年有所提高，为1 516.41万美元（占比5.01%）；用于品牌宣传方面的投资最少，为112.53万美元（占比0.37%）。

截至2018年底，广西境外投资企业租、购农用耕地总计6 994公顷，农用草场及水域利用面积分别为40公顷和25公顷；仓储设施建设面积为46 110平方米；加工设施建设面积为10 000平方米；其他设施利用面积为1 293.169平方米，利用费用为556.31万美元。

随着企业自身经营管理经验的不断丰富、东道国市场越来越广、营商环境逐渐完善，广西境外农业企业投资的行业和领域日益丰富，主要包括水稻、玉米、薯类、甜菜、蔬菜、剑麻、种苗、水果等在内的粮食作物、经济作物的种植，肉鸡、肉牛等禽类和牲畜的养殖，以及渔业的养殖和捕捞活动。业务范围从企业初创时的种植养殖、仓储、当地销售等环节发展到如今的生产后粗加工、销往国际市场，部分企业在东道国设立研发中心，开展研发活动并初步取得了成效。

3．农资投入及来源结构

根据所采集的信息，2018年广西境外农业企业总共投入5 796.28万美元购买农资。农资年当地购买额达585.97万美元，农资年自中国大陆进口5 210.31万美元。农资从大陆进口额占比高达89.89%，这表明，广西农业企业的境外投资合作一定程度上可以带动中国本土农资的出口。

（三）农业境外投资发展趋势总结

近年来，广西农业对外投资规模不断扩大，步伐加快。据不完全统计，广西进行对外投资的农业企业从2008年的不足10家发展到2018年的接近100家，对外直接投资流量10年间增加了几十倍，同期对外直接投资存量也不断创下新高。

广西农业企业对外投资的东道国主要在东南亚和非洲，这与其他省份的农业企业是一致的。从农业投资结构分布来看，中国农业对外投资最初是从渔业开始的，目前主要集中在种植业和农林牧渔以及农业服务投资，广西农业对外投资以粮食作物种植和海洋养殖捕捞为主，这和别的省份差异不大。主体方面，从全国范围来看，目前国有企业仍旧是中国农业对外投资的主体，而广西农业对外投资的企业以民营企业为主。

二、2018年广西农业企业重点区域和国别投资情况分析

在中国－东盟自由贸易区建立、"一带一路"倡议提出的背景下，中国企业到东南亚投资得到

极大的便利。东南亚国家因文化、历史、习惯等方面相似、地理上相邻，中国企业可以利用这些便利轻松开展农业投资，以东南亚国家为代表的中国周边国家在未来应是中国农业对外投资的主要区域，对此，广西企业亦有着得天独厚的区位优势。

事实上，广西农业企业境外投资地域的选择在很大程度上也是跟随着国家政策导向的。2012—2017年间，广西企业境外农业投资主要分布在亚洲、欧洲和非洲，其中亚洲占的份额远远大于欧洲与非洲。2013—2016年，在亚洲的累计投资额经历较大波动，2017年情况大有好转（实现29 100.51万美元的投资额），主要是因为在"一带一路"倡议下，沿线各国投资环境日益完善，市场开放程度向好，越来越多的企业走出国门进行投资，农业投资主要集中于东南亚国家、非洲沿线国家，而在欧洲和美洲的投资从2013年开始变得缓慢。2018年采集的25家境外企业的投资东道国主要以亚洲（东南亚）和非洲的一些"一带一路"沿线国家为主，其中亚洲19家，非洲3家，大洋洲2家，北美洲1家。

亚洲作为广西农业企业的重点投资区域，2018年采集的25家企业在亚洲的农业投资大部分集中在越南（57.86%），其次是柬埔寨（26.31%）、印度尼西亚（10.37%）和老挝（3.57%），仅有非常小额的资金投资于文莱（1.04%）、东帝汶（0.25%）和马来西亚（0.008%），具体如表2所示。根据数据收集和调研显示，市场导向型的投资多集中于发达国家，而资源导向的投资偏向于发展中国家，主要利用当地廉价的土地、人力等，由此判断广西农业企业开展的境外投资活动多属于资源导向型。

表2　2018年广西农业企业境外投资项目在亚洲各国的投资额分布

国别	越南	柬埔寨	印度尼西亚	老挝	文莱	缅甸	东帝汶	马来西亚
企业数目	2	7	2	2	2	1	2	1
累计投资额（万美元）	6 945.30	3 157.66	1 244.98	428.70	125.20	70.04	29.96	1
投资额占比（%）	57.86	26.31	10.37	3.57	1.04	0.58	0.25	0.008

三、2018年广西农业企业境外投资行业分布情况分析

中国农业对外投资最初是从渔业开始的，目前主要集中在种植业和农林牧渔服务业。据商务部数据显示，截至2014年底，种植业对外投资存量占农业对外投资总存量的53.6%，农林牧渔服务业占14.1%。广西境外农业投资企业的主要行业以研发种植粮食作物和渔业为主，这和全国总体情况差别不大。

所采集的25家企业有11家主要从事粮食作物的研发和种植，有9家主要从事渔业（养殖或捕捞），2018年新增投资用于粮食作物研发生产活动的有88.38万美元，用于渔业的有4 846.50万美元，用于经济作物（主要是剑麻）生产加工的有200万美元。

随着东南亚政治经济局势日益稳定，部分已经在东道国站稳脚跟的广西企业已经开始转变观念，逐渐将投资领域扩展到良种研发、经济作物种植后深加工、森林资源和生物质能源开发、仓储和物流体系建设、销售及品牌建设等各环节，拉长了农业产业链，行业结构呈现多元化趋势。但相比之下，广西农业企业与东部经济发达的省份在投资方式上目前仍存在较大差距，大型农业国企凭借雄厚的资本和技术优势，已实现生产加工、仓储物流到品牌管理的全产业链经营，广西"走出去"企业多为中小企业，业务范围以租地、种植、加工为主，部分具备资本优势的大型企业的仓储、物流、贸易等环节还在起步阶段。值得注意的是，相比其他省份，广西农业企业到东南亚国家进行投资有着自然环境相似、地理位置接近、文化风俗相近等天然优势，对比广西农业企业的对外直接投资模式与21世纪前10年的投资模式后发现，广西农业对外投资已经开始从集中于低附加值的种植、捕捞环节向集中于高附加值的研发、农业服务、农产品加工等环节转移。2019年，广西农业农村厅开展了广西农业对外合作"两区一站"创建项目评审，积极开展对外农业投资政企合作，未来将有更多的广西农业企业"走出去"，创造社会和经济效益（表3）。

表3　2019年广西农业对外合作"两区一站"创建项目名单

项目类别	项目名称	组织实施单位
一、境外农业合作示范区创建	文莱—中国（广西）农业合作示范区创建试点	广西海世通食品股份有限公司
	老挝—中国（广西）农业合作示范区创建试点	广西华亚金桥农业科技开发有限责任公司
	老挝—中国（广西）农业合作示范区创建试点	广西金穗农业集团有限公司
二、农业对外开放合作试验区创建	百色农业对外开放合作试验区创建试点	百色市人民政府
三、东盟农作物优良品种广西试验站创建	东盟农作物优良品种广西（横县）试验站创建试点	广西万川种业有限公司
	东盟农作物优良品种广西（西乡塘区）试验站创建试点	南宁市桂福园农业有限公司
	东盟农作物优良品种广西（武鸣）试验站创建试点	广西皓凯生物科技有限公司

四、2018年广西农业境外投资企业报告

（一）案例1：广西农垦集团有限责任公司

广西农垦创建于1951年，是广西壮族自治区人民政府直属的国有大型企业，主要从事蔗糖、木薯变性淀粉、畜牧养殖、剑麻、茶叶、亚热带果蔬等现代特色农业生产经营，以及综合地产开发、商贸流通和金融服务业，是一家融合一二三产业发展的省级国有大型企业集团。

1. 项目基本情况

广西农垦通过"走出去""引进来"的发展战略，依托土地资源优势、产业资源、农业种植和农产品加工方面的技术优势，与40多个国家和地区建立了经贸合作和技术交流关系，其中在印度尼西亚、俄罗斯建设的合作区、物流中心尤为突出。中国－印度尼西亚经贸合作区是由广西农垦集团与印度尼西亚布米巴拉巴公司联合建设的境外经贸合作区，是中国在印度尼西亚最早设立的国家级经贸合作区，也是广西在境外设立的第一个经贸合作区。合作区位于雅加达市东部工业长廊的绿壤国际工业中心内，总体规划面积455公顷，其中一期205公顷，二期250公顷。合作区地理位置优越，配套设施完善，产业定位为农产品精深加工、食品加工、汽车零配件等，目标是建成一个包括农产品精深加工、仓储等产业的综合性园区。广西农垦投资的俄罗斯诺夫哥罗德农产品加工及物流中心项目，是中俄经济战略合作项目，列入中俄两国政府合作项目。项目占地16.3公顷，概算投资3 181万美元。项目以仓储、加工、物流服务为主，打造多层次的产品服务中心和包括农产品在内的中国产品在俄罗斯的集散贸易物流中心。项目位于俄罗斯的诺夫哥罗德市，项目一期工程于2007年3月开工建设，2009年8月完成建设并通过验收。项目已累计投入资金约1 800万美元。

2. 项目生产经营情况

目前，中国－印度尼西亚经贸合作区和俄罗斯十万大山加工物流中心项目总体经营状况正常，实现了较好的经济效益和社会效益。

中国－印度尼西亚经贸合作区已入驻企业50家，其中33家企业正式投产，生产运营状况良好。2016年中国－印度尼西亚经贸合作区正式通过国家商务部、财政部确认考核，并荣获2016年度、2017年度"中国走进东盟成功企业奖"。2018年合作区实现经营收入945万美元，在当地上缴税金129万美元。十万大山加工物流中心项目位于俄罗斯的诺夫哥罗德市，项目一期工程于2007年3月开工建设，2009年8月完成建设并通过验收。项目已累计投入资金约1 800万美元。目前，公司根据实际情况，通过出租标准厂房和办公宿舍楼来获取收益，目前略有利润。俄罗斯公司2011年被评为俄罗斯100家环保先进企业。2018年，实现营业收入34万美元，上缴税金13万美元。

3. 未来投资计划和存在的问题

目前，中国－印度尼西亚经贸合作区正在投资建设二期，总投资约2.25亿美元。俄罗斯十万大山拟利用当地林业资源优势，发展木材加工业。境外项目容易受到项目所在国的政治经济形势影响。一是项目容易受项目所在国政治形势影响，如2019年印度尼西亚举行总统大选，在一定程度上影响了合作区内投资者的决策，投资者普遍持观望心理；二是项目容易受项目所在国经济形势影响，由于俄罗斯受到欧美经济制裁，经济还没有复苏，并且对外资企业很少有优惠政策，俄罗斯项目招商工作困难；三是境外项目投资期长，资本回收慢。

（二）广西农业企业对外投资展望

广西地处热带和亚热带，在种植业的发展上有自然环境的优势。因此，广西农业企业对外投资的发展显然有很强的地域特征，赴东盟国家投资农作物的研发种植是主要选择。

在2018年的一次调研活动中，笔者发现东盟国家与中国在农业机械、种子、肥料、农药等农业技术上已有合作，但是未来东盟国家仍然对农业机械、种子、农产品加工技术有巨大需求。可见，中国与东盟之间的农业技术合作深度、宽度都还不够。东盟10国有着优越的发展种植业的自然环境条件，加之在2009年8月15日第八次中国－东盟经贸部长会议上，中国商务部长陈德铭与东盟10国经贸部长共同签署了《中国－东盟自贸区投资协议》，使得中国农业企业对东盟国家投资的热情和便利水平大大提高，截至2018上半年，中国对东盟国家农业投资存量为203.8亿美元，占中国对外农业投资存量总额的39.5%（图2）。

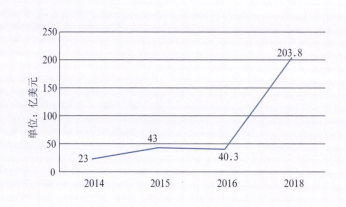

图1　2014、2015、2016、2018年中国对东盟农业投资存量

广西作为面向东盟的重要门户、农业企业实现"走出去"的"前哨站"，应该着重研究分析东盟各国农业发展的特征，未来结合各国国情进行农业的对外投资，才能把投资风险尽量降低。根据笔者的调研和企业反馈的信息，东盟各国农业发展的程度大致可分为三个梯度：

第一梯度是新加坡、文莱，这两国是非农业小国，农业在国民经济中比重极小。

第二梯度是马来西亚、泰国、菲律宾、印度尼西亚和越南。这些国家依托较高水平的工业，农业也较为发达，是东盟主要农产品出口国。

第三梯度是老挝、柬埔寨和缅甸。这些国家农业是国民经济中第一大产业。自然资源丰富，有很大开发潜力，但农业技术水平较落后。

基于三梯度分类，东盟国家引进中国农业技术的动因可以分为两种：一是与中国采用的技术具有互补性，东盟国家自身对农业生产资料供给不足、需求量大，中国是农资生产大国，有利于解决中国农资产能过剩问题；二是采用的技术呈现梯度转移，中国的小型农业机械改造研发技术、种子培育技术水平高于东盟国家，在同类技术中处于领先地位，具有竞争力强、性价比高等特点，同时对于东盟国家的社会经济条件、环境条件具有适宜性。

五、广西农业对外投资面临的主要困难

广西农业企业在对外投资和发展上面临的困难大致来源于三个方面：一是国内支撑和服务体系不完善，二是国外投资环境和投资政策，三是企业自身。

（一）国内支撑和服务体系不完善带来的困难

1．国内进口配额与进口管理问题

最近两年广西的众多农业企业在广西农业农村厅的指导下积极开展"两区一站"跨国农业合作，在境内外承担着我国对东盟国家的农业援助与示范项目，其中一些企业在东盟国家建立了粮食、能源作物保障基地部分产出需要回运国内，虽然在境外进行粮食种植的生产成本更低，但由于无法从国家发展和改革委员会申请到足够的大米进口配额，在没有配额的支持下大米回运成本激增，严重影响了境外企业及项目的发展。

我国农业农村部对农作物种子出口，如两系杂交水稻种子出口的规定为，必须是在国内审定3年以后的品种才可以批准将种子出口到海外市场，这样大大降低品种的市场竞争力，特别是同国际大种子企业的竞争，因为对手是拿最好、最先进的品种来打市场，而我方境外企业只能拿在国内已推广几年，差不多退出市场的品种与之竞争，这样就大大降低了中资企业产品的竞争力。

2．国内外融资渠道少、融资困难

东盟一些国家比如老挝、缅甸、柬埔寨等国家的公共基础设施相当落后甚至缺乏，境外农业项目基地的开发前期需要庞大的基础建设和设施投入。据企业反映，在投产的最初几年，农业生产成本超过一半属于水、电、路、桥、房、采收工厂和地上建筑物等基础建设和设施投入，境外投资数额庞大，却无法通过国内大型商业银行、东道国银行、中资地方性跨国银行系金融渠道有效融资。

3．人员出入境及货物通关手续繁复

（1）企业员工出境工作证件办理耗时长。例如，有企业反映，在老挝的员工一年护照B2多次签证和暂住证手续复杂。首先办邀请函涉及老挝的省劳动厅、万象移民局和外交部。然后到劳动厅办工作证，再到公安厅办暂住证，取得二证后再到外交部办多次往返签证。并且从2017年4月开始，乌多姆赛省外管科取消了三个月期和半年期的工作证，对于短期出差的员工很不方便。

（2）货物运输通关手续烦琐。运输人员出关难：部分在东盟进行投资的广西农业企业会将部分产出运回国内，运回方式主要以公路运输为主，企业将运输工作包给国内的运输企业，但很多国内

的司机没有护照，以前还能办理旅游证出国拉货，但现在办理旅游证门槛高、价格高，国内的运输企业和司机对跨境运输业务的承接意愿不高，种植企业用车困难由于进出境程序烦琐、时间长，驾驶员白天办理进出境手续，天黑后夜行，驾驶员疲劳驾驶，事故时有发生。

货物入境难：每天有限通过时间短，手续烦琐，中国海关上午8:30—11:30上班，在这3小时里所有报关车辆必须经过检查备案号、车辆备案、做仓单、制卡、放车进监管货场、确报、维护、进入海关货场等程序才能出关，某一环节稍有耽误就要等到下午3:00海关上班。因某些东道国海关下班时间比较早，下午出境的车辆缺乏足够时间完成相关手续和程序。

（二）东道国投资环境和投资政策带来的困难

1. 治安管理问题

某企业反映其种植基地常被盗窃，企业多次向当地公安机关报案无果，抓到盗窃者扭送至公安局也不能解决问题，公安局甚至提出让企业和盗窃者双方协商解决。

某企业的农业种植基地属于开放园区，自基地开发以来，经常看到一些不明身份和不明车辆的外国人员到基地拍摄和采访基层员工，这些国际友人来访基本没有知会公司领导。一些国际排华势力进入基地后捏造不利于公司形象的消息通过网络传播，造成当地政府和居民恐慌，对企业正常经营造成很大的压力。

企业在农产品运输过程中遇上交通事故，当地交警部门很少公正认定责任、秉公执法。某境外企业货车正常在老挝某县往中国方向道路行驶，遇一辆摩托车追尾，导致摩托车手受伤，事后该县公安局交警到达现场后判定摩托车手负全责。但对方不但不同意，还要我方境外企业赔偿医疗费，此事件因为酷热天气扣押了该企业香蕉车2天后，导致货车上的香蕉不能按期交付造成企业损失数万元。

近年来，我方境外企业在东道国遭遇工人罢工事件比较频繁。罢工者提出一些无理过分要求，企业反映到当地劳动局，劳动局下来了解之后也认为罢工者的理由不成立，但是仍然坚持让公司和罢工者双方协调解决，这样的不公正对待给公司造成非常高的额外支出。

因生产需要，很多到东南亚国家投资的境外企业在当地的采购和用工结算都是当日现金形式支付，而当地银行每天允许的提现额度经常满足不了公司的资金开支需要。银行没有相应的押运服务，在当地的治安情况下大额度提现和现金保管风险相当大。

2. 东道国政府人员的索贿行为

如以检查指导为名收取小费。某企业反映，在该企业农产品种植基地，当地的环保局、公安局、劳动局几乎每月都到基地以开展检查为名变相收取小费的活动，少则数百人民币，多则数千元人民币，使企业不堪重负。

3．政策的随意性

如强制上涨土地租赁价格。东道国一些地方政府违背合约，强制上涨土地租金给企业造成巨大的财务压力。我方某境外企业2014年在当地租赁的一片52公顷的土地用于农业开发，当时土地租赁是经过当地县政府授权，并和当地村民签有合法租赁合同的，土地租赁经营期限20年，5年一付地租，租金不变。但是在2018年5月，县政府却推翻当年的租赁合同，强制要求把地租从200万～350万基普／（公顷·年）不等统一涨到500万基普／（公顷·年）。

4．多种风险并存阻碍企业后续发展

（1）政治风险。比如2019年印度尼西亚举行总统大选，加之2018年印度尼西亚多地发生恐怖袭击，在一定程度上影响了投资者决策，投资者观望心理严重。

2015年大选顺利结束，昂山素季领导的民盟以绝对优势掌握人民院和民族院，吴廷觉成功当选为新一届总统，但是缅甸的政治稳定性依然存在一定的风险，但军方依然保持了强大的政治实力，仍有能力决定宪法改革的步伐和状态。在边远地区，特别是"民地武"控制的边境地区风险明显增加，一些中资企业投资的地区近年来局部战争不断，严重影响了项目建设的后续开展。

中越边界（南海争端）问题的影响，也曾阻碍了境外企业项目的正常运作。主要表现在：越方以该项目落地是否影响其本国经济安全为由重新审估项目，影响项目推进；不同意人民币在越南中部落地开展业务，影响项目资金运作；从环保、消防等方面对项目提出比当地同行更高的要求，迫使我方增加投资额。

（2）政策风险。某些东道国政府部门会出于某种考虑而改变原有执行的政策，致使企业陷入极其被动的境地。例如，缅甸中央银行（CBM）从2015年5月起开始采取措施，遏制美元需求，严格控制美元兑汇等，使得项目资金受到严重影响。

（3）市场风险。农业企业投资期长，利润低，成本回收期长，不容易改变企业经营方向，所以也面临较大的市场风险。项目容易受项目所在国经济形势影响。此外，当地农民经济基础差，接受新品种、新技术可能需要较长时间。

某企业从事生产加工出身，但近两年来国内母公司主业已转型为环保产业，给予境外投资项目的资源有限，项目本地化进展缓慢，管理费居高不下，生产成本较高。某企业近几年项目所在国民间资本大力投资大米加工产业，中资企业的大米加工项目在境外已不具备竞争优势。

（4）气候风险。东南亚各国雨季雨量过多，农作物长期浸泡而影响生长，旱季过于干旱，抽水喷灌将大幅提高生产成本。在国外开展农业投资合作项目工作，会受到当地自然条件影响和限制，工作实施的难度比在国内同类工作的实施难度大得多，导致建设成本、来往交通费用等较高。

5．环境落后及员工外派增加运营成本

（1）项目所在国基础设施水平较低。东道国基础设施建设整体陈旧且落后，工业、交通、能源、水电、邮电通信、金融服务等基础设施供应不足。例如，受2008年金融危机影响，越南归仁仁会工业区原招商引进的多个项目无法落地，工业区基础设施建设投入相对缓慢，未能按照合同约定的时间提供配套生活设施，影响并制约着境外中资企业项目的建设、生产。另外，较低待遇降低员工出境工作意愿。当地劳动者劳动技能普遍偏低，一些机械自动化管理技术高的工作岗位难以招聘到合适的人员。

（2）东道国缺乏优惠政策及配套措施。例如在越南，政府的拨款远远不能满足农业发展的需要，越南也没有吸引外商投资农业的优惠政策及配套措施，投向农业的外资的比重少，而且有下降的趋势。因此，外国企业（或单位）在越南开展农业项目投资，基本上都是只能由国外的实施企业投入经费，越南政府和本地企业只提供基本的场地，增加了境外投资工作实施企业的经费投入。

6．东道国农资供应水平低影响生产

目前东南亚一些国家水稻生产需要的良种、化肥、农药品种和数量都比较少，距离现代农业生产要求差距较大。我方境外企业发展农业生产的农资大多数从中国购买，运输成本高，不利于企业长远发展。

（三）企业自身产生的困难

企业层面产生的困难主要是外派人员的问题。人才是项目正常运营的核心要素，但由于企业的境内母公司缺少具备境外投资建设管理的实践经验的人才，外聘的人才对企业内部业务又很难在短时间内一一掌握；另外，受限于薪酬水平，不少企业的境外子公司缺少具有国际项目投资建设管理经验及熟悉国际金融、法律的专业人才以及完善的团队，会使项目的推进走许多弯路。

六、政策建议

（一）畅通企业融资及获取配额的渠道

1．加大银行创新力度

银行应该响应国家政策的号召，加大对境外投资企业的支持力度和创新力度，以此来缓解融资难的问题。一是与一些投资机构合作。银行可以整合各种境外投资企业的资料信息，筛选出前景较好的境外投资企业，将这些企业推荐给各大投资机构，采用投贷结合的模式。这样，不但有利于境外投资企业能够更容易找到投资来源，银行还可以从中获利，投资机构也能找到适合的投资对象，从而实现三方共赢。二是将金融业务与互联网相结合。在这个信息化的大时代，银行必须探索利用

互联网、大数据和云计算等技术手段，为境外投资企业打造数字化金融平台，简化贷款手续，提高银行的服务效率。与此同时，银行还要对境外投资企业的对外投资各个阶段进行分析，针对性地开发出适合其发展特征的金融产品。

2．提高直接融资比重

提高企业直接融资比例，首先要完善创业板市场组织机构和交易制度，降低对上市企业的净资产和市值要求，为更多的境外投资企业上市融资创造条件。其次，通过场外交易市场融资。在企业无法满足场内交易市场融资条件时，可以考虑通过各地的股权托管交易中心，在这些中心挂牌交易可以帮助企业筹得发展资金，还可以利用交易中心各方面的便利，帮助企业进入创业板甚至主板融资。再次，政府积极引导民间资本成立对外投资专项基金，并给予适当的优惠政策，鼓励社会闲置资源投入到境外投资企业"走出去"战略中，促进企业对外投资健康持续发展。

3．改善企业融资条件

（1）建立现代企业制度。首先，应建立现代企业制度，提高企业管理水平。明晰的产权关系不仅可以让境外投资企业提高内部控制效率，还可以形成自己规范的财务管理制度，从而提高自身的信用水平。其次，境外投资企业应提高信息和财务状况的透明度，打消银行对企业信贷风险的担忧，并与银行建立长期、健康的合作关系。

（2）调整企业融资结构。面对瞬息万变的金融市场，经营者必须提高自身的管理素养，掌握金融市场的规则以及与融资相关的知识，树立与时俱进的融资观念，制定合理的海外经营计划和财务报告，这有利于优化企业的融资结构，降低境外投资企业信贷的风险，获取合适、多样的融资渠道。

（3）降低对外投资风险。境外投资企业在选择对外投资项目时，首先要对投资国政治环境进行全面考察，尽量选择政局稳定的国家进行投资，并充分了解该国在吸引外资方面的政策法规，降低政治风险。在此基础上，要对国际市场行情进行充分调查分析，明确未来市场需求空间以及欲投资的领域存在哪些机遇和将面临的对手，同时对投资周期中可能遇到的问题进行剖析并做好应对预案。总而言之，境外投资企业应学会扬长避短，在科学评估内外部环境与自身实力的基础上做出最优投资决策。

4．加大财政支持力度

建立"走出去"重点企业的综合评估机制，对企业的诚信度、竞争力、在对外战略中的重要性以及在所在国的影响力进行综合评估，筛选出重点企业给予政策的倾斜和扶持，抓紧制定实施对外农业投资战略规划，包括重点支持品种、重点投资国别和重点支持内容，特别是金融扶持内容。

建立国家对外农业投资补贴制度，对于国内紧缺农产品的回运、国内农业生产资料出境给予补贴；对企业对外农业投资项目所需的生产资料和机械设备出境时，提供通关便利并减免出口环节税费。另外，境外园区是中国企业"走出去"发展的重要平台和基地，有利于企业在境外抱团发展，增强企业抵抗和化解风险的能力、国家有关部门境外园区的支持力度，落实有关支持资金，切实帮助境外园区为中资企业海外发展搭好平台。

5．增加农产品回运配额

农业农村部等部门机构，应切实了解涉农企业的生产经营需要，尽量能帮助协调国家发展和改革委员会为企业争取相关产品的回运配额。

（二）人员出入境及货物通关手续便利化

（1）提高物资、车辆通关效率。农业农村部协调相关部门对境外中资企业给予物资进出口通关的便利，提高海关办事效率，避免运输农产品车辆的长时间滞留。

（2）适度放宽水稻种子出口限制。允许未通过国内审定的杂交水稻品种种子出口，放开杂交水稻品种经审定后允许出口年限的限制。

（三）加强对境外企业项目调研与引导

（1）加强对相关项目情况的调研。例如，广西进出口种子企业不多，出口数量目前尚小，但广西的进出口种子企业也有着发展东盟国家市场的自身特点和优势，政府部门应加大对广西种子企业进出口的调研，并从多渠道支持企业项目和经费开展国际合作。再如毛塔项目，广西农业厅和国家管理渔业的上级部门应该认真考核毛塔项目的承载能力，参考和借鉴其他远洋渔业强省的做法，从广西远洋渔业实现恢复性发展的角度出发，配套相应的政策和资金给予毛塔项目多方面的支持，建议自治区政府和渔业主管部门牵头组织，推动北海政府和当地渔业主管部门带领本地企业、渔民和养殖农户对毛塔项目的实地调研，早日实现与毛塔项目的接轨。

（2）指导企业建立风险防御机制。建立企业与各级有关政府、机构的沟通渠道，便于企业随时汇报状况及应急状况下寻求支援；还应鼓励保险业的介入，分散企业所承担的风险；引导企业发挥网络积极作用，学会通过舆论引导来维护企业的良好形象。

（3）支援外派员工待遇及配套设施的改善。对于出境工作的中国员工，在一定范围内提高待遇水平，同时支持企业为员工配套建设生活功能区及其他重要的功能服务区，财政上给予一定比例的建设资金补贴。

（四）加强中国与东道国政府层面的沟通

落实针对中资企业及员工的安全保障。中外政府应加强协商谈判，争取让对方早日建立完善相关法律法规，探索合理的争议事件解决措施，逐渐防范甚至杜绝中资企业与员工再遭受不公正的执法待遇，提高员工在当地安心工作生活的信心。在企业"走出去"的过程中，特别是法律、法规和政策方面，相关部门予以及时地提供和指导。同时与东道国开展社会治安维护的合作，重点加强企业项目所在地区的维稳工作。

（五）加快专业人才及团队的引进及培养

有针对性地培养具有全球视野和跨国经营管理能力的复合型人才，不仅通晓当地语言和国际经贸合作规则，又熟悉农业专业技术知识，了解东道国法律、文化、风土人情等，以更好地服务于企业境外投资的实际需求。

2018重庆市农业对外投资合作分析报告

2018年，在农业农村部正确指导和大力支持下，重庆市深入贯彻落实农业"走出去"系列重要文件精神，加快打造农业对外开放格局，采取多举措支持、引导、鼓励重庆市企业"走出去"，主动融入"一带一路"倡议下农业合作，不断推进农业对外合作。

一、2018年农业对外投资总体情况分析

（一）总量特征

截至2018年底重庆市境外企业注册资本总额1 086.35万美元，企业境外资产总额19 354.30万美元，较2017年增长13.1%，中方平均持股92.8%；2018年全年对外投资195.80万美元，截至2018年底重庆累计对外投资23 348.05万美元，较2017年增长17.4%；2018年营业收入由2017年的650.16万美元增长至6 045.74万美元；2018年重庆企业在东道国缴纳税收总额32.79万美元，较2017年增长4.64%，企业境外总人数218人，企业雇用东道国人数增加，指导当地农民开展生产人数由2017年的303人增长至2018年的6 641人。

重庆市对外农业投资境内投资主体企业有4家，对外农业投资境外企业共有9家，其中，独资4家，合资2家，合作3家。截至2018年底，在经营企业共计9家，其中7家属于子公司。亚洲和非洲是重庆对外农业投资的重点地区，境外企业主要分布在巴西、阿根廷、柬埔寨、坦桑尼亚、越南、泰国、孟加拉国等国家。

重庆市经济稳定的发展，对外投资政策的不断完善，促进了重庆对外投资快速发展，近年来重庆市农业对外投资规模有所增长，参与主体呈现多元化的趋势，部分私企和非农业企业也加入国际市场，成为农业投资合作中坚力量。投资方式向多元化发展，从以往单一的合作，发展成为独资、合资、合作多种形式并存。投资地区主要集中在亚洲发展中国家及非洲农业资源富集地区。投资层次逐渐升级，产业链由初级环节向高附加值环节衍生，投资存量不断累计，投资主体产业结构分布逐渐以种植业和农林牧副渔服务业两大产业为主，经营范围覆盖生产、加工、仓储、物流等多个门类。2018年重庆农业投资流量较2017年下降43.0%，但境外企业营业收入呈巨大增长态势，投资经营范围由种植业及养殖业向农业装备、技术、品牌和服务等领域衍生，农产品贸易持续增长，农业贸易和对外投资发展潜力巨大。

随着重庆市企业农业合作的深入和农业贸易的增长，2018年全年指导当地农民开展农业生产人数6 641人。企业境外总人数218人；企业雇用东道国人员308人，企业雇用东道国人员工资总额64.55万美元。企业外派中方人数由2017年的45人增长到2018年的218人，全年指导当地农民开展农业生产和雇用东道国员工人数由2017年的383人增长到2018年的6 949人。由此可见，重庆农业"走出去"经营领域和规模不断扩大，对外农业投资的层次、水平和效益都得到进一步的提升，促

进了东道国人民就业增收，带动了合作国农业发展。

总体来看，重庆对外农业投资进入快速发展阶段，境外投资企业个数、企业对外投资存量、企业境外营业收入继续保持向上态势，对外农业投资的主体日益多元化，经营领域和规模不断扩大，对外农业投资的层次、水平和效益都得到进一步提升，企业营业收入大幅增长。重庆市境外投资私企增加2家，农业对外贸易涨势喜人。但由于重庆对外投资战略升级，对外投资方向有所转变，2018年农业对外投资流量有所下降。

（二）企业经营情况

境内投资主体4家，分别是重庆粮食集团海外投资有限公司、重庆益鸿农林开发有限公司、重庆中一种业有限公司和重庆洪九果品股份有限公司；其境外企业9家，分别是巴西格林天地农业股份有限公司、金希望农业股份公司、阳光农业股份公司、益鸿农业开发（柬埔寨）有限公司、中坦农业发展有限公司、坦桑尼亚中国农业技术示范中心、中一种业海外办事处、天长地久（泰国）国际贸易有限公司和越来美进出口有限责任公司。其中，国家级龙头企业1家，市级龙头企业2家。截至2018年底企业境内注册资本总额为350 076.47万元，企业境内资产总额49 265.44万元。2018年营业收入总额为6 045.74万美元，企业在东道国缴纳税收总额32.79万美元，指导当地农民开展农业生产人数6 641人。

重庆境外9家企业中农业生产企业6家，农林牧渔服务业3家，农业企业占比66.7%。农业生产企业中2家依托援外项目，进行技术输出，通过技术支持中品牌和口碑的积累，创造了良好的环境基础，建立境外合作交流及资源共享平台，实施全产业链全面发展。4家农业企业由于技术性改革，暂停农产品种植，发展方向分别向农林牧副渔服务业转型。1家农业企业因资金和技术问题，暂停海外农产品和养殖业的投资合作。农林牧渔服务业企业2家主要从事水果贸易，即水果采供销一体服务，境外建立水果基地，储存加工销售，运营状况良好。

总体来看，重庆境外企业营业收入呈增长趋势，农业技术援外项目成效凸显，对外援助为企业开展对外投资合作奠定了良好的基础。由于金融、技术、税收、进出口、劳工等重点领域与关键环节的问题，使得部分农业企业投入资金大，回收周期长，经济效益不高，但农业及农业相关产品服务贸易投资规模不断扩大，利润水平可观，经营状况良好。

（三）投资趋势

2018年重庆农业对外投资保持强劲的增长趋势，境外企业数量从2017年的7家增至目前9家。投资存量从2017年的19 881.0万美元增至23 348.5万美元，增幅为17.4%。营业收入从2017年的650.2万美元增至6 045.7万美元，增长约8倍。2018年投资流量为195.8万美元，较2017年280.0万美元降幅43.0%。2018年重庆对外农业投资境外企业共有9家，其中，独资4家，合资2家，合作3家，投资主体中，国有企业境外投资企业6家，民营企业境外投资企业3家。投资层次主要包括种植业和农林牧副渔服务业，种植业境外企业6家，农林牧副渔服务业境外企业3家。投资区域主要集中在亚洲、非洲和南美洲，亚洲投资企业4家，非洲投资企业2家，南美洲投资企业3家。

大中型国有企业仍然是农业对外投资合作的中坚力量，民营企业逐步加入对外农业投资的市场，成为农业"走出去"的重要组成部分。亚洲的农业对外投资企业数量有明显增幅，成为最受欢迎的境外投资国。投资方式独资、合资、合作参股等类型并存。投资层次从最初的合作开发资源模式逐渐向资本合作经营模式转变。农业投资正在经历模式转变，经营领域和规模不断扩大，对外农业投资的层次、水平和效益都得到了进一步的提升。

二、2018年重点区域和国别投资情况分析

（一）各大洲分布情况及特征

重庆市对外农业投资境外企业共有9家，投资区域主要集中在亚洲、非洲和南美洲。亚洲是重庆境内机构投资最主要的意愿地，亚洲在投资国中占比为44.5%，南美洲占比22.2%，非洲占比33.3%。亚洲投资企业数为4家，投资流量139.0万美元，投资存量2 145.35万美元，营业收入1 725.74万美元，企业在东道国缴纳税收总额11.5万美元。南美洲投资企业数为3家，投资存量20 785.00万美元，占比达89.0%，营业收入3 320.00万美元，企业在东道国缴纳税收总额18.26万美元。非洲投资企业数为2家，投资流量56.80万美元，投资存量417.70万美元，营业收入1 000万美元，企业在东道国缴纳税收总额3.00万美元。

（二）主要经济合作组织分布情况

重庆对外合作的主要经济合作组织为东盟、亚太经济合作组织、金砖国家和南南合作组织。在东盟所属国家中同马来西亚、菲律宾、泰国、老挝、缅甸、柬埔寨6个国家都有合作，主要合作产业为种植业和农林牧副渔服务业。中国在亚太经济合作组织中投资的3个国家分别为泰国、越南、菲律宾。同时，在金砖四国中的巴西，重庆农业对外投资企业2家，投资领域由种植业向服务业转变。随着南南合作的签署，重庆企业在孟加拉国建立海外办事处1所，在非洲建立援非农业技术合作中心1个，通过项目外援的形式对孟加拉国、南非提供技术服务援助，发展互利的技术合作。另外，在坦桑尼亚建立农业发展有限公司1家，搭建跨境农业合作交流和非洲企业共享资源平台1个，使企业抱团发展，有效带动中国企业"走出去"，实现企业多元化发展。

（三）重点国家分布情况

重庆市对外农业投资境外企业共有9家，分别在柬埔寨、越南、泰国、孟加拉国、马来西亚、缅甸、菲律宾、巴西、阿根廷、坦桑尼亚共10个国家，其中在柬埔寨3家、越南2家、马来西亚2家、缅甸2家、泰国1家、孟加拉国1家、菲律宾1家、巴西2家、阿根廷1家、坦桑尼亚2家。

三、2018年对外农业投资的行业分析

（一）产业分布总体情况

重庆对外农业投资主要涉及种植业及农林牧副渔服务业。投资种植业的企业6家，截至2018年底，重庆企业种植业投资流量189.40万美元，投资存量22 234.00万美元，营业收入4 699.00万美元。投资农林牧副渔服务业企业3家，截至2018年底，重庆企业农林牧副渔服务业投资流量6.40万美元，存量1 114.05万美元，营业收入1 346.74万美元。种植业投资在南美洲、亚洲、非洲都有分布，其中南美洲种植业企业3家，亚洲种植业企业2家，非洲种植业企业1家。农林牧副渔服务业分布地区为非洲和亚洲，其中非洲农林牧副渔服务业企业1家，亚洲农林牧副渔服务业企业2家。种植业依然是重庆企业投资的重点产业，农林牧副渔服务业与种植业投资规模较小，但农林牧副渔服务业投入产出比为121%，远远高于种植业的21.1%。因此，重庆企业投资存量投向由种植业向农林牧副渔服务业转移。

（二）各产业投资情况

种植业方面，2018年重庆境外种植业企业6家，截至2018年种植业对外投资总额189.40万美元，累计对外投资额22 234.00万美元，2018年营业收入总额4 699.00万美元，企业在东道国缴纳税款21.26万美元。境外种植企业中，独资企业2家，合作企业3家，合资企业1家。种植业投资地分布在南美洲、亚洲、非洲。南美洲种植业企业3家，截至2018年南美洲累计对外投资额20 785.00万美元，2018年营业收入总额3 320.00万美元，企业在东道国缴纳税款18.30万美元。亚洲种植业企业2家，截至2018年亚洲对外投资总额139.00万美元，累计对外投资额1 299.00万美元，2018年营业收入总额379.00万美元。非洲种植业企业1家，截至2018年非洲对外投资总额50.40万美元，累计对外投资额150.00万美元，2018年营业收入总额1 000.00万美元，企业在东道国缴纳税款3.00万美元。

农林牧副渔服务业方面，2018年重庆农林牧副渔服务业企业3家，截至2018年农林牧副渔服务业对外投资总额6.40万美元，累计对外投资额1 114.05万美元。2018年营业收入总额1 346.74万美元，企业在东道国缴纳税款11.53万美元。农林牧副渔服务业企业主要以民企独资的方式经营为主。农林牧副渔服务业分布地区为非洲和亚洲，非洲农林牧副渔服务业企业1家，对外投资总额6.40万美元，累计对外投资额267.70万美元，由于平台初步建设成功还没有投入使用，2018年企业没有营业收入和东道国缴纳税。亚洲农林牧副渔服务业企业2家，截至2018年累计对外投资额846.40万美元，营业收入总额1 346.70万美元，企业在东道国缴纳税款11.50万美元。

（三）典型产业投资合作情况

种植业产业企业积极响应国家"走出去"战略和"一带一路"倡议，利用其在农业技术研发的优势，积极拓展在东南亚、南亚和非洲海外市场。重庆企业采用多学科联合试验、人才培养和示范

推广等方式，推广中国农业先进技术，在解决当地粮食增产的技术瓶颈、带动提高农业生产水平、引导农民增产增收、增加农民收入、维护粮食安全、增进双边友谊等方面做出示范作用，建立了新型农业技术体系。重庆企业在东道国通过种植业生产经过试验的种子进行商业推广和销售来实现盈利。截至2018年，种植业对外投资189.40万美元，累计对外投资494.00万美元，营业收入1 379.00万美元，企业在东道国纳税总额3.00万美元。企业种植业投资发展模式向高附加值环节和全产业链转变。

由于政策和粮食安全问题导致部分投资国种子销售遇见推广难问题，企业对产业进行分级，种植业和农林牧副渔服务业协同发展。企业通过发展战略转型升级，扩大对外投资，企业利用外援的良好环境基础，建设资源共享和交流合作平台，截至2018年底农林牧副渔服务业对外投资6.40万美元，累计对外投资267.70万美元，尝试运营农林牧副渔服务业产业，带动农业企业抱团出国发展，探索重庆市企业农业对外投资新方向和新模式。

四、企业报告

（一）对外农业投资企业总体情况

重庆市企业对外农业投资境内投资主体企业有4家，其中，农林牧渔企业3家，国家级龙头企业1家，市级龙头企业2家。注册资本总额为23 137.35万元，企业境内资产总额1 995 556.80万元，境内从业人员总数711人。

重庆市对外农业投资境外企业共有9家，分布在巴西、阿根廷、柬埔寨、坦桑尼亚、越南、泰国、孟加拉国7个国家。其中，独资4家，合资2家，合作3家。2018年底，在经营的企业9家，属于子公司的7家，其中国有企业2家，私营企业2家。境内主体分别是重庆粮食集团海外投资有限公司、重庆益鸿农林开发有限公司、重庆中一种业有限公司和重庆洪九果品股份有限公司，9家境外企业分别是巴西格林天地农业股份有限公司、金希望农业股份公司、阳光农业股份公司、益鸿农业开发（柬埔寨）有限公司、中坦农业发展有限公司、坦桑尼亚中国农业技术示范中心、中一种业海外办事处、天长地久（泰国）国际贸易有限公司和越来美进出口有限责任公司。2018年企业全年对外投资195.80万美元，截至2018年底重庆累计对外投资23 348.05万美元。

（二）各类型企业对外农业投资情况

2018年重庆对外投资境外企业按照企业类型分类，国有企业数量6家，私营企业数量3家。截至2018年底国有企业境外注册资本14 081.00万美元，累计对外投资21 546.70万美元。2018年重庆国有企业对外新增投资195.80万美元，企业营业收入总额4 699.00万美元，企业在东道国纳税总额21.26万美元。截至2018年底私营企业境外注册资本1 346.35万美元，累计对外投资1 801.35万美元。2018年私营企业无对外新增投资，营业收入总额3 197.30万美元，企业在东道国纳税总额11.53万美元。

重庆国有企业作为我国对外农业投资的领军者，实力强，投资规模大，经营绩效良好，在推动我国农业"走出去"方面，未来国有企业还将继续发挥重要作用。民营企业逐渐加入，成为重庆市对外农业投资的新生力量。民营投资规模较小，对外投资较集中，主要在发展中国家，其中亚洲国家较多，营收良好。国企投资规模较大，投资地区南美洲、亚洲、非洲都有分布，企业面临战略转型升级，经营结构调整。

五、重庆典型企业案例

（一）案例一：重庆中一种业有限公司

1. 企业基本情况

重庆中一种业有限公司是全国育、繁、推一体化企业，是中国种业骨干企业，全国种子行业协会AAA企业，国家高技术产业化示范基地，重庆市农业产业化龙头企业，公司注册资本1亿元，具有全国种子经营许可证、种子进出口权。2003年通过ISO管理体系认证。公司主要从事水稻、玉米、油菜、蔬菜等农作物科研、生产、推广，以及优质农产品加工销售等。每年承担国家级、省级科研项目10多项，"十五"以来，培养出具有自主知识产权的Q优系列优质高产杂交水稻、杂交玉米、杂交油菜等新品种50多个，其中全国第一批超级稻2个，"2018年首届全国优质稻品种食味品质鉴评金奖"品种"神农优228"；培育出了超高含油油菜新品种"庆油8号"，含油率51.54%，全国领先，实现了"两碗菜籽一碗油"；公司获得省级、部级科技进步奖6项，其中一等奖3项、二等奖2项、中华神农奖1项。

2. 企业境外农业投资整体情况

自2002年以来，重庆中一种业公司充分利用公司杂交水稻研发自身优势，积极拓宽东南亚、南亚和非洲海外市场，2002年公司率先在越南开展杂交水稻试验示范，推广新技术新品种，2014年开始在老挝、缅甸、柬埔寨、马来西亚等推广杂交水稻新技术新品种，2015年在重庆市商务委主导的"老挝（重庆）农业园区"建设中，公司作为核心企业之一参与建设，2005年公司在孟加拉国开展新品种试验示范，推广杂交水稻新品种，2004—2006年与尼日利亚WECCO集团合作在尼日利亚推广杂交水稻新技术、新品种，2008年公司承担建设援外项目——中国坦桑尼亚农业技术示范中心，2009年开始公司连续每年承担农业部"亚洲境外示范田项目"和"一带一路"农业合作项目，2015年承担科技部国际合作项目——Q优系列杂交水稻耐热抗旱材料联合试验研究与示范项目，2016年公司又承担援孟加拉国"水稻技术合作项目"。公司每年开展杂交水稻种子出口，并在国外开展杂交水稻种子生产销售。

重庆中一种业有限公司境外投资企业3家，分别为中一种业海外办事处、中国援坦桑尼亚农业技术示范中心和中坦农业发展有限公司。2018年中一种业海外办事处对外投资额139.00万美元，累计对外投资344.00万美元，企业营业收入379.00万美元，通过试验的种子进行商业推广和销售来实现盈利。中国援坦桑尼亚农业技术示范中心，2018年对外投资额50.40万美元，累计对外投资150.00万美元，企业营业收入1 000.00万美元。2017年中坦农业发展有限公司成立，2018年对外投资6.40万美元，为中国企业成功搭建非洲市场的一体化服务及资源共享平台，由于平台初搭建暂无营业收入。

3．境外企业利用当地资源情况

中国援坦桑尼亚农业技术示范中心专家根据坦方稻谷发展需求，调整技术方案，从培育壮苗和合理施肥等方面手把手操作示范，使当地主推水稻品种产量直接提高2～3倍。改变当地传统品种和种植习惯，示范推广水稻"良种良法"配套技术，在海拔350米区域达到10～13吨／公顷，当地主推常规品种每公顷从3～4吨提高到8～10吨。2018年在孟加拉国水稻种子生产面积6 000亩，每亩生产90万千克，总产值为2 700万元。

4．境外企业对当地农业发展的带动情况

中国援坦桑尼亚农业技术示范中心开展农作物试验示范新品种190个，其中水稻50个、玉米60个、蔬菜80多个，已有2个杂交水稻品种和2个玉米品种参加坦桑尼亚国家区试；培育出7个品种的香蕉脱毒苗，形成可培育年产香蕉组培苗10万株的能力；蛋鸡养殖保持10 000只以上，产蛋率为80%～97%。技术培训30多次，培训技术人员与当地农户5 700人次，实用技术"进村入户"培训和指导当地农民2 450余人次；开展国际交流50余次，形成了影响深远的国际科技合作基地。

5．对外投资面临的主要困难

（1）示范中心的重新定位问题。中国援坦桑尼亚农业技术示范中心是在10多年前由国家商务部援外项目实施的，当时的定位是正确的。但是，在国家对外政策和推进"一带一路"大背景下，加之国际形势发生了很大的变化，需要重新思考与定位。

（2）企业反哺示范中心可持续发展不够。依托示范中心成立的企业，由于各种原因赚取的利益不够多，反哺示范中心可持续发展资金有限，企业不能轻装上阵。

（3）政治影响。政治环境影响，非洲国家的政府和人民对示范中心公益作用和商业运行混淆管理感到不妥，影响企业正常运行。

（4）融资不力。贷款政策支持农业企业"走出去"不够，农业企业农产品加工贸易方面贷款融资难，影响企业健康持续发展。

（5）政策因素。企业"走出去"在国外，国家农产品贸易双边和多边机制不全，贸易途径不通。

6. 公司未来农业投资规划

目前企业将公益性与盈利性相结合，扩大对外投资规模，利用企业在坦桑尼亚建立的品牌和平台，搭建企业在非洲的共享平台，示范和带动企业抱团出海，以诚招生、以情引商、以商招商实现企业强强联合多元化合作。

（二）案例二：重庆洪九果品有限公司

1. 企业基本情况

重庆洪九果品股份有限公司初创于1987年，2002年正式成立，公司现有员工500余人，年销售收入额数10亿元，是一家集海外基地采购、进口、批发、超市配送、水果专卖店、电子商务于一体的水果供应链管理企业。洪九果品以龙眼、山竹、榴莲、火龙果、车厘子和红提为主打进口产品，在泰国、越南、南美智利等国家设立全资子公司，并与当地多个水果基地建立了长期的战略合作。在重庆、广州、成都、北京、嘉兴等13个城市建立了销售分公司，并与苏宁易购、盒马鲜生、永辉超市、华润万家、家乐福、新世纪等大型商超系统建立了良好的战略供应关系。洪九果品专注水果33年，只为实现一个愿景：打造全球领先果品供应链品牌服务商。

2. 企业对外农业投资情况

重庆洪九果品股份有限公司通过在国外（泰国、越南、菲律宾、马来西亚等）建立核心产区、国内成立水果基地的方式，打造属于企业的优质商品生产基地，并通过标准化生产和报关冷链物流为水果供应商、供应链品牌服务商提供全渠道的批发和零售服务。2018年企业境外资本1 437.10万美元，2018累计对外投资846.35万美元，企业营业收入1 346.74万美元，农产品贸易大幅度增长，农业对外投资潜力巨大。洪九果业把握机遇，积极走出国门，加大农业投资合作，在取得良好收益的同时有效地增强企业自身的能力，提高了重庆企业对外农业投资的质量和水平。

六、2018年重庆农业对外投资面临的主要困难和政策建议

（一）主要困难

1. "走出去"涉农企业国际化经营能力有待提高

（1）国内外市场供需、政策法规、疫病疫情、检验检疫标准等方面信息不对称，数据内容不完善、信息交互传递不及时，重庆企业对外农业投资服务体系不健全，严重制约境外市场的开拓。

（2）重庆企业跨国经营经验不足，利用知识产权保护和反倾销等应对"贸易壁垒"和"规避风险"能力有限。

（3）境外资源聚集共享平台缺失，对当地政策、法律、金融、人文环境的不熟悉，制约农业相

关活动的开展，制约企业、地区和国家间的深入合作交流。

2．国家配套政策支持力度和服务水平有待提高

贷款政策支持农业企业"走出去"力度不够，农业企业农产品生产、加工、贸易方面贷款融资难，影响企业健康持续发展。重庆企业在境外开展新品种培育与推广、农产品加工贸易方面，重庆政策银行给予务实的优惠信贷政策缺失。

农业是基础行业，收益低，见效慢，投资回收期长，政府每年企业补贴有限，缺乏公益性援助，企业融资成本高、融资难，现有财政和金融政策，对补贴对象要求严格，中小企业很难享受补贴等融资优惠。单纯依靠企业农业对外投资规模和盈利水平非常有限，资金实力、企业经营能力限制企业发展。

审批环节过多，各机构从各自管辖权限和部门利益出发办事，重庆政府相关部门还没有形成协调管理机制，给重庆企业境外投资带来诸多不便，制约了企业"走出去"步伐。

3．双多边贸易协议尚未细化落实

我国与其他国家还没有完全建立农产品质量管理合作和监管机制，海关、物流和风险监管方面的问题，都制约着重庆生鲜产品通关的效率和市场开拓，贸易便利化协定有待加强，重庆企业开展海外投资的经营风险和成本较高。国家农产品贸易双边和多边机制不全，贸易途径不通，制约重庆的农产品贸易"走出去"的力度。

4．高素质的复合型人才缺失，缺乏专业高效的团队

缺乏高素质的复合型人才。企业竞争就是人才的竞争，人才的参差不齐对企业的发展有很大的阻碍。缺乏专业高效的团队，对政治、管理、法律、语言等有关方面熟知的人员相对缺乏，国内外团队联动不足，团队紧密性专业性有待提高。

（二）政策建议

1．实施品牌战略，提升中国农业企业国际竞争力

首先提供信息支持，充分利用农业农村部、商务部等部级层面信息平台，加强与其他省区市沟通交流，实现信息共享，积极为企业提供对外投资贸易重点国家自然条件、农业产业现状、投资政策、市场环境、劳动力素质等信息支持。其次建立"走出去"专家库，为企业提供"走出去"前、中、后全程信息服务，重点在产业布局、产业运营等方面开展咨询、论证服务，降低企业"走出去"风险。最后强化品牌建设，培育我国自主品牌，推进农业全产业链开发，加大农业配套体系的政策与资金支持，在农药、化肥、农业机械技术、农业育种技术研发以及先进物流体系建设方面提

供支持，推动农业产业链和价值链双重升级。

2．加强政策沟通，促进贸易便利化

强化政策互通，依托国际经济合作组织，就农业合作开展对话，建立有效的沟通和协商机制，促进政策对接和协调。通过政策互通，提升区域农业合作的深度和广度。完善农业对外交流的法律法规，在农业产业安全下，扩大农业开发合作。加大农业及配套体系的政策和资金支持，切实落实优惠政策创新，制定和落实扶持政策。重庆各级政府注重农业开发项目的引资，运用多种有效形式吸引投资。丰富农业特殊要求的管理制度和服务，解决进口配合问题，建立特殊商品进口通道，简化手续，提高办事效率。加强产品检验检疫和标准认证方面的协调，积极参与国际标准的制定，注重和贸易国的交流对接，规范协调双方利益，最大限度地避免贸易争端。

3．大力扶持重庆企业"走出去"，推进农业全产业链开发

准确掌握企业对外农业投资合作的情况，提高政府公共服务的水平，切实提高政府推进对外农业投资的系统性，重庆市需要形成农业对外投资合作全方位发展规划网络，覆盖农业"走出去"重点区域、产业。充分协调相关部门，突出工作合力，发挥制度优势，抓紧形成对外农业投资的复合型政策支持体系，涵盖金融、投资、税收、进出口、保险、劳工等重点领域与关键的环节，加强各区自贸试验区农业对外投资合作方面政策创新。有效地增强企业自身的能力，提高对外农业投资的质量和水平。

加强金融支持，建立农业境外企业投资的专项基金，充分发挥中小企业国际开拓基金和财政资金扶持作用，金融机构创新完善融资平台，为企业提供资金支持。同时加强海外布局，加强与国际金融机构的合作，加大融资服务力度，降低重庆企业海外投融资的难度。

完善形成多渠道信息汇集体系和信息服务平台，提高农业对外投资合作宏观指导能力，通过信息互通，促进企业强强联合，抱团发展。合理利用国内和国际资源，推进全产业链的境外农业布局和投资，实现生产、加工和销售的整合，推动产业链的升级，提升市场和资源的利用能力。

4．加强人才支持，注重多元化复合型人才的培育

培育有较强的专业素养、国际视野、跨文化沟通能力和国际化运作能力的高素质复合型人才，依托国内外论坛、峰会等构建农业人才共享平台，积极开展人才交流和引进，加强企业国际化人才队伍建设。注重继续教育扶持，通过继续教育，优化知识结构，增强在职人员的专业化能力和跨国交流合作能力。注重企业对外项目中专业团队的打造，建设高品质、高时效国内外联动发展的团队。丰富国外专家引进来源，不局限于引进发达国家专家，还要加强发展中国家专业性人才的引进。再次加强人才支撑，定期组织农业对外合作工作队伍、企业人员等培训，建立人才培养体系，

加强"走出去"队伍建设。

5．注重技术创新基地建设，加强海外农业信息化建设

注重企业海外信息化建设，实现技术合作中心全面信息化覆盖，使专业化农业专家可以无语言障碍传播技术，促进海外农业品牌建立和技术推广。提升培训实用性、高效性，丰富培训方式，使企业参与到培训项目，让企业承担培训中实训部分的授课，提供专家培育补助，促进企业农业技术升级，争取更好地履行企业社会责任，建立企业品牌，积累企业良好口碑。

2018浙江省农业对外投资合作分析报告

以企业为主体，扩大农业对外投资合作，加快农业"走出去"步伐，对于保障我国粮食安全和重要农产品有效供给、提高农业对外开放水平、加快实现农业现代化具有重要意义。20世纪90年代以来，经济全球化加速推进，为浙江企业境外农业投资提供了良好机遇，投资区域遍布世界各大洲，并呈现出投资主体多元化、经营形式多样化、投资领域广泛分布的特点。

一、2018年农业对外投资总体情况分析

2013—2018年，浙江省对外农业投资企业的年底资产总额（图1）和年底累计对外投资额（图2）均呈稳步增长态势。截至2018年底，浙江省农业对外投资境内主体18家，在美国、澳大利亚、阿根廷、柬埔寨等国共投资22家境外企业，累计投资额达2.84亿美元，同比增长38.54%；其中2018年新增对外投资额2 399万美元，同比增长133.13%。

图1 年底资产总额

图2 年底累计对外投资额

浙江省对外投资农业企业给东道国持续带来了经济增长和社会效益。2018年，浙江对外农业投资企业营业收入6 483万元，同比增长13.84%（图3）；共带动东道国就业人数达404人，同比增长25.86%，雇用外方工资总额1 051.33万美元，同比增长200.99%（图4）。

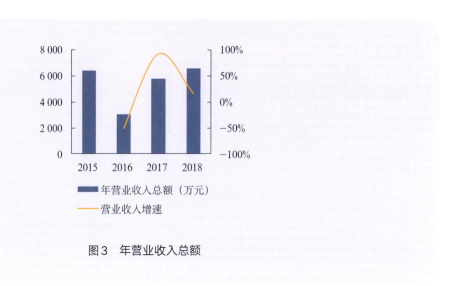

图3　年营业收入总额

图4　雇用外方工资总额

二、2018年重点区域和国别投资情况分析

（一）对外农业投资的洲际分布情况

从境外农业投资的地区分布来看，2018年浙江省企业境外农业投资遍布全球六大洲，其中大洋洲和亚洲是主要投资区域。截至2018年底，大洋洲接收的累计对外投资额16 631.14万美元，占比58.65%，浙江日发控股集团有限公司、明康汇生态农业集团有限公司等6家企业进行了对外农业投资；亚洲接收的累计对外投资额8 766万美元，占比30.91%，浙江贡河农业开发有限公司、华立集

团股份有限公司等6家企业进行了对外农业投资。非洲、欧洲、南美洲和北美洲亦有投资分布，分别占比4.21%、2.86%、2.41%和0.95%。总体来看，浙江省对外农业投资的洲际分布很不平衡，接近90%的对外农业投资集中于大洋洲和亚洲，其他大洲的分布很少。

（二）对外农业投资的国别分布情况

2018年，浙江省对外农业投资遍布于澳大利亚、阿根廷、柬埔寨、美国等14个国家和地区，其中澳大利亚的投资项目、年底累计对外投资额和年底资产总额最多，共计5个投资项目，年底累计对外投资额16 516.14万美元，年底资产总额14 630.765 2万美元，共有明康汇生态农业集团有限公司、浙江宁波牛奶集团有限公司、浙江日发控股集团有限公司、浙江新澳实业有限公司、浙江省武义茶业有限公司5家公司进行了农业投资。对阿根廷和柬埔寨进行的农业投资也处于领先地位，分别有3个和2个农业投资项目（表1）。

表1　2018年浙江省对外农业投资重点国家投资情况

国家	项目个数	年底累计对外投资额（万美元）	年底资产总额（万美元）
澳大利亚	5	16 516.14	14 630.765 2
阿根廷	3	667.6	4 679.16
柬埔寨	2	6 750	6 780

（三）主要经济合作组织分布情况

2018年浙江省的对外农业投资遍布亚太经济合作组织、东南亚国家联盟、上海合作组织和金砖国家等多个经济合作组织（表2）。

亚太经济合作组织作为亚太地区最具影响的经济合作官方论坛，吸引了浙江省大量的对外农业投资，投资分布在美国、澳大利亚、巴布亚新几内亚、越南、文莱、泰国等众多APEC国家，截至2018年底，年底资产总额为16 450.895 2万美元，年底累计对外农业投资额高达18 441.14万美元，占同期对外农业投资总额的65%。

东南亚国家联盟是东南亚地区以经济合作为基础的政治、经济、安全一体化合作组织，中国作为其重要的对话伙伴，在经济、政治、文化等众多方面开展密切合作。2018年浙江省在东南亚国家联盟的农业投资分布于柬埔寨、越南、文莱、泰国4个东盟国家，年底资产总额为8 193.26万美元，对外农业投资额累计8 290万美元，占同期对外农业投资总额的29.2%。

此外，2018年浙江省的对外农业投资在上海合作组织、金砖国家均有分布，但规模远不及亚太经合组织和东盟国家。

表2　2018年浙江省对外农业投资经合组织分布

国际组织	项目个数	年底累计对外投资额（万美元）	年底资产总额（万美元）
亚太经合组织	11	18 441.14	16 450.895 2
东盟	5	8 290	8 193.26
上海合作组织	1	476	488.5
金砖	1	15	50

（四）"一带一路"沿线国家分布情况

2018年，浙江省的新增农业投资广泛流入乌兹别克斯坦、柬埔寨等"一带一路"沿线国家，新增投资额共计2 308.68万美元，其中绿地（新建）投资额2 040.69万美元，褐地（并购）投资额267.99万美元。浙江贡河农业开发有限公司在"一带一路"沿线国家投资发力迅猛，新增投资额达1 788万美元。截至2018年底，浙江省在"一带一路"沿线国家的农业投资分布在塞尔维亚、乌兹别克斯坦、柬埔寨、越南、文莱、泰国6个国家，农业投资额累计为9 577万美元，占同期对外投资总额的33.77%，投资范围和投资规模有广阔的提升空间。

三、2018年对外农业投资的行业分析

（一）产业投资分布情况

2018年，浙江省22家境外投资涉农企业中，进行经济作物投资的企业6家，占比27%；进行渔业投资的企业6家，占比27%；进行畜牧业投资的企业5家，占比23%；进行粮食作物投资的企业2家，占比9%；进行林业作物投资的企业1家，占比5%；进行农资产业投资的企业1家，占比5%；其他产业投资如饲料生产、竹制品的制造与销售的企业4家，占比18%。

在新增对外投资方面，2018年共有4家企业新增对外农业投资，共计2 399万美元。其中，经济作物产业新增对外投资企业3家，新增投资额2 309万美元；畜牧业新增对外投资企业1家，新增对外投资额90万美元。

（二）典型产业投资合作情况

2018年，在经济作物产业方面，浙江省农业对外投资新增2 309万美元，其中境外企业生产环节新增投资2 080万美元，占经济作物新增对外投资比例为90.09%；境外企业加工环节新增投资95万元，占经济作物新增对外投资比例为4.10%；境外企业仓储新增投资58万元，占经济作物新增对外投资比例为2.52%；境外企业科研新增投资55万元，占经济作物新增对外投资比例为2.40%；

境外企业物流新增投资12万元，占经济作物新增对外投资比例为0.50%；境外企业品牌新增投资9万元，占经济作物新增对外投资比例为0.39%。

四、企业报告

（一）对外农业投资企业总体情况

1. 企业基本情况

从企业属地分布来看，浙江省境外农业投资的企业主要分布在经济较发达或者交通运输条件较便利的城市，如杭州、宁波、嘉兴、温州、舟山等，其中32%的企业集聚在杭州市，但这一比例较2017年（47%）也有所下降。舟山紧随其后，占比14%。这说明浙江省对外农业投资企业地区分布开始由省会城市向周边扩散。此外，境内主体企业的年龄集中在20岁左右，大部分企业刚刚步入中年阶段，开始进行业务调整和整合。新兴企业（创立不超过5年）有4家，经营历史超过50年的只有浙江宁波牛奶集团有限公司一家。企业对外进行农业投资的经验均不超过10年，大多数企业在3~5年前才在境外设立子公司或分支机构。

从企业规模来看，浙江省对外农业投资企业中不乏一些实力雄厚的企业，境内企业主体注册资本过亿的就有4家。超过一半的企业2018年底资产总额过亿，浙江华友钴业股份有限公司、华立集团股份有限公司和浙江日发控股集团有限公司均突破了百亿，2018年度分地区的浙江省对外农业投资企业资产状况表明，杭州、嘉兴和舟山吸引了更多大型企业（表3）。此外，大部分企业境内从业人员在4 000人左右，个别大型企业雇用员工数超过了6 000甚至10 000人。不过由于发展规划和经营策略的差异，境外农业投资占各企业的战略比重不尽相同，境内从业人员规模大的企业并不一定在境外提供了更多的就业机会，但是大部分企业遵循了就业就近原则，境外企业员工以雇用外方人员为主。

表3　2018年浙江省各地区对外农业投资企业境内资产状况

企业属地	注册资本（万美元）	年底资产总额（万美元）
杭州市	192 738	3 260 476.197
嘉兴市	82 797.66	2 381 252.56
舟山市	86 000	806 872
其他	157 960.92	803 682.58

注：其他地区含温州、宁波、金华、湖州和绍兴7家企业。

2. 企业投资情况

73%的企业仅在境外设立了一家子公司或分支机构，剩下的27%在境外另设了3家企业，独立经营，分管不同的投资产业。从投资存量来看，2018年浙江省对外农业投资企业的总规模有所扩大，总计达29 326.955 2万美元，其中超过30%的企业境外分支年底资产总额达到千万美元级，投资形势整体上比较乐观，其中宁波的两家企业天邦食品股份有限公司和宁波牛奶集团有限公司对外投资贡献突出（表4）。从投资流量来看，2018年浙江省对外农业投资累计增加了2 398.68万美元，其中11.17%属于褐地投资额，将近90%的资金都用于新建。大部分企业最低限度上维持了2017年的现状，即没有新增投资，以冠南针纺染整有限公司和华友钴业股份有限公司为代表的企业2018年底累计对外投资额占境外企业年底资产总额的比重超过了30%。

表4　2018年浙江省各地区对外农业投资企业境外投资状况

企业属地	年底资产总额（万美元）	年底累计对外投资（万美元）
杭州市	20 306.115 2	22 001
舟山市	4 794.16	782.6
嘉兴市	1 274.54	1 592.14
其他	2 952.14	3 980

注：其他地区含温州、宁波、金华、湖州和绍兴的7家企业。

3．企业境外经营情况

出于战略统筹需要，企业境外主体多以独资企业形式为主，即便是合资企业，中方控股比例也都超过了75%，掌握绝对的主导权。2018年浙江省对外农业投资企业营业收入超过了6 100万美元，呈上升趋势，其中农业营业收入超过99%。企业经营领域以生产、加工和仓储为主，物流、科研和品牌建设几乎没有涉及，这说明大部分企业仅仅把境外分支机构当作一个生产基地或者中转站，用来降低成本，软实力的建设没有受到重视，抗风险能力不足，企业的经营意识需要转变，经营战略有待提升。此外，浙江省对外农业投资企业在境外还取得了非常大的社会成效，指导当地农民开展农业生产人数超过400人次，发放就业薪资总计1 051.33万美元，甚至在东道国开展了一系列公益慈善社会活动。

（二）各类型企业对外农业投资情况

从企业结构分布来看，浙江省对外农业投资企业中农业企业和非农业企业的比重为7∶3左右。2018年农业龙头企业占比达到了50%（2017年仅27%），其中国家级农业龙头企业5家，省级农业龙头企业5家，市级农业龙头企业1家，龙头企业的示范和带动效应在不断增强。企业投资主体呈多元化特征，形成了以有限责任公司为主力、股份有限公司为助力、股份合作企业和港澳台投资企业共同参与的繁荣格局（图5）。

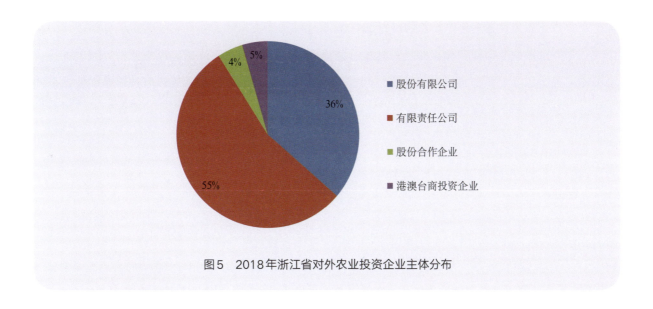

图5 2018年浙江省对外农业投资企业主体分布

五、投资建议

（一）积极开拓海外市场，实现地区均衡发展

浙江省对外农业投资的洲际分布和国别分布很不平衡，约90%的对外农业投资分布在大洋洲和亚洲，接近60%的对外农业投资集中于澳大利亚，其他大洲和国家的分布很少，地缘性投资和区域优势显著。应当加快顶层设计，做好对外农业投资规划指引，从资源禀赋和对外农业投资基础出发，因地制宜地编制对外农业投资规划，强化地缘优势，改善投资主体地区分布不均的问题，加强对非洲、欧洲、南美洲和北美洲的对外农业投资，积极开拓海外市场。

（二）加强对"一带一路"沿线国家的农业投资

"一带一路"沿线国家多为发展中国家和新兴经济体，大多数国家农田水利设施不足、农业科技水平落后、农业综合生产能力低下，对我国的农机装备、种植养殖技术等有着较强的需求，与我国农业合作具有良好的发展前景，合作潜力巨大。企业应当紧跟国家战略部署，积极发掘和把握投资机会，充分发挥自身的技术优势和实力，在"一带一路"沿线国家进行合理的农业投资布局。同时，由于"一带一路"合作国家发展结构与发展水平不尽相同，要引导农业企业在选择东道国时谨慎深入了解东道国自然条件、农业结构等情况，因地制宜地制定投资合作方案。

（三）扶持龙头企业，发挥龙头企业带头作用

浙江省农业对外投资的痛点之一就是农业对外投资的龙头企业少，2018年浙江省农业对外投资境内企业仅18家，其中国家级龙头企业仅3家，省级龙头企业5家，市级龙头企业2家。对此，应当积极扶持龙头企业，鼓励有实力的龙头企业加强自身建设，为其提供有针对性的政策措施，加大

财政扶持力度，加快推进生产、加工、仓储、物流、科研等于一体的对外农业投资产业链建设，增强农业对外投资企业参与全球农业资源配置的话语权；同时，由政府或机构牵线搭桥，鼓励龙头企业发挥带头作用，与其他企业联盟，通过产业链集群、优势互补集群等方式形成利益共同体，共同开展境外投资，逐步形成一定的规模经济，扭转以往"单打独斗"的不利局面，增强企业在境外抗风险的能力，提升国际市场竞争力。

（四）加强风险预警与风险共担机制

一方面，政府应当加强对外农业投资风险评估，充分考虑资金、技术、生态等因素，科学、周密、合理地评估与决策，减少企业因信息不对称带来的投资风险。另一方面，充分发挥农业保险在对外农业投资中的风险规避作用，根据适应新形势下农业发展的要求，大力发展农业保险，使分散零星的保险费汇聚成巨额的保险基金，通过经济补偿以规避农业投资风险。从多方面加强风险预警与风险共担机制，保障对外农业的可持续投资与稳步发展。

2018海南省农业对外投资合作分析报告

2018年度，海南省共采集到6家境内投资企业，在境外设立了6家农业企业（不包括纯农业贸易企业），经营领域主要包括境外农业种植、农产品加工等，6家境外企业均分布在东南亚（柬埔寨、印度尼西亚）。截至2018年底，海南省累计农业对外投资总额16 224.64万美元。

一、2018年农业对外投资总体情况分析

（一）境内投资主体情况

1．地区分布

海南省开展农业对外投资活动的企业数量总体较少，地区分布相对集中。截至2018年底，采集到的6家境内企业分别来自海口市、文昌市，其中有5家来自海口市。

2．注册类型

按境内企业注册类型划分，所采集的6家境内企业中，1家为股份有限公司，4家为有限责任公司，1家为国有企业。

3．企业类型

海南省采集到的6家境内企业，按是否农业企业分，包括5家农业企业、1家非农企业；按是否农垦企业分，包括2家农垦企业、4家非农垦企业；按是否龙头企业分，包括2家农业龙头企业、4家非农业龙头企业。

（二）总体特征

1．投资规模

截至2018年底，海南省共有6家境内投资企业在境外设立了6家农业企业（不包括纯农业贸易企业），6家境外农业企业的注册资本总额6 352万美元，6家境外农业企业的累计农业对外投资总额16 224.64万美元。2018年6家境外农业企业的新增投资额1 102.73万美元，2018年底6家境外农业企业的资产总额28 933.22万美元。

2．2018年底农业对外投资资产总额

2018年底农业对外投资资产总额，海南省6家境外农业企业中，资产总额在200万美元及以下的有3家，200万～500万美元1家，2 000万～5 000万美元1家，1亿美元以上的有1家。

3．2018年底累计农业对外投资额

2018年底累计农业对外投资额，海南省6家境外农业企业中，累计对外投资额在200万美元及以下有3家，200万～500万美元1家，1 000万～2 000万美元1家，1亿美元以上1家。

（三）企业经营情况

1．企业数量

海南省共采集到6家境外农业企业在境外各直接投资设立1家涉农企业（除纯贸易农业企业）。2018年，海南省在境外新设立1家农业企业，即芒果头农业投资管理（柬埔寨）有限公司。

2．企业类别

截至2018年底，海南省在境外设立的6家农业企业中，独资企业3家，占比50.00%；合资企业3家，占比50.00%。

3．设立方式

截至2018年底，海南省在境外设立的6家农业企业中，农业子公司5家，占比83.33%；分支机构1家，占比16.67%。

4．企业当前状态

海南省在境外设立的6家农业企业均为正在经营。

（四）投资趋势

2017度农业对外投资信息采集包括纯农业贸易企业，而2018年度则不包括纯农业贸易企业。

截至2017年底，海南省共有8家境内投资企业在境外设立了12家农业企业，12家境外农业企业累计对外投资总额9 133.75万美元。2017年12家境外农业企业的新增投资额167万美元，2017年底12家境外农业企业的资产总额59 766.85万美元。

截至2018年底，海南省共有6家境内投资企业在境外设立了6家农业企业（不包括纯农业贸易企业），比2017年底对外农业投资企业减少了2家境内农业企业、减少4家境外农业企业。主要涉及：①有2家暂停营业的境内企业（涉及3家境外企业）；②境内企业海南天然橡胶产业集团股份有限公司2018年度未进行信息采集（其中2家境外企业由云南采集、1家境外企业属纯农业贸易企业）；③海南海垦胡椒产业股份有限公司（系统填报了2家境外企业，但实际只计算了1家，其中一家为纯农业贸易企业，系统也有数据了）；④不再对海南金鹿农机发展股份有限公司进行信息采集（涉及2家境外企业，从事农机贸易）；⑤本次采集新增2家境内企业（共涉及2家境外农业企业）。

2018年底，6家境外农业企业的新增投资额1 102.73万美元，比2017年底的新增投资额增加935.73万美元。截至2018年底，6家境外农业企业的累计农业对外投资总额16 224.64万美元，比2017年底累计农业对外投资总额增加7 090.89万美元。2018年底，6家境外农业企业的资产总额28 933.22万美元，比2017年底的资产总额减少30 833.63万美元。

可见，海南农业对外投资企业趋势整体较好，新增投资额、累计农业对外投资总额均呈增加趋势。资产总额相比往年较大幅度的减少，主要是由于2018年不涉及如海南省农垦集团有限公司的新加坡雅吉国际私人有限公司（农业对外贸易企业），仅该一家境外企业2017年底资产总额为24 896.17万美元。

二、2018年重点区域和国别投资情况分析

（一）各大洲分布情况及特征

截至2018年底，海南农业对外投资主要集中在发展中国家，并且6家境外企业均分布在亚洲。

（二）主要经济合作组织分布情况

海南省采集的6家境外农业企业均分布于东盟国家。

（三）重点国家分布情况

从投资国别看，6家境外企业中，印度尼西亚（2家）分别为可可印度尼西亚发展有限公司、印度尼西亚KM有限公司，柬埔寨（4家）分别为绿洲农业发展（柬埔寨）有限公司、海垦胡椒（柬埔寨）投资发展有限公司、芒果头农业投资管理（柬埔寨）有限公司、柬埔寨海南越洋生态发展有限公司。

三、2018年对外农业投资的行业分析

（一）产业分布总体情况

1. 投资地区分布

2018年海南农业对外投资新增投资额共1 102.73万美元，其中印度尼西亚新增投资843.38万美元（占比76.48%），柬埔寨新增投资259.35万美元（占比23.52%）。2018年底海南农业累计对外投资16 224.64万美元，其中印度尼西亚累计对外投资14 484.90万美元（占比89.28%），柬埔寨累计对外投资1 739.74万美元（占比10.72%）。

2. 各企业涉及产业情况

对外农业投资的项目主要集中在农业种植及相关农产品的加工，涉及香蕉、胡椒、橡胶、椰子、芒果、中药材（长春花）等。在境外农业投资项目中，单纯从事单一作物种植或加工的很少，大都采

用生产、加工或者多种作物等多领域的混业经营模式。其中可可印度尼西亚发展有限公司从事椰子加工，印度尼西亚KM有限公司从事橡胶种植及加工，绿洲农业发展（柬埔寨）有限公司主要从事香蕉、胡椒、天然橡胶的种植，海垦胡椒（柬埔寨）投资发展有限公司从事胡椒种植及加工，芒果头农业投资管理（柬埔寨）有限公司从事芒果种植，柬埔寨海南越洋生态发展有限公司从事长春花种植及加工。

（二）各产业投资情况

海南采集的6家境外农业投资企业2018年新增对外投资额总额1 102.73万美元，其中椰子加工投资161.00万美元，橡胶种植及加工投资682.38万美元，香蕉种植投资182.45万美元，芒果种植投资76.90万美元，胡椒和长春花的种植及加工没有新增投资。

海南采集的6家境外农业投资企业2018年底累计对外投资总额16 224.64万美元，其中椰子加工累计对外投资210.00万美元，橡胶种植及加工累计对外投资14 274.90万美元，香蕉种植累计对外投资1 412.49万美元，胡椒种植及加工累计对外投资200.00万美元，芒果种植累计对外投资76.90万美元，长春花种植及加工累计对外投资50.35万美元。

（三）典型产业投资合作情况

目前，海南农业对外投资涉及的主要产业中，主要为境内企业"走出去"独资或者与其他企业合资开展，目前还没有与其他企业进行合作。目前仅海垦胡椒（柬埔寨）投资发展有限公司是在当地购买土地，并且购买时地上已经种植了胡椒。

四、企业报告

（一）对外农业投资企业总体情况

截至2018年底，海南省6家境外农业企业的注册资本总额6 352万美元，6家境外农业企业的累计农业对外投资总额16 224.64万美元。2018年6家境外农业企业的新增投资额1 102.73万美元，2018年底6家境外农业企业的资产总额28 933.22万美元。

（二）各类型企业对外农业投资情况

1. 风险情况

海南省采集的6家境外企业中，2家印度尼西亚企业均认为投资风险一般，其认为最可能发生的风险分别为政治、市场（表1）。4家柬埔寨企业中，有2家认为投资风险较低，1家认为投资风险一般，1家认为投资风险高，这4家企业认为最可能发生的风险分别为商业环境（2家）和政治（2家）。

其中在柬埔寨投资认为风险高的企业为柬埔寨海南越洋生态发展有限公司。该公司在柬埔寨种植中药材——长春花，已经连续种植多次，但均失败了，主要原因是柬埔寨的气候不适合种植长春花。

表1 海南对外农业投资最可能发生的风险类型

企业名称	东道国	最可能风险1	最可能风险2	最可能风险3
可可印度尼西亚发展有限公司	印度尼西亚	政治	自然	商业环境
印度尼西亚KM有限公司	印度尼西亚	市场	自然	政治
绿洲农业发展（柬埔寨）有限公司	柬埔寨	商业环境	法律	技术
海垦胡椒（柬埔寨）投资发展有限公司	柬埔寨	政治	市场	法律
芒果头农业投资管理（柬埔寨）有限公司	柬埔寨	商业环境	法律	市场
柬埔寨海南越洋生态发展有限公司	柬埔寨	政治	法律	自然

2. 需要的国内支持政策

海南省在采集到的6家境外农业企业中，6家企业都选择了需要国内支持政策。其中有6家企业选择了第一需要的国内支持政策，分别为资金（占比50.00%）、金融（占比33.33%）、管控边贸走私（占比16.67%）；有6家企业选择了第二需要的国内支持政策，分别为资金（占比16.67%）、金融（占比50.00%）、税收（占比33.33%）；有5家企业选择了第三需要的国内支持政策，分别为公共服务（占比40.00%）、通关（占比40.00%）、税收（占比20.00%）。

3. 需要的境外支持政策

海南省在采集到的6家境外农业企业中，6家企业都选择了需要境外支持政策。其中有6家企业选择了第一需要的境外支持政策，分别为金融（占比16.67%）、通关（占比33.33%）、税收（占比33.33%）、检验检疫（占比16.67%）；有6家企业选择了第二需要的境外支持政策，分别为税收（占比33.32%）、投资环境（占比16.67%）、公共服务（占比16.67%）、通关（占比16.67%）、资金（占比16.67%）；有5家企业选择了第三需要的境外支持政策，分别为公共服务（占比60.00%）、通关（占比20.00%）、检验检疫（占比20.00%）。

（三）企业典型案例：海南海垦胡椒产业股份有限公司

1. 企业成立背景

当前，中国胡椒种植面积和总产量均已位列世界前五位，而海南是国内最大的胡椒主产区，海南省胡椒种植面积占全国总面积的95.00%，产量占比为97.00%。海南胡椒是海南传统出口创汇产品，在海南部分地区，种植胡椒已成为当地农户的主要经济收入来源。海南胡椒在深加工方面存在以下问题：一是深加工方式少，与日益增长的胡椒产量不匹配；二是现有加工方法落后，使成品白胡椒粒（粉）产品品质不高，加上近年来越南、泰国、印度尼西亚等国家胡椒加工技术的改进，导致海南胡椒产品的市场竞争力减弱，销量日渐萎缩。

为激发内生动力，引进外部资金、技术和管理人才，集中力量打造品牌，提高国际市场竞争力，2016年4月，海南省农垦投资控股集团会同罗牛山股份有限公司和琼海盛景农业投资有限公司联合注资成立海垦胡椒产业股份有限公司，确定新公司为股份有限公司。全新的海垦胡椒产业股份有限公司肩负着带领海南胡椒走向世界胡椒产业顶端的使命。

2．境内企业概况

海南海垦胡椒产业股份有限公司，由海南省农垦投资控股集团有限公司、海南罗牛山调味品有限公司及琼海盛景农业投资有限公司合股创建，于2016年4月29日在海垦国际金融中心揭牌成立。

公司主要经营胡椒种植、农业种植、农产品收购、产品加工、进出口贸易、农业技术开发、技术服务、种苗培育、旅游项目开发等业务，从事有机黑胡椒、白胡椒、青胡椒等高档胡椒调味品的研发、生产和销售。境内公司办公地址和生产基地在海南省海口市桂林洋经济开发区罗牛山产业园内。

公司以"为中国和世界提供最好质量的胡椒产品"为根本目标，始终坚持以"市场在胡椒产业链的各个环节的实际需求"为导向，变革胡椒传统加工工艺，为海南白胡椒产业化扫清障碍。同时，公司还将精心培育和树立在中国与国际上著名的胡椒调味品品牌，制订世界级的高规格胡椒产业标准，建立明确的胡椒产品等级认证标准及质量监督保证体系。此外，公司将建设世界上最先进的以胡椒为核心的调味品深加工产业基地，为公司尽快上市创造条件。参与国际黑胡椒产业资源整合，扩大中国在世界胡椒产业的比重和影响力，提高中国在世界胡椒产业中的话语权。

3．对外农业投资基本情况

柬埔寨气候高温、偏旱，土地肥沃，台风、洪涝等自然灾害较少，非常适宜黑胡椒种植，而贡布省又是世界公认的黑胡椒最佳产区。2016年，海南海垦胡椒产业股份有限公司成立了分支机构——海垦胡椒（柬埔寨）投资发展有限公司。注册地点柬埔寨贡布省，注册资本200万美元。同年，海南省农业农村厅和海垦集团主办"柬—中胡椒产业园区"招商推介会，在海垦集团的大力支持下，海垦胡椒产业股份有限公司联手柬埔寨有关公司开发建设"中—柬胡椒生态产业示范园"。2018年7月，海垦胡椒公司成功并购了柬埔寨贡布省一块面积为7公顷的胡椒种植园，并将在柬埔寨制定有机种植及收购标准，联合柬埔寨主要产区菩萨省、拉得拉基里省等地的种植园，向国内以及美国、欧洲、日本等传统黑胡椒消费国出口黑胡椒，树立国际品牌，争取在世界胡椒产业中占据重要一席。同时，海垦胡椒公司还将在柬埔寨建设胡椒加工厂，参与整合柬埔寨黑胡椒产业链，力争成为柬埔寨胡椒龙头企业。

最优质的原材料，需要最严苛的生产标准来保驾护航。为杜绝质量事故的发生，海垦胡椒产业股份有限公司将制定世界级的高规格胡椒生产标准，建立明确的胡椒产品等级认证标准及质量监督保证体系，让中国胡椒成为"放心胡椒"。

4．境外生产经营情况

2018年底累计对外投资额200万美元。由于2018年7月，海垦胡椒公司才并购了柬埔寨贡布省一块面积为7公顷的胡椒种植园，而胡椒正常情况需要种植3年才有产出，2018年胡椒还没有产出，因此2018年该境外公司还没有营业收入。

5."走出去"经验借鉴

在海南全面深化改革开放的时代背景下，海垦胡椒公司的海外"落子"之举，成为海南农业不断扩大对外开放，加快"走出去""引进来"的有力见证。

"落子"海外，不仅可以挖掘潜在的广阔市场，寻找广阔的发展机会，培育优质的黑胡椒资源，提高自身竞争力，还可以延伸产业链，扩大品牌知名度。可以说，这正是资源互补的一举多得之举，充分彰显了海垦胡椒公司不怕艰难、勇于开拓的经营智慧。迎合潮流、顺应趋势的海外经营，必定给海垦胡椒公司带来更多活力。

期待在新时代全面深化改革开放的广阔舞台上，能有越来越多的企业像海垦胡椒公司那样积极"落子"海外，在不断扩大开放中抢抓新机遇，形成新优势。

五、2018年农业对外投资面临的主要困难和政策建议

(一) 主要困难

1. 政策机制不完善

一是海南省农业农村厅无专项资金支持对外农业投资企业，工作抓手不够。二是缺乏多部门联动及相应的惩戒措施。农业农村部门对外农业投资信息采集工作行政权威性不够，开展对外农业投资合作的企业全部都是在海南省商务厅备案，农业农村厅无相关管理权限，并且目前缺乏相应的惩戒措施，难以带动企业的参与热情及配合度，对推进对外农业投资信息采集工作带来一定阻碍。三是海南省农业对外投资的政策尚不完善，在具体引导企业对外农业投资的财政、金融、税收、产业、技术等方面的政策尚有不足。四是缺乏及时的回应机制。目前对外农业信息采集工作还仅停留在单纯的采集企业数据层面，信息采集结束后缺乏与企业的进一步互动沟通。尤其是信息采集过程中企业反馈的一些诉求与存在问题，缺乏及时的回应机制。

2. 境外农业投资融资难

海南省境外农业投资活动中面临的主要问题是资金短缺、融资难。根据海南省6家境外农业企业情况来看，第一需要的国内支持政策中，资金和金融占比83.33%。对外投资的涉农企业普遍面临抵押担保物难以符合贷款条件的困境，很难获得国家政策性银行的贷款，而商业银行由于贷款成本高、获取门槛高等因素也进一步限制了企业的融资渠道。中小企业作为"走出去"的"主要队员"，融资难度非常大。

3．境外投资环境保障机制不完善

企业"走出去"投资农业不仅受到自然条件、农产品价格波动、技术适应性等因素影响，还受到投资地政治局势变动、经济政策变化等特殊风险的影响。根据海南省6家境外农业企业情况来看，投资最可能发生的风险类型中，商业环境和市场共占比50.00%，政治占比50.00%。企业境外农业投资活动多属于自发行为，且缺乏明确的长期境外投资战略，缺乏清晰的投资规划、部署以及相应的预警机制。而目前，海南省甚至国内都缺乏境外投资风险评估机构，企业缺乏专业的评估渠道，难以有效地判断投资的风险，"走出去"盲目性较大。

4．对外农业海关通关程序繁杂、关税高

根据海南省6家境外农业企业情况来看，第一需要的境外支持政策排名依次为税收（占比33.33%）、通关（占比33.33%）、金融（占比16.67%）、检验检疫（占比16.67%）。一是，通关手续烦琐、程序多，通关时间不足，服务水平不高，造成大量通关车辆滞留海关，严重拥堵。随着"走出去"投资农业的企业增多，返销到国内的农产品越来越多，原设计通关能力难以满足目前大量货物运输的通关要求，通关服务水平不高，口岸时常发生拥堵，人员进出、物资进出效率较低。二是，部分企业反映境外生产的农产品进入国内市场时，面临较高的进口关税和增值税，希望获得税收政策支持。

5．海外业务拓展和经营人才队伍紧缺

为实现对外农业"走出去"，未来在国际贸易、法律商务、税务统筹、资本运营等方面，需要大批跨国专业技术和管理人才。同时，对外农业大多为劳动密集型产业，而投资东道国的劳动力普遍技能较低，需要通过系统的培训才能达标。

（二）政策建议

1．加大政策支持力度

一是，设立农业"走出去"专项资金，加强对境外农业投资企业的资金支持。二是，强化境外投资服务工作。加强对境外投资主要国家、地区投资环境的分析，为境外企业开展针对性的投资服务。政府为企业"走出去"提供指导，提供信息和政策支持，让企业少走弯路；根据投资国地理环境、气候条件、投资环境等做好顶层设计和产业布局，完善财政、金融、税收、产业、技术等支持政策。三是，鉴于海南农业对外投资主要以东盟国家为主，并且结合海南自贸区和中国特色自贸港建设的情况，建议开展《海南自贸区（港）建设背景下农业企业"走出去""请进来"的发展战略研究》。四是，搭建境外农业投资信息服务平台。通过网络平台发布各国的农业发展概况、农产品需求、贸易信息以及相关政策法规等信息，与合作国通力合作建立起共享服务平台。加大力度举办"走出去"企业交流会，充分利用互联网平台，加强企业间的交流合作与信息共享，建立及时有效

的联系机制和沟通渠道。

2．加快融资模式创新

针对一些抵抗风险能力弱、融资能力有限、规模小、"走出去"受到资金压力影响较大的小型农业企业，研究适合这些小企业的新型融资担保方式，研究企业之间互相担保或者企业之间共同担保的方式来提高融资的可能性。针对有发展潜力但目前发展较为困难的小企业，可以适当降低贷款担保的条件；联合有关政府和金融部门，加快财政补贴与金融产品的联动创新，积极争取专项资金对农业对外投资贷款的贴息，扩大补贴范围，提高补贴标准。

3．培育境外农业投资中介机构

充分发挥海南自贸区和中国特色自贸港的优势，采取政府主导和市场培育相结合的方法，加快培育发展境外投资行业服务组织，完善境外企业投资服务体系。行业服务组织主要包括行业协会、产业联盟、中介机构、研究机构等组织，主要为境外企业等经营主体提供信息、风险评估、资金融通、商业保险、财税法律等咨询服务。

4．培育境外农业投资主体

一是，重点培育一批具有规模优势、技术优势和国外市场基础的农业企业，使其发展成为境外农业投资的主力军。鼓励企业通过联盟采取产业链集群、优势互补集群等方式形成利益共同体，共同开展境外投资，形成一定的规模经济，增强企业境外抗风险能力。二是，加快国际化经营人才的培养和引进，建设一支具有全球视野和跨国经营管理能力的复合型人才队伍。一方面加强与对口高校的合作，共同制订人才培养计划，为境外农业投资提供智力保障；另一方面要充分利用《百万人才进海南行动计划（2018—2025年）》，引进具有丰富国际投资经验、熟悉国际经贸规则和惯例、掌握外语的专业化管理人才。

5．加强对外农业投资信息统计

一是，完善企业对外农业投资登记备案，实现农业对外投资企业信息全覆盖，全面掌握企业对外农业投资状况。二是，建议农业、商务、统计等相关部门联合，共同加强信息采集工作，将农业对外投资信息采集工作与FDI相关工作和统计制度一起开展，保证所采集信息的准确性、全面性及权威性，并将农业对外投资信息采集工作纳入法定普查统计工作范畴，为农业对外投资提供准确的数据统计分析。三是，建立对外农业投资信息采集奖惩机制。对外农业投资信息采集工作积极配合的企业给予相应的奖励，优先纳入财政、金融、税收、产业、技术等支持政策范畴；对不履行义务、不予配合信息采集工作的企业，予以通报等相应的惩戒措施。

2018新疆维吾尔自治区农业对外投资合作分析报告

一、新疆维吾尔自治区对外农业投资合作总量特征

（一）投资规模

1. 投资流量分析

与2017年相比，2018年新疆维吾尔自治区农业对外投资总额由3 878.61万美元减少至2 081.12万美元，下降了约46.34%。从投资区域来看，其中95.19%的新增投资在亚洲，剩余4.81%在非洲。从投资产业类别看，2018年新疆新增对外农业投资中，95.19%投资于经济作物，4.81%投资于粮食作物，其他产业无新增投资。新疆农业对外投资流量连续三年大幅度下降，这主要是因为一部分现有对外农业投资企业由于签证办理困难、投资效果不佳、寻求不到合适的合作伙伴等问题暂停营业。

2. 投资存量分析

2018年新疆累计对外投资额为17 849.9万美元。

截至2018年底，新疆对外农业投资存量分布在四大洲（亚洲、大洋洲、非洲和欧洲）的11个国家。其中亚洲的投资存量为16 241.8万美元，占比90.99%；大洋洲1 273.1万美元，占比7.13%；非洲300万美元，占比1.68%；欧洲35万美元，占比0.20%。当前，新疆农业对外投资区位分布仍较为集中，主要在与新疆临近的中亚周边国家。这一方面可能受地理位置的影响，另一方面由于新疆对外农业投资企业多处于生产环节，而处于生产环节的农业对外投资更加关注东道国的农业自然资源。

（二）企业数量及类型

2018年，新疆对外农业投资企业为11家。其中国有企业1家，有限责任公司5家，股份有限公司4家，股份合作企业1家。根据近几年的统计，新疆对外农业投资企业没有超过20家，数量较少，与其他大部分省份相比差距较大。并且，目前开展对外农业投资的企业多为中小型企业，所以难以形成规模经济，抗风险能力严重不足。

（三）土地等资源利用情况

截至2018年底，新疆境外农业企业利用土地面积共52 592.49公顷，其中租赁面积约占99.62%，购买面积约占0.38%。从资源类型来看，除3.23%为农用草场外，其余均为农用耕地（表1）。

表1　资源利用情况

资源类型	购买面积（公顷）	购买总费用（万美元）	租赁面积（公顷）	租赁总费用（万美元）
农用耕地	200	100	50 692.49	323.87
农用草场	0	0	1 700	10
合计	200	100	52 392.49	333.87

（四）仓储设施和加工设施资源利用情况

截至2018年底，新疆境外农业企业仓储设施建设总面积约5 000平方米，共花费50万美元；加工设施建设面积共计5 600平方米，共花费60万美元；其他设施建设面积4 000平方米，花费约60万美元。

（五）农资投入及农业产出情况

1. 农资投入情况

2018年，新疆境外农业企业农资投入主要包括种子、农药、化肥、农机及其他，合计金额923.92万美元，其中当地购买242.46万美元（占比26%），自中国大陆进口555.72万美元（占比60.0%），自其他国家进口125.74万美元（14.0%）。共投入175.78万美元购买种子，其中121万美元（68.84%）自中国大陆进口，其余54.78万美元（31.16%）在当地购买；投入108.53万美元购买农药，其中103.53万美元（95.39%）进口自中国大陆，5万美元（4.61%）在当地购买；投入255.85万美元购买化肥，5万美元（1.95%）在当地购买，125.11万美元（48.90%）自中国大陆进口，其余125.74万美元（49.15%）自其他国家进口；投入60.73万美元购买农机，10.14万美元（16.70%）在当地购买，50.59万美元（83.30%）自中国大陆进口；其他农资共投入323.03万美元，其中167.54万美元（51.87%）在当地购买，其余155.49万美元（48.13%）自中国大陆进口。

2. 产品产销情况

从产出情况（表2）看，2018年新疆境外农业企业共产出农作物48 393.08吨，同比减少14.8%；东道国收购9 217.23吨，同比减少7.8%。其中粮食作物产出5 920.58吨（小麦2 205.8吨，水稻2 215吨，玉米1 500吨），经济作物产出42 472.5吨（棉花35 472.5吨，葵花2 000吨，蔬菜5 000吨）。从销售情况看，小麦、水稻、玉米、蔬菜全部直接在东道国销售；棉花和葵花部分回运，部分东道国销售，与往年不同的是，2018年还有一部分棉花销往其他国家。全部农产品销售总金额为4 983.83万美元。

表2 农产品产销情况

类别	产出项目	产量（吨）	东道国收购量（吨）	直接销售的初级产品量（吨）	用于加工的初级产品量（吨）	直接销售的初级产品金额（万美元）	用于加工的初级产品金额（万美元）	回运量（吨）	东道国销售量（吨）	其他国家销售量（吨）	回运金额（万美元）	东道国销售金额（万美元）	其他国家销售金额（万美元）
粮食作物	小麦	2 205.58	0	2 205.58	0	49.62	0	0	2 205.58	0	0	49.62	0
	水稻	2 215	0	0	2 215	0	415.85	0	2 215	0	0	415.85	0
	玉米	1 500	0	1 000	500	25.7	28.5	0	1 500	0	0	54.2	0
经济作物	棉花	35 472.5	9 217.23	0	39 124.5	0	0	16 912.5	17 940	4 272	0	2 691.2	704.96
	葵花	2 000	0	2 000	0	2 222	0	1 800	200	0	2 000	222	0
	蔬菜	5 000	0	0	5 000	0	846	0	5 000	0	0	846	0
合计		48 393.08	9 217.23	5 205.58	46 839.5	2 297.32	1 290.35	18 712.5	29 060.58	4 272	2 000	4 278.87	704.96

二、新疆维吾尔自治区对外农业投资合作企业经营状况

（一）资产状况及投资情况

截至2018年底，11家企业境外农业资产总额为25 536.45万美元。其中资产总额不高于200万美元的有5家（45.4%），200万~1 000万美元的有2家（18.2%），1 000万美元以上的有4家（36.4%）。

2018年，新疆11家境外企业中，农业新增投资额为零的有6家，占总量的54.55%。据访谈了解，2018年新疆企业对外农业投资遇到的问题主要有3个：一是企业工作签证办理困难，二是寻求合作伙伴困难，三是企业极度缺乏国际性人才。

新疆11家对外投资企业中，截至2018年底累计对外投资额500万以下的有6家（54.5%），500万~1 000万美元的有1家（9.1%），1 000万美元以上的有4家（36.4%）。

（二）投资类型及现状

新疆在境外设立的11家企业中，有6家独资企业和5家合资企业。其中设立方式为子公司的有8家，占比72.7%；联营公司3家，占比27.3%。

关于企业当前状态，11家企业中正在经营的有6家，5家企业暂停经营。

（三）从业人员数量及特征

2018年底，新疆境外农业企业总人数为1 038人，同比增加84.39%。其中，在东道国雇用外方人员1 704人，同比增加96.54%；人均工资1 886美元/年，同比降低36.28%（表3）。

表3　近三年在东道国雇用外方人员数量及工资水平

年份	企业在东道国雇用外方人员数量（人）	企业在东道国雇用外方人员年人均工资（美元）
2016	1 416	2 600
2017	867	2 960
2018	1 704	1 886

与2017年相同的是，新疆境外农业企业在用人方面依然倾向于在东道国雇用人员（占总人数的89.03%）。

（四）经营情况及社会效益

2018年，新疆境外农业企业营业收入总额5 219.46万美元，同比增长62.02%；共向东道国缴纳税金384.78万美元，同比增长143.53%。

2018年，新疆境外农业企业营业收入和在东道国缴纳税收金额均有大幅增长，缴纳税收金额占营业收入的比例也有所上升。另外，有些企业在境外开展经营活动的同时，对中国文化、新疆文化进行宣传，促进了中外文化交流；组织当地农民参加农业技术培训等活动，使他们对我国先进农业生产技术有了新的认识；发放优质种子及部分生产资料给当地贫困农民种植；邀请东道国专家人才来华参加培训交流等。由此可见，新疆境外农业企业正在产生越来越好的社会效益。

三、风险评估

在境外设立的11家企业中，有8家企业位于亚洲，按企业数量排序依次为哈萨克斯坦（5家）、塔吉克斯坦（2家）和泰国（1家）；有1家位于非洲，设立在乌干达；有1家位于大洋洲，设立在澳大利亚；1家位于欧洲，设立在俄罗斯。从投资规模上看，亚洲是投资流量和投资存量所占比重最大的区域。

据统计，2家在塔吉克斯坦进行投资的企业中，1家认为在该国投资的风险一般（投资机会好），另外1家认为风险高（投资机会一般）；这2家企业认为在该国投资最可能发生的风险类型和在该国投资影响最大的风险类型依次为市场、商业环境、政治、法律、自然；2018年，其中1家企业在该国遭遇市场风险。5家在哈萨克斯坦投资的企业中，3家认为在该国投资的风险高，2家认为风险一般；这5家企业认为在该国投资最可能发生的风险类型和在该国投资影响最大的风险类型依次为商业环境、市场、政治、自然、法律；2018年，有2家企业在该国遭遇商业环境方面的风险，另外3家没有遭遇风险。1家在泰国进行的企业，认为在该国投资风险一般（投资机会一般）；认为在该国投资最可能发生的风险类型影响力排序为市场、法律、商业环境；认为在该国投资影响最大的风险类型排序为法律、市场、商业环境；2018年，该企业未在该国遭遇风险。1家在乌干达进行投资的企业，认为在该国投资的风险较低，投资的机会一般；认为在该国投资最可能发生的风险类型和在该国投资影响最大的风险类型均为市场、商业环境、技术；2018年，该企业未在该国遭遇风险。1家在澳大利亚进行投资的企业，认为在该国投资的风险一般，投资的机会一般；认为在该国投资最可能发生的风险类型和在该国投资影响最大的风险类型影响力排序均为法律、政治、技术；2018年，该企业未在该国遭遇风险。

四、政策诉求

新疆此次共采集到的11家对外农业投资企业，迫切需要国内支持的政策类型集中体现在资金、金融、税收、公共服务、检验检疫、通关和配额；迫切需要东道国支持的政策类型主要有税收、资金、公共服务、金融、通关、检验检疫和配额。

五、促进新疆维吾尔自治区对外农业投资发展的对策建议

为加快推动新疆维吾尔自治区农业对外投资合作，要充分发挥企业主体、政府服务功能，强化

政府在农业"走出去"的引导与服务职能，培养国际性人才，完善"走出去"的企业信息，整合财政资金、鼓励金融机构加大对重点项目予以扶持，培育一批具有国际竞争力的农业企业。

（一）引导企业对外农业投资区位选择多元化

目前，新疆农业对外投资主要集中在与新疆临近的中亚周边发展中国家，东道国具有较高的同质性。为分散新疆对外农业投资的风险，政府应引导企业以国家对外战略和政策为导向，结合自身比较优势，合理选择投资区域和国家。尤其是对于营运型企业来说，将发达国家作为目的国进行农业投资，能够在很大程度上规避农产品技术性贸易壁垒，降低对外投资的风险。可以在政府的引导下，以组建联盟等形式对特定国家进行有针对性的农业投资，循序渐进地进入更广阔的市场，而不仅仅把目光放在周边国家。

（二）加强国际型人才的培养和引进

首先，明确企业是对外农业投资的主体，企业应发挥自身主观能动性积极采取措施应对问题，而不能过分依赖政府。一方面，企业可以根据自身情况，有针对性地建立国际型人才的培养机制，加强人才培养；另一方面，企业应重视现成国际型人才的招聘与引进，比如给予有竞争力的薪酬和待遇等。其次，政府应努力做好扶持和服务工作。一方面，政府应加强对企业国际型人才的培养服务，比如可以建立国际型人才培养的专项资金，通过设定一定的绩效考核等条件，对符合条件的企业给予一定的资金支持；另一方面，政府应该发挥好中间人的作用，促进企业与高等院校、科研机构等的合作，专向培养所需求的人才，并协助企业对国际型人才的招聘与引进。

（三）建立并完善有效的信息共享机制

强化政府信息服务功能，建立完善新疆农业"走出去"公共信息服务平台，发布重点国家国情信息，包括法律、文化习俗、投资环境和国外寻求农业投资合作的相关信息，为企业"走出去"提供决策参考；持续跟踪、完善新疆农业"走出去"项目库，梳理现有境外投资项目所在国别、主导产业及招商需求，并及时在平台上发布，实现境外投资项目信息共享，促进企业抱团"走出去"。同时，鼓励相关事业单位和民间研究机构建立农业对外经贸活动咨询机构，将企业的信息获取渠道多元化。

政府引导撮合，加强与国外政府间协调，与友好省（州）、友好城市签订农业合作协议，将重点产业投资纳入协议框架，推动新疆企业与目标省（州、市）企业共建境外农业合作园区，优化营商环境，降低境外投资经营风险。

（四）提供税收优惠，积极鼓励扩大投资范围

我国可以借鉴发达国家的经验，在税收方面出台税收延付、税收抵免和收豁免相关补助，以鼓励企业对外农业投资。其中，为出口的生产资料、设备应该提供关便利，减免不必要的税费。对缴

纳了所得税的，在本国纳税额中予以抵扣，避免双重纳税。对供需缺口大的农产品返销国内时，免征进口税费。另外，对跨国农业企业在征税协定的国家已缴纳的法人税、所得税时在国内应减免。对于我国农产品资源开发战略性跨国农业企业，提供减少所得税缴纳比例方面的补助政策。

（五）加强金融支持力度，积极建立政策补贴体系

为缓解企业海外投资前期高昂的市场开发成本，我国应对农业涉外项目建立金融支持与政策补贴体系。体系中应建立输出银行、海外投资公司为企业提供股权融资和贷款。设立农业对外直接投资建设基金，支持与投资计划有关的可行性调查、企业对外投资亏损、市场开拓前期费用和农产品资源回运费等。同时，通过专项基金补贴政策，鼓励企业开拓国际市场。在农业对外开发、供应链建设、产品促销体系建设等方面给予补贴。在发生突发性农作物灾害、反倾销应诉、贸易摩擦等方面对企业实施援助。对在国外加工农产品的企业和建立生产基地的公司给予优惠待遇。另外，可以借鉴美国农业补贴方面的措施，如灾害补贴、货款差额补贴、直接收入补贴、反周期补贴、资源保育补贴和农产品贸易补贴等。

（六）建立并完善保险制度，降低对外农业投资风险

建立符合国情的对外农业合作保险制度，政策性金融部门应继续加强国家的保障作用，提高企业在对外投资方面的防御风险能力。同时，积极调动商业保险公司对企业海外投资中可能遇到的风险和壁垒设立专项险种，包括自然灾害损失风险、政治动乱危机风险、财产以外被没收风险、外汇货币不可兑换风险和战争事件风险等。通过加大保费补贴方式，鼓励保险公司提高对企业的投保额度，降低企业海外投资风险。

六、新疆维吾尔自治区典型企业案例

（一）阿勒泰新吉国际贸易有限公司

阿勒泰新吉国际贸易有限公司于2011年注册成立于新疆维吾尔自治区阿勒泰地区，注册资本4 200万元人民币。2015年吉林大安亿龙公司与新疆新吉公司共同出资2 200万美元（各占50%股份），在哈萨克斯坦设立龙新公司，打造国家级境外农业产业园区，计划建设农业产业园75万亩。产业园主要种植饲草料、葵花、大豆等油料作物；建设占地面积55万平方米的农产品加工产业园，包括籽仁豆类加工、肉牛养殖区、农机制造及对外服务、水利设施服务中心、有机/常规种子培育及蔬菜恒温保鲜库，项目建设期5年（2018—2022年）。

1．境外项目进展

2015年在新疆、吉林商务厅取得了境外投资批准证书，并在商务部、农业部、发改委、驻哈国大使馆登记备案；2016年取得手续齐全的农业种植基地14 754公顷，并购置农业种植机械200多台

（套），主要种植葵花、豆类等油料作物。2017年龙新公司加入了哈萨克斯坦国家工业线路图，在赛梅市成功收购占地面积6.01万平方米、建筑面积5.168万平方米的工厂，用于建设集有机农产品加工、有机食品加工、有机蔬菜存储、农业机械制造、水利设施服务中心为一体的孵化园。2019年3月获批48万平方米肉牛养殖用地。所种植产品大部分返运到国内，满足了市场供应，带动了本地区农牧民的就业，促进了地方经济的发展。目前哈国累计完成投资8 000多万元人民币。

2019年种植土地1万公顷，主要种植葵花、豆类等油料作物和饲草料作物。2019年初注册了钻井公司，从中国进口了两台钻井机；8月2日审批40眼井，11月底完成打井10眼，计划2020年完成打井30眼，并安装水利、电力、滴灌相关配套设施（每眼井及滴管设施大约投入60万元）。

2．下一步发展规划

（1）哈国种植土地20万亩，主要种植油料作物、牧草等，打抗旱井100眼，建设10万亩滴灌高产田，计划投资7 000万元，年可预计实现产值20 000万元，利润7 000万元。

（2）维修改造5.168万平方米旧工厂，用于建设集有机农产品加工、有机食品加工、有机蔬菜存储、农业机械制造、水利设施服务中心为一体的孵化园，计划维修改造及安装费用4 500万元。

（3）养殖场建设。建设育肥牛养殖年出栏20 000头的规模，计划投资9 900万元，主要返运到国内进行销售。年可预计实现产值20 000万元，利润8 000万元。

3．存在问题

（1）资源回运问题。2019年龙新国际贸易有限公司在哈萨克斯坦东哈州别斯喀拉盖地区种植基地种植农作物近1万公顷，大部分农作物产品返销回国内进行加工销售。但是，根据国家相关文件要求，未获检验检疫准入的植物源性食品不得进口，以确保进口植物源性食品的质量安全和植物检疫风险控制。龙新国际贸易有限公司所种植的红小豆、黄豆、绿豆、打瓜子、角瓜子、花生、苜蓿草等大部分不在名录中。为此，2016年经过公司领导和当地政府、吉木乃检验检疫局、商务厅以及自治区检验检疫局的多次沟通，最后由自治区检验检疫总局将资料上报国家质检总局，到目前为止仍未有答复。主要问题是由哈萨克斯坦农业部给国家质检总局发邀请函，要求组织专家组前往哈萨克斯坦龙新国际贸易有限公司对公司种植基地种植的进口农产品进行风险评估，评估审核通过后才允许进口。然而由于各种原因使问题最后没有得到解决。

（2）工人签证问题。目前企业国内人员在东道国仅能获得一年内总停留时间不能超过90日的签证，无法满足覆盖业务流程的工作时间。迫切需求办理一年多次往返类签证，或一年内90日满后再次申请新的签证。

（二）山东五征集团（新疆五征绿色农业发展有限公司）

山东五征集团成立于1961年，原为五莲县拖拉机站，现已形成三轮车、汽车、环卫装备、农业装备和现代农业五大制造产业，总资产130亿元，员工14 000人，是中国机械工业重点骨干企业之一。

2010年，中央召开第二次援疆工作会议后，五征在新疆喀什建设万亩现代农业科技示范园，取得了良好的经济和社会效益，积累了农业生产经验和农业生产人才，并于2014年被新疆维吾尔自治区农业厅授予"自治区级农业科技示范园"和"自治区级农业产业化重点龙头企业"的称号，2017年被评为"国家级肉羊繁育基地"。

基于在新疆积累的农业经验与取得的收益，同时响应"一带一路"倡议，2016年1月成立了五征东非（乌干达）农业发展有限公司，建立现代农业示范园，推行玉米、水稻及其他经济作物的规模种植，推广现代农业种植技术及现代农业机械。

1. 示范区建设进展

（1）农业投资经营情况。五征东非（乌干达）农业发展有限公司经营业务包括前期建立现代农业示范园，推行玉米、水稻及其他经济作物的规模种植，推广现代农业种植技术及现代农业机械，同时依据乌干达优越自然条件拓展畜牧业及渔业；后期建立农产品加工厂，充分利用丰富农产品资源，建立农产品收购、种植—加工—出口产业链。公司现已购买土地约200公顷土地，作为一期农业开发，该土地位于乌干达卡永加地区基奥加湖畔，土地肥沃，降水丰沛，温度适宜，交通便利，为农业开发优质土地。公司现已进口大型农用机械拖拉机以及配套农机具60多台（套）；已完成职工生活、办公区、仓库、机耕棚、晾晒场等建设。

公司按照规划成立农业科研基地，实施农业发展系列解决方案，目前已经跟山东省农业科学院、云南农业大学玉米研究所、隆平高科等科研单位进行接洽沟通合作，打造集良种培育推广、农户帮扶、科研培训、农产品加工—销售于一体的综合性农业产业园区。

（2）对当地经济和社会发展的带动作用。投资三年以来，分别试验和大规模种植玉米、饭蕉、咖啡、木薯、西瓜、芝麻等作物，雇当地员工实施田间种植与机械作业；同时加强农户帮扶和人才培养，结合当地农民实际状况，按照种植规律从农田前期翻耕、选种、播种到田间管理、收获、销售环节，帮扶100～200农户，实现企业效益同时积极履行社会责任，并通过3～5年努力，为当地培养500～1 000名农业机械化人才和技术工人。通过提高当地人民工作技能，增加他们收入。

（3）主要做法和经验。

①跟当地农业部和种子繁育中心建立合作沟通机制，进行富有成效的合作沟通。

②跟当地政府定期组织农民协会、种粮大户来园区座谈，并就种植技术、病虫害防治、机械作业等相关农业方面进行现场观摩、学习、沟通。

③帮扶有影响力的农户，在机械作业、良种供给、病虫害防治等方面给予帮助，提高产量从而增加农民收益。

④联系大的粮食采购商，以园区为中心帮扶周边百姓提高粮食价格，帮助农民增收。

⑤尽量雇用当地人员，解决就业问题，树立良好形象和口碑。提高属地化层次，培养当地管理人员，扩大社会影响力的同时又能起到减少管理成本的作用。

⑥引导当地农业公司入园，在园区周边推广经济作物咖啡、饭蕉、西瓜等，规划咖啡加工厂，增加农产品附加值。

2．下一步发展规划

农业示范领域：实施"农业产业＋农户帮扶＋人才培养"的方案，发展规模示范农业，建立农业产业园区；推行农户帮扶计划，带动当地农户共同富裕；人才当地化培养，为当地工农业发展培养急需人才。

（1）高产农作物良种培育基地。项目实施后将建成玉米及其他农作物育种基地333.33公顷。该项目主要进行高产、抗虫、抗旱玉米／水稻等农作物良种培育、制种、推广。

（2）农业技术培训中心。该项目的建设将成为当地农业技术研究和科研中心，培训中心依托农业基地，提供理论和实践学习场所，传授现代农业技术经验，开展农作物病虫害综合防治技术、农业机械、农产品加工技术的培训、示范、应用和推广。

（3）全程机械化作业示范区。建立333.33公顷规模种植全程机械化作业示范区，为周边农业开发设计方案，制定一套适合乌干达的农业技术标准进行推广，实现开荒—深耕—平地—播种—管理—收获全过程机械化和规模化。

（4）农户帮扶。为最大限度地减轻农户前期负担，利于前期推广开拓，农户帮扶实施资金由客户垫付30%，主要用于机械作业、良种购买和农药化肥购买。待收获结束，公司优先以较高于市场价收购粮食，折算且扣除前期垫付费用，支付客户余额。

项目总约投资1亿元，资金主要用于良种培育推广、土地流转、整理、水利设施、机械投入、培训中心教学楼等基础建设及科研投入。

项目建设周期5年，项目完成后，建成集农机农艺技术推广、良种培育、农作物种植示范、植保机械应用、收获仓储模式推广、农作物深加工、农产品交易等于一体的农业示范中心。建成占地20公顷农业产业园区，发展粮食食品深加工产业，并规划发展养殖业等辅助产业，实现收益。

3．存在问题

（1）当地政府效率低。首先，基础设施投入大，加之当地政府效率低，拖延园区建设进度。其次，当地农业物资匮乏，没有实质性的支持政策。此外，由于当地四季常青，破坏农作物生长的害虫生存时间长，导致作物被损坏严重且害虫控制起来相对困难，药物成本也高。

（2）安全问题。乌干达政局相对稳定，但随着执政者穆塞韦尼年龄增大，反对党不断加强系列反对活动，治安也随之不断恶化，针对中企武装抢劫的事件不断增加。

（3）种子出口问题。因当地培育良种需要周期很长，国内良种出口在国外进行试验、示范和推广面临巨大的审批障碍，导致无法将优良玉米品种引种到海外，直接影响到"走出去"农业企业的经营效益和长远发展。

（4）技术支撑问题。因当地气候、土壤、作物生产习性等与国内相差太多，需要更专业的农业技术和农业知识，国家农业农村部门应提供必要的农业技术人员给予支持。

（5）示范区享受优惠政策较少，影响力不大等问题。示范区成立至今，尚未享受到较多扶持政策，且在国内国际影响力较小，不能有效地吸引企业入园共同参与示范区建设。

（6）运营企业资金不足，"走出去"保障不足的问题。农业项目投资周期长、见效慢，企业面临较大资金压力。

（7）人员流动问题。为减少企业成本，员工需要长期驻外，这样就减少了他们与亲人之间的交流与相处，导致人员流动性大。此外，培养驻外人才需要很长的时间、人才流失等无形中给企业带来了损失。

2018辽宁省农业对外投资合作分析报告

一、辽宁省企业对外农业投资合作概况

（一）总量特征

1. 投资流量

2018年，辽宁省企业对外农业投资额为2 329.50万美元，其中，渔业投资972.60万美元，占总投资额的41.75%；畜牧业投资1 346.90万美元，占总投资额的57.82%；其他投资10.00万美元，占总投资额的0.43%。

辽宁对外农业投资流量在经历2015年与2016年的高峰后出现下滑，近两年稳定在2 000万美元左右。2016—2018年投资额分别为4 876.93万美元、1 959.54万美元和2 329.50万美元。

2. 投资存量

截至2018年底，辽宁省累计对外投资额为20 644.08万美元，其中，渔业投资12 728.84万美元，占累计总投资额的61.66%；种植业投资4 639.60万美元，占累计总投资额的22.47%；畜牧业投资3 146.13万美元，占累计总投资额的15.24%；其他投资129.51万美元，占累计投资总额的0.63%。

3. 投资企业数量

截至2018年底，辽宁省共对外投资设立了32家农业企业。其中正在经营24家，暂停经营7家，筹备建立1家。

（二）企业经营状况

1. 资产状况

辽宁省对外农业投资企业以小规模企业为主。截至2018年底，对外农业投资总资产超过5 000万美元的企业有1家，3 000万~5 000万美元的企业有2家，1 000万~2 000万美元的企业有4家，500万~1 000万美元的企业有6家，200万~500万美元的企业有10家，小于200万美元的企业有9家。

2. 产品生产结构

2018年，辽宁省对外农业投资主要集中在渔业与畜牧业，对外渔业投资以海水养殖与捕捞、畜牧业投资以饲料和猪肉产品为主。

（三）资源利用情况

2018年，辽宁省对外投资企业水域购买面积10万平方米，购买总额为120万美元；租赁港口码头30 000平方米，租赁费用120万美元。

二、行业篇：农业不同行业的投资情况

截至2018年底，从事渔业的境外企业19家，累计投资总额12 728.84万美元；从事种植业的境外企业4家，累计投资总额4 639.60万美元；从事畜牧业的境外企业6家，累计投资总额3 146.13万美元；其他产业3家，累计投资总额129.51万美元（图1）。

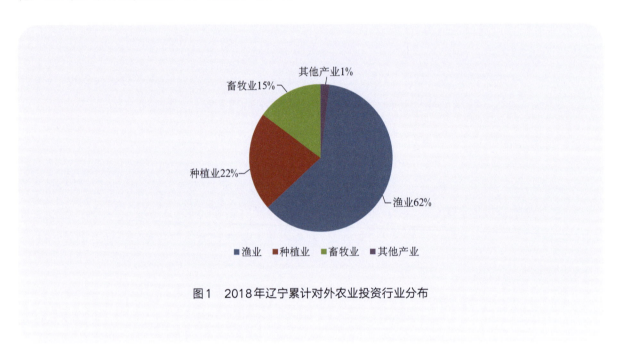

图1　2018年辽宁累计对外农业投资行业分布

从产业环节来看，从事生产的企业有15家，累计投资额为8 686.23万美元；从事加工的企业有1家，累计投资额为98.70万美元；从事生产和加工两个环节的企业有4家，累计投资额为5 321.78万美元；从事生产和仓储两个环节的企业有3家，累计投资额为3 056.36万美元；从事生产、加工、仓储、物流的企业有8家，累计投资额为3 481.00万美元；其余企业未划分。

三、区域篇：辽宁省企业对外农业投资的地理分布

2018年，辽宁省对外农业投资2 329.50万美元。其中，亚洲1 332.60万美元（投资渔业和畜牧业），非洲972.60万美元（投资渔业），欧洲14.30万美元（投资畜牧业），北美洲10.00万美元（投资渔业）。重点区域为亚洲和非洲，分别占当年投资总额的57.21%和41.75%。

截至2018年底，辽宁省累计对外农业投资20 644.08万美元，其中，亚洲8 592.91万美元（中国台湾1家公司，中国香港1家公司，印度1家公司，朝鲜2家公司，尼泊尔1家公司，菲律宾

1家公司，印度尼西亚2家公司，韩国2家公司），非洲7 291.36万美元（安哥拉6家公司，加蓬2家公司，喀麦隆1家公司，利比亚1家公司，莫桑比克1家公司，加纳2家公司），大洋洲3 614.60万美元（澳大利亚2家公司），欧洲939.31万美元（俄罗斯2家公司，英国1家公司），北美洲205.90万美元（加拿大3家公司）。重点区域为亚洲、非洲，投资额占比分别为41.62%和35.29%。

四、企业篇：企业对外农业投资情况

（一）企业对外农业投资合作总体情况

1．企业投资分布情况

2018年，辽宁省在亚洲投资设立的农业企业有11家，在非洲设立的农业企业13家，在北美洲设立的农业企业3家，在大洋洲设立的农业企业2家，在欧洲设立的农业企业3家。

2．企业类型及投资情况

2018年，辽宁省对外农业投资的境内企业有14家，其中有3家境内企业的对外农业投资合作项目终止。在14家境内企业中，有限责任公司11家，对外农业投资972.60万美元；股份有限公司2家，对外农业投资1 346.90万美元；私营企业1家，对外农业投资10.00万美元。

3．境外企业设立方式

2018年，辽宁省设立境外农业企业32家，其中14家以子公司方式设立，18家以联营公司方式设立。

（二）履行社会责任情况

2018年，辽宁省投资设立的境外农业企业雇用当地人员141人，工资总额为172.46万美元，在东道国缴纳税金80.93万美元。

（三）风险评估及政策诉求

1．企业风险评估

在投资风险主观评估中，高风险企业10家，一般风险企业12家，低风险企业1家，较低风险企业3家；在投资机会主观评估中，投资机会好的企业有2家，投资机会一般的有16家，投资机会较差的仅有2家。

在风险类型中，大多数企业认为政治是影响最大的风险类型，同时也是最可能发生的风险类型，其次是自然和商业环境，最后是市场环境。其中，61.54%的企业认为商业环境是第一大风险，

30.77% 的企业认为自然因素是第二大风险。

2．企业政策诉求

在最迫切需要的国内政策类型中，企业首要诉求资金、通关及税收政策，其次需要检验检疫及金融政策，最后诉求公共服务政策。在最迫切需要东道国政策类型中，企业第一诉求资金、金融及公共服务政策，其次诉求税收政策。

（四）对外投资企业面临的主要问题

1．企业自身问题

一是企业对国际国内两个市场两种资源的利用缺少专业的知识和相关人才。企业家有"走出去"的眼光，但对具体目的国的政策、产业信息及对外投资合作操作流程缺乏了解，缺少有执行力的人才支撑。二是民营企业抗风险能力不足。辽宁对外投资以民营企业为主，企业融资能力不足，信息渠道有限，对"走出去"的风险难以预判和规避，导致个别企业的境外项目迟迟难以落地，或投资后难有回报。

2．国内外环境问题

一是国内服务体系不完善。目前，能有效提供法律咨询、投资担保等服务的机构很少，对民营企业境外投资的政策支持也有限，许多有意向的企业不敢贸然"走出去"。同时，国内的行业协会发展迟缓，对外投资企业间难以有效地组织起来，还处在"单打独斗"的阶段。二是境外部分国家和地区的政策不稳定。一些发展中国家和欠发达地区的政策不持续，机构和人员变动频繁，导致企业在东道国的农业投资合作得不到长期有效的保障，部分企业在境外停产倒闭。

（五）支持企业对外农业投资的对策和建议

1．加强规划设计

以"一带一路"倡议和对外农业投资合作总体规划为基础，结合各地农业产业基础和市场需求，推动资源、技术、品牌、市场等全方位的投资与合作，促进农业全产业链的全球布局，打造有国际竞争力的主导产业，培育有影响力的跨国农业龙头企业，使农业对外投资合作成为促进优势农产品出口、保障国内农产品供给、调整农业产业结构、助力农业供给侧结构性改革的重要手段。

2．强化机构与职能

各级政府要进一步高度重视对外农业投资合作工作，要强化省、市、县3级农业外事外经工作职能，加强人员配置与技能培训，重点抓好对外农业投资合作信息采集与分析，全面打造对外合作试验区和示范区，培育壮大跨国农业企业等核心工作。

3．提高服务水平

加强政府政策扶持、资金支持及信息服务。定期举办农业"走出去"培训与交流活动，促进企业间的相互学习与合作。加快培育社会服务机构，为对外投资企业提供法律、金融等全方位的服务。扶持构建对外投资企业协会或企业联盟，鼓励抱团出海，形成集群优势。建立适应发展需要的人才激励、引进制度，为对外农业投资合作提供支撑。

（六）案例：辽宁禾丰牧业股份有限公司俄罗斯建厂项目

1．项目基本情况

辽宁禾丰牧业股份有限公司是国家级农业产业化重点龙头企业，是中国饲料工业协会、中国畜牧业协会副会长单位，"禾丰"商标为中国驰名商标。禾丰牧业于1995年4月，由以金卫东先生为核心的七位创始人共同发起创立，目前已发展成为全国十强的畜牧企业。业务范围以饲料复合预混料、浓缩料、配合料为主，并涉猎国际贸易、生物制药、养殖设备、畜产品屠宰、食品加工等相关领域。

截至2019年5月，禾丰牧业旗下已拥有140余家企业，其中在俄罗斯、尼泊尔、印度、印度尼西亚、菲律宾等7个国家投资建设11家工厂，产品出口到尼泊尔、蒙古国、埃塞俄比亚、俄罗斯等国家。

2018年，禾丰牧业与黑龙江华宇集团在俄罗斯投资的"伊瓦"责任有限公司合资，成立俄罗斯禾丰牧业有限公司，其主要业务为饲料及饲料添加剂生产和销售，粮食种植、收购及贸易，饲料原料销售，家禽、牲畜饲养等。本项目总投资金额为2 800万元人民币（按1∶6.82汇率折算，约合410.56万美元），其中辽宁禾丰牧业股份有限公司投资1 540万元人民币（按1∶6.82汇率折算，约合225.81万美元），占55%股份；外方以生物资产投资，投资总额1 260万元人民币（按1∶6.82汇率折算，约合184.75万美元），占45%股份。本项目位于俄罗斯远东滨海边疆区，目前，合资公司暂时租赁猪场和蛋鸡养殖场及饲料厂，开展生猪和蛋鸡养殖及猪肉和鸡蛋的销售业务。

2．存在困难

俄罗斯对于饲料原料及药品的添加要求严格，准入很难。

俄罗斯远东地区距离欧洲部分较远，原料资料匮乏，从欧洲部分采购成本较高，因此大量的原料、添加剂和药品、疫苗等产品需要从中国采购。但大部分的添加剂进口都需要办理备案，备案程序复杂且时间长、费用高。

远东地区地广人稀，市场分布跨度较大，销售半径较大或受市场范围影响较大，市场开发很有难度。

猪肉、鸡蛋等产品价格受季节和节假日影响较大，价格波动频繁。

3．项目特点与亮点

基于禾丰牧业在东北亚地区的战略布局，经详尽的调研及多年的信息搜集，我们了解到，俄罗斯是金砖国家（BRICS）成员国之一，经济实力较强。其人口超1.445亿，国土面积1 709.82平方千米，居世界之首，俄罗斯土地资源丰富，农业发展前景广阔，人均占有土地0.84公顷，是中国的9倍，畜牧养殖、饲料贸易潜力巨大，具有很好的投资价值。禾丰牧业将俄罗斯项目定位在俄罗斯远东地区，因为远东地区与中国接壤，土地面积广阔，粮食资源丰富，同时有符拉迪沃斯托克港口，运输便利。俄罗斯项目的合作方是由黑龙江华宇集团在俄罗斯投资的"伊瓦"责任有限公司，公司成立于2008年，在俄罗斯滨海边疆区开展饲料加工、蛋鸡和生猪的养殖及相关产品销售的业务。经过多年的经营，已对俄罗斯当地的政策法规、原料供应及市场分析有了丰富的经验及深刻的了解。另外，据我们了解，远东地区玉米、燕麦、小麦、大豆等作物种植面积较广，资源丰富，质优价廉，而且，当地未有大规模现代化的养殖场和饲料加工厂，我们应该充分利用当地原料价格低的优势，充分发挥自身技术和管理方面的优势，建设规模化的示范农场，已改变当地的养殖模式，提高养殖户的经济效益，并保证食品安全。

4．示范效果

通过本项目的实施，可以建立和发展禾丰牧业在俄罗斯的市场占有率和品牌影响力。禾丰牧业将凭借自身优势，为该项目在海外的发展提供良好的现代技术支撑，使其形成规模效益和品牌优势，最终打造成为生产技术设施优良、产品品质一流、生产经营理念先进、在俄罗斯饲料生产和畜牧养殖领域有重大影响力的现代化企业，从而起到示范作用，改变当地的养殖模式，提高养殖户的经济效益，并保证食品安全。

2018河南省农业对外投资合作分析报告

2018年以来，河南省农业农村厅紧紧围绕河南省委、省政府打造内陆开放高地，推进农业转型升级和乡村振兴战略部署，积极响应国家"一带一路"倡议，自觉提升工作站位，突显河南特色优势，强化服务保障能力，全省农业对外开放合作工作呈现稳健有序发展态势。

根据农业农村部办公厅印发的《对外农业投资合作信息采集管理暂行办法》通知精神，我们在全省范围开展了企业对外农业投资信息采集工作，通过发放通知、实地调研、调查问卷、座谈交流和专家咨询等多种渠道，收集整理全省农业"走出去"信息，撰写了2018年度全省企业对外农业投资情况分析报告。

一、推动农业"走出去"重点工作完成情况

1. 服务大局抓重点

紧紧围绕服务国家外交大局和省委对外开放战略，强化担当精神，积极主动作为，先后与世界领先农化企业先正达公司、黄河友谊奖获得者德国鲁道夫·沙尔平、日本先进农机制造商久保田株式会社等全球知名农业企业及商务代表进行多次洽谈交流，达成多项合作成果。深度参与"一带一路"倡议，有重点、有梯次地推进河南省与中亚、东南亚、大洋洲以及欧洲部分地区重点国家农业合作，扎实推进中塔农业科技示范区、中吉"亚洲之星"农业产业合作区、洛阳-布哈拉农业合作区、俄罗斯列宁格勒-许昌农业合作示范区、巴基斯坦瓜达尔自由区河南国际产业园等境外重点农业合作园区。2018年10月，武国定副省长在出访塔吉克斯坦、吉尔吉斯斯坦和日本后，召开专题办公会议，研究河南省农业对外开放和境外重点合作项目推进工作，提出了关于协调中吉"亚洲之星"产业园建设、引进日本先进装备制造商久保田株式会社落户河南、加强与日本现代农业合作等7条工作意见，并印发了《省长办公会议纪要》，有效助推了境外合作项目发展。

2. 内外统筹促融合

围绕扩大农业全方位开放和供给侧结构性改革，制订《河南省农业对外开放专项工作方案》，出台实施《关于支持省级"境外农业合作示范区"和"农业对外开放合作试验区"建设的实施办法》（以下简称"两区"建设），推动了河南省厚植优质农业资源在国际国内两个市场、两种资源的合理利用，经过组织申报、专家评议、网上公示等程序，认定塔吉克斯坦—黄泛区农业科技示范区等5个境外农业园区，驻马店农业对外开放合作试验区等7个国内产业园区为首批省级"两区"建设试点，通过"双轮驱动"拉长了境内外产业链条，促进了农业产能输出、农民就业和农村脱贫，"两区"建设工作走在了全国前列。

3．强化服务求成效

先后参与或组织承办了外交部河南全球推介活动、第十二届中国（河南）国际投资贸易洽谈会、中国—东盟博览会、中国国际调味品及食品配料展览会、上海进博会等国内国际性大型展览展会，组织河南省优势农产品加工企业参加印度洽尔肯德邦农业和食品峰会，为河南省农业和农产品走向国际市场搭建了对外合作交流平台，持续扩大了河南农业国际知名度。紧盯农产品出口传统优势，扎实推动农产品出口基地建设，全省农产品出口额169.1亿元，同比增长13.3%，其中食用菌类出口98.6亿元，同比增长42.9%，在中美贸易摩擦错综复杂的情况下逆势上扬，持续保持增长态势，受到了省委、省政府领导的关注和肯定。积极参与农业农村部"南南合作"农业对外援助项目，有两名同志获得联合国粮农组织和农业农村部联合颁发的特别贡献证书，进一步扩大了河南农业的对外影响力。

二、对外农业投资信息数据量化对比分析

（一）涉外投资企业境内概况

如表1所示，截至2018年底，河南省对外农业投资的企业为19家，在境外设立21家企业。其中河南省黄泛区实业集团在塔吉克斯坦和乌克兰均有投资，河南九福来农业科技有限公司在尼日利亚和柬埔寨均有投资；企业分布在郑州、洛阳、新乡、安阳、濮阳、许昌、商丘、南阳、周口、信阳、驻马店11个省辖市。

表1　2018河南省对外投资企业境内情况

序号	企业（境内外）名称	企业注册地／资本（万元）	是否龙头企业	产业类别	投资区域
1	河南省昌久农业技术有限公司/河南省昌久农业技术有限公司	郑州市/5 000	否	经济作物，其他	老挝甘蒙
2	洛阳万邦优选供应链管理有限公司/厚疆国际农业发展有限责任公司	洛阳市/5 000	否	粮食作物、经济作物，其他	乌兹别克斯坦布哈拉州
3	保才农业有限公司/保清藜麦有限责任公司	安阳市/5 369	否	农林牧渔业	蒙古国乌兰巴托
4	郑州利维机械设备有限公司 / LINLOO CC	郑州市	否	农业机械	南非
5	河南航空港国际花卉产业有限公司/瓜达尔绿色生态科技有限公司	郑州市/30 000	否	经济作物、林业	巴基斯坦俾路支省瓜达尔市
6	河南九福来农业科技有限公司/九福来（尼日利亚）国际农业集团有限公司	郑州市/1 000	否	粮食、经济作物	尼日利亚阿比亚洲
7	河南九福来农业科技有限公司/亚太九福来农业科技有限公司	郑州市/1 000	否	粮食、经济作物、林业	柬埔寨桔井省

（续）

序号	企业（境内外）名称	企业注册地／资本（万元）	是否龙头企业	产业类别	投资区域
8	河南蓓格农业科技有限公司／尼日利亚大农公司	新乡市/2 000	否	粮食、经济作物	尼日利亚阿布贾
9	河南九圣禾新科种业有限公司／中哈种业科技示范园	新乡市/3 000	市级龙头	农业科技研发	哈萨克斯坦阿拉木图
10	信阳福康羽毛有限公司／印第安纳福康羽毛公司	信阳市/8 900	省级龙头	羽毛加工贸易	美国印第安纳州
11	濮阳田利干果有限公司／TNC鹿特丹分公司	濮阳市/1 065	市级龙头	干果贸易	荷兰
12	南阳木兰花家纺股份有限公司／乌华南阳红棉天使纺织有限公司	南阳市/6 260	否	经济作物、棉纱	乌兹别克斯坦安集延
13	南阳木兰花实业有限公司／巴布尔木兰花有限责任公司	南阳市/5 000	否	经济作物、棉纱	乌兹别克斯坦安集延
14	泌阳县大地菌业有限公司／多成农业公司	驻马店市/2 000	市级龙头	经济作物	韩国京畿道
15	河南省黄泛区实业集团／中乌泛达农业有限公司	周口市/350 000	国家级龙头	粮食、畜牧、农资	乌克兰切尔尼科夫州
16	河南省黄泛区实业集团／塔中农业开发有限公司	周口市/350 000	国家级龙头	粮食、畜牧、农资	塔吉克斯坦哈特隆州
17	河南贵友实业集团有限公司／亚洲之星股份有限公司	商丘市/8 880	省级龙头	畜牧业	吉尔吉斯斯坦楚河州
18	河南世纪香食用菌开发有限公司／俄罗斯绿色庄园	许昌市/1 298	省级龙头	经济作物	俄罗斯列宁格勒州
19	河南三利食品有限公司／三利大蒜及调味品有限公司	周口市/10 100	省级龙头	调味品	美国
20	河南金丹乳酸科技股份有限公司／金丹欧洲有限公司	周口市/8 460.91	国家级龙头	农产品加工	荷兰阿姆斯特丹
21	河南天冠企业集团有限公司／河南天冠国际实业有限公司	南阳市/43 560	省级龙头	经济作物	老挝

对外投资企业类型以民营企业为主，19家企业中有2家为国有企业（河南省黄泛区实业集团有限公司、河南天冠企业集团有限公司），其他均为民营企业。需要指出的是，其中有10家为龙头企业，其中2家国家级龙头企业，5家省级龙头企业，3家地市级龙头企业，总体来说，民营企业"走出去"的兴趣仍然比较强烈，龙头企业"走出去"的步伐正在加快。

但是，对比2017年信息采集统计数据，"走出去"企业和境外经营机构分别减少5家和4家，主要原因是相关境外投资企业经营存在一定困难，没有明显投资增量和效益产出，加上农业对外投资政策、资金等整体支持力度不够，企业参与信息采集的积极性不够大。

河南省境外企业经营业务主要分为三大类：一是玉米、小麦、棉花等粮食作物和经济作物种植，如河南省黄泛区实业集团在塔吉克的作物种植；二是牲畜养殖及肉类屠宰加工，如河南贵友实业集团在吉尔吉斯斯坦的种鸡养殖及肉类屠宰；三是食用菌、调味品等农副食品加工，如世纪香、金丹乳酸等公司均以在外设立分支机构的形式开展农副食品加工交易。部分企业在外已有较为成熟的仓储物流等配套设置，在外投资产业链日趋完整。

（二）企业"走出去"投资流量、存量变化

企业在外投资过程中，面临着中美贸易摩擦加剧、国际市场供求关系和自身经营方向调整等诸多情况，而且农业对外投资建设周期长、见效时间慢、产业链条长，年度对外投资流量和存量均会出现一定的波动。

如表2所示，2018年河南省企业对外农业新增投资额为1 045.54万美元，亚洲区域投资新增流量为996.54万美元，占95.31%；截至2018年底，河南省企业对外农业投资总额为13 297.05万美元，其中亚洲区域投资额为10 611.96万美元，占79.81%。由于地缘政治优势的偏好性、农业生产方式相近性、文化习惯差异化小等因素，河南省对外农业投资主要集中在亚洲区域的塔吉克斯坦、吉尔吉斯斯坦、乌兹别克斯坦、柬埔寨、韩国等地，这些国家土地资源开发空间大，农业市场前景广阔，投资经营环境相对宽松，风险防控能力持续提升。

表2 2018年河南省对外农业投资流量区域分布

投资区域	新增投资流量		年底累计投资流量		企业数量	
	额度（万美元）	占比（%）	额度（万美元）	占比（%）	数量（个）	占比（%）
亚洲	996.54	95.31	10 611.96	79.81	12	57.14
非洲	12.00	1.15	312	2.35	3	14.29
欧洲	37.00	3.54	1 172.09	8.81	4	19.05
美洲	0.00	0.00	1 201	9.03	2	9.52
大洋洲	0.00	0.00	0.00	0.00	0	0.00
合计	1 045.54	100.00	13 297.05	100	21	100.00

对比2017年河南农业对外新增投资，同比减少了3 097.82万美元，出现了急剧下滑现象，其主要原因是国内市场经营竞争加剧，企业主营业务多元化拓展及自身专业高端人才缺乏，造成河南省"走出去"企业境外运营不同程度上出现了资金短缺、境外运营推进受阻、产业融合发展不够理想等情况，新增投资相对2017年大幅减少。

（三）企业境外投资土地资源利用情况

如表3所示，2018年河南省对外农业投资过程中利用土地面积为2 825.025公顷，其中购买

土地面积202.525公顷，租赁面积2 622.50公顷，总费用为1 117.00万美元。土地租赁时限一般为
10 ~ 50年。

表3　河南省对外农业投资购买、租赁土地建筑设施情况

资源类型	购买面积（公顷）	租赁面积（公顷）	总费用（万美元）
农用耕地	201.000	2 442.500	770.54
农用草场	0.000	0.000	0.00
水域	0.000	0.000	0.00
林地	0.000	180.000	6.00
果地	0.000	0.000	0.00
仓储设施	0.875	0.000	157.24
加工设施	0.050	0.000	120.00
港口码头	0.000	0.000	0.00
其他	0.600	0.00	63.22
合计	202.525	2 622.50	1 117.00

（四）企业境外投资农资使用情况

如表4所示，2018年，河南省在外农业投资的过程中，所需的种子、农药、化肥、农机等农资
累计金额为344.37万美元，在当地购买金额为232.48万美元，从国内进口金额为111.89万美元，占
总额的32.49%。没有从第三国进口农资及原料的情况。

表4　河南省对外农业投资农资类别、支出及来源统计

农资及原料类型	农资投入金额		当地购买金额		中国大陆进口金额		其他国家进口金额	
	额度（万美元）	占比（%）	额度（万美元）	占比（%）	额度（万美元）	占比（%）	额度（万美元）	占比（%）
种子	127.58	37.05	41.43	17.82	86.15	77.00	0.00	0.00
农药	34.08	9.89	19.07	8.20	15.01	13.41	0.00	0.00
化肥	127.79	37.11	127.79	54.97	0.00	0.00	0.00	0.00
农机	12.47	3.62	8.34	3.59	4.13	3.69	0.00	0.00
种畜禽	0.00	0.00	0.00	0.00	0.00	0.00	0.00	0.00
种苗	0.04	0.01	0.04	0.02	0.00	0.00	0.00	0.00
饲（草）料	0.00	0.00	0.00	0.00	0.00	0.00	0.00	0.00
其他	42.42	12.32	35.82	15.41	6.60	5.90	0.00	0.00
合计	344.37	100.00	232.48	100.00	111.89	100.00	0.00	0.00

（五）企业境外投资产出情况分析

如表5所示，2018年，河南省企业对外农业产出分为粮食作物、经济作物、畜产品三大类，其中水产品、林木产品领域尚未涉及；产品以小麦、玉米、棉花、禽肉、乳制品为主，企业总产量为46 144.16吨，当地收购量为18 785.88吨。

表5　河南省对外农业投资产品类别统计

类别	产出项目	产量／捕捞量		东道国收购量	
		量（吨）	占比（%）	量（吨）	占比（%）
合计		46 144.16	100.00	18 785.88	100.00
粮食作物	小麦	2 076.31	4.50	0.00	0.00
	水稻	0.00	0.00	0.00	0.00
	玉米	351.97	0.76	0.67	0.00
经济作物	大豆	0.00	0.00	0.00	0.00
	油棕	0.00	0.00	0.00	0.00
	天然橡胶	0.00	0.00	0.00	0.00
	棉花	2 315.58	5.02	3 935.09	20.95
	薯类	3 000.00	6.50	0.00	0.00
	食糖	0.00	0.00	0.00	0.00
	甘蔗	0.00	0.00	0.00	0.00
	甜菜	0.00	0.00	0.00	0.00
	其他油料	0.00	0.00	0.00	0.00
畜产品	牛（牛肉）	0.00	0.00	0.00	0.00
	羊（羊肉）	0.00	0.00	0.00	0.00
	猪（猪肉）	0.00	0.00	0.00	0.00
	禽（禽肉）	6 350.00	13.76	5 860.00	31.19
	乳及乳制品	2 997.00	6.49	0.00	0.00
水产品	淡水养殖	0.00	0.00	0.00	0.00
	海水捕捞及养殖	0.00	0.00	0.00	0.00
林木产品	木材、竹材、经济林	0.00	0.00	0.00	0.00
其他	其他	29 053.30	62.96	8 990.12	47.86

如表6所示，企业在外投资生产的农产品分为直接销售的初级农产品和用于加工的农产品两大部分，共计66 544.65吨，其中用于直接销售的为50 887.94吨，用于加工的为15 656.71吨。表明了企业产业链正在延伸，逐步从初级的生产销售上升到更高层次的加工销售。

表6　河南省对外农业产出、加工统计

类别	产出项目	直接销售的初级产品		用于加工的初级产品量		直接销售的初级产品金额		用于加工的初级产品金额	
		量（吨）	占比（%）	量（吨）	占比（%）	额度（万美元）	占比（%）	额度（万美元）	占比（%）
	合计	50 887.94	100.00	15 656.71	100.00	10 727.58	100.00	3 636.57	100.00
粮食作物	小麦	2 321.00	5.57	0.00	0.00	443.86	4.14	0.00	0.00
	水稻	0.00	0.00	0.00	0.00	0.00	0.00	0.00	0.00
	玉米	375.75	0.74	0.00	0.00	6.68	0.06	0.00	0.00
经济作物	大豆	0.00	0.00	0.00	0.00	0.00	0.00	0.00	0.00
	油棕	0.00	0.00	0.00	0.00	0.00	0.00	0.00	0.00
	天然橡胶	0.00	0.00	0.00	0.00	0.00	0.00	0.00	0.00
	棉花	0.00	0.00	6 250.67	39.92	0.00	0.00	414.76	11.41
	薯类	3 000.00	5.90	0.00	0.00	50.00	0.47	0.00	0.00
	食糖	0.00	0.00	0.00	0.00	0.00	0.00	0.00	0.00
	甘蔗	0.00	0.00	0.00	0.00	0.00	0.00	0.00	0.00
	甜菜	0.00	0.00	0.00	0.00	0.00	0.00	0.00	0.00
	其他油料	0.00	0.00	0.00	0.00	0.00	0.00	0.00	0.00
畜产品	牛（牛肉）	0.00	0.00	0.00	0.00	0.00	0.00	0.00	0.00
	羊（羊肉）	0.00	0.00	0.00	0.00	0.00	0.00	0.00	0.00
	猪（猪肉）	0.00	0.00	0.00	0.00	0.00	0.00	0.00	0.00
	禽（禽肉）	0.00	0.00	0.00	0.00	0.00	0.00	0.00	0.00
	乳及乳制品	2 997.00	5.89	0.00	0.00	91.42	0.85	0.00	0.00
水产品	淡水养殖	0.00	0.00	0.00	0.00	0.00	0.00	0.00	0.00
	海水捕捞及养殖	0.00	0.00	0.00	0.00	0.00	0.00	0.00	0.00
林木产品	木材、竹材、经济林	0.00	0.00	0.00	0.00	0.00	0.00	0.00	0.00
其他	其他	41 683.20	81.91	9 406.04	60.08	10 135.62	94.48	3 221.81	88.59

（六）企业境外投资社会责任履行情况

2018年底河南省企业在外投资共为投资对象国提供就业岗位2 333个，工资支出420.45万美元，缴纳税金452.8万美元，指导当地农民开展农业生产人数6 160人。农业对外投资活动在为所在国提供就业岗位、增加税收等方面做出贡献的同时，还将河南省先进的农作物种植、牲畜养殖、农产品加工等技术带到了所在国，指导当地农民开展农业生产，对当地农业生产起到了示范带动作用，得到了投资对象国政府领导、州政府和当地农户的肯定和好评，服务了国家外交战略，对国家"一带一路"倡议带来了积极影响。

三、典型企业案例：洛阳万邦优选供应链管理有限公司

（一）企业概况

2017年7月，河南万邦国际集团与中检集团合资成立河南万邦优选供应链管理有限公司，注册资金5 000万元，旨在利用河南农业厚植优势、万邦物流产业和资金优势、郑州交通枢纽货运优势，抢占"一带一路"倡议与河南自贸区发展有利先机，搭建河南省以及中部地区农副产品进出口贸易综合服务平台。

2018年4月，洛阳万邦优选供应链管理有限公司在河南自贸区洛阳片区成立（隶属于万邦国际集团），注册资金5 000万元。6月，在乌兹别克斯坦注册成立厚疆国际农业发展有限责任公司；同年9月获得河南省商务厅颁发的企业境外投资证书，万邦一布哈拉境外农业示范园区项目建设正式拉开帷幕。

（二）对外农业投资情况

万邦一布哈拉境外农业示范园区为乌兹别克斯坦共和国布哈拉州的自由经济合作区，项目占地100平方千米，计划分四期建设，是河南省政府和乌兹别克斯坦总统亲自参与推动的重点项目。投资规模及建设内容如下：一期投资5 000万美元，计划建设绿豆分拣加工厂、保鲜库，水果分拣加工厂、保鲜库，办公楼、宿舍、展示馆，农业合作区主入口景观，绿豆、粮食种植区节水灌溉、良种，水果、蔬菜种植区大棚，农业物联网，农机维修厂、租赁、销售。二期投资1.5亿美元，计划建设兽药工厂，扩大水果、蔬菜种植区投资，饲料工厂，羊肉屠宰加工厂，20 000吨冷库、冷藏车，3 000头活牛育肥场。三期投资1.2亿美元，计划建设100 000吨冷库冷链物流中心，现代畜牧业养殖场，国际农业技术培训交流中心，农业科研、良种研发中心，有机食品加工厂。四期投资1.8亿美元，计划建设农业生态旅游中心、中乌友谊专家公寓、中乌国际农业展览中心、万邦自由贸易中国商品城。

为保障项目稳定快速建设，布哈拉政府为合作区提供以下优惠政策：

（1）经贸区政策50年不变，前15年免任何税收，免除税种包括土地税、利润税、法人财产税、

改善和发展社会基础设施税、共和国道路税等；后15年税收在现行基础上减半。不增加额外税目和收费，未获中国大使馆同意，不得任意罚款。

（2）确定洛阳—布哈拉经贸区100平方千米土地使用权，对于经贸区建设审批，对土地使用性质给予特殊政策。对于工程审批，行政审批明确快捷流程和时限，防止行政推诿而延误经贸区建设。

（3）锁定乌国现行天然气、电力、石油供应价格，15年内如果增加则由贵国政府给予补贴。政府对于区外道路、电力、燃气、供水及排污等给予配套支持。

（4）配合经贸区建设项目共同推动中国政府、质检总局开放肉类、粮食、果蔬等农产品准入，同时推动第三国允许准入，消除进出口技术壁垒。

项目一期已投资2 170万元，建成2 000公顷高科技绿豆试验田，购置20台农机设备，改造绿豆分拣加工厂，购置绿豆分拣设备。

目前公司已经组织万邦物流城内从事进出口贸易额商户在当地种植、收购绿豆，目前种植面积逾2 000公顷，2018年累计发回12个绿豆专列（41柜／列），借助万邦国际物流城全国批发销售的优势分销全国。在中乌两国领导、河南-布哈拉省/州领导的共同支持和推动下，万邦优选将进一步组织国内商家进行车厘子、黑加仑、瓜果类，苜蓿，孜然，牛、羊肉等种植、养殖项目，打造境外农业产业园和境外采摘、分销服务网络。

四、农业对外投资面临的问题及建议

2018年，农业对外投资合作总体上保持了平稳态势，没有出现系统性风险问题。但是，对比2017年数据，无论在"走出去"企业信息采集数量、对外投资增量及企业经营效益方面，均出现下滑现象。其根本原因，除了世界经济增长乏力、中美贸易摩擦加剧、中国经济增速放缓、供给侧结构性改革等原因外，农业对外投资缺规划、缺资金、缺政策、缺人才和缺服务等5个问题没有根本改善还是主要原因。

为此，提出建议如下：

（1）完善政策保障体系。当前国际形势复杂多变，经济增长动力不足，中美贸易摩擦面临众多不确定性因素，加上贸易保护主义抬头，关税大棒、技术壁垒使用频度加剧，农产品国际贸易和农业对外投资受到了比较直接的影响冲击。要积极有效应对世界经济百年未有之大变局和国际贸易治理体系、治理规则再调整再平衡，就必须树立国际视野和战略眼光，着力构建符合国际贸易规则、符合经济发展要求、符合企业现实需求的政策体系，从合作规划、思路对策、保障措施、组织领导上做到灵活高效、管用对路。

（2）整合现有资金（基金）渠道。从目前来看，由于地方财政专项资金管理办法所限，现行的资金支持手段，比如境外农业园区的奖补资金（专项资金和大额度奖励大多来自商务部门），地方农业农村部门很难就同一事由再次设立专项资金（基金），所以建议农业农村部从顶层进行统一考虑，争取必要的政策资金支持，比如设立服务中小型企业"走出去"专项基金等。此外，由于银信担保等行业制度和利益诉求，现行的政策性优惠贷款更多倾向于国有企业，民营、中小型企业对外投资和贸易出口很难从操作层面获得切实可行的补贴支持，造成了企业资金相对短缺、境外经营困难、产业融合度不高、出口贸易受阻等现实困难。

（3）加大"两区"支持力度。"两区"建设是农业对外合作的重要切入点和支撑点，也是扩大农业对外投资、提升国际贸易水平的重要平台，建议在政策引导、信息服务、人才培育、产业融合、平台构建上加大力度，在国家间检验检疫监管互认、进出口配额、投资国签证管理、农机购置境外延伸补贴上加强政府间的协调，为企业运营提供切实可行的支持保障，有效激发"两区"实施主体的积极性、创造力，助推"两区"发挥高地引领、产业带动、孵化整合功能，推动产能输出、技术引进和产业结构升级。

（4）强化信息服务功效。充分发挥信息服务决策功能，发掘信息资源价值，拓宽信息收集渠道，构建服务农业"走出去"的专门平台，通过完备及时的境外国家政治外交、政策税收、法律体系、农业状况、社会治理、出入境管理、投资以及社会风险提示等多元化信息，为意向"走出去"企业或者境外项目实施企业提供及时到位的信息支撑。

（5）打造专业过硬队伍。农业对外合作涉及国际政治、国家治理、贸易规则及属地管理，需要统筹国际国内两个市场、两种资源和两类规则，要适应国际竞争规则，有效应对国际贸易争端，必须有一支懂业务、懂管理、懂技术、懂外语的专业团队，从政策创设、规划引领、协调指导和工作落实上给予支持配合。建议在对外合作人才方面指导意见，完善业务培训体系，健全政策支持和组织保障制度，理顺对外合作机构的上下关系、内部关系，激发整体工作活力。

2018云南省农业对外投资合作分析报告

一、云南省对外农业投资合作总体情况分析

截至2018年12月底，云南省进行对外农业投资的企业为144家，同比增长13.39%；在境外投资设立农业企业164家，同比增长19.71%；对外农业累计投资额达115 221.70万美元，同比增长39.14%；新增投资额为19 269.40万美元，同比增长12.10%；对外投资企业资产总额206 146.82万美元，同比增长117.54%。

（一）总量特征

1. 新增投资额分析

2018年1～12月，云南省对外农业新增投资额为19 269.40万美元，较2017年增加2 079.87万美元，同比增长12.10%。对外投资主要分布在经济作物、粮食作物、畜牧业和其他方面。其中，对外经济作物新增投资额为11 556.74万美元，占云南省对外农业新增投资总额的59.98%；对外粮食作物新增投资额为3 852.22万美元，占云南省对外农业新增投资额的19.99%；对外畜牧业新增投资额为1 713.10万美元，占云南省对外农业新增投资额的8.89%；对外其他行业新增投资额为2 147.34万美元，占云南省对外农业新增投资总额的11.14%。

从新增投资额的投资环节分布来看，投资于生产环节的新增投资额为16 142.85万美元，占对外新增投资总额的83.77%；投资于加工环节的新增投资额为1 654.95万美元，占对外新增投资总额的8.59%；投资于仓储环节的新增投资额为502.72万美元，占对外新增投资总额的2.61%；投资于物流环节的新增投资额为792.20万美元，占对外新增投资总额的4.11%；投资于科研环节的新增投资额为158.36万美元，占对外新增投资总额的0.82%；投资于品牌环节的新增投资额为18.32万美元，占对外新增投资总额的0.10%。

2. 累计投资额分析

截至2018年12月底，云南省对外农业累计投资总额达115 221.70万美元，较2017年增加32 414.49万美元，同比增长39.14%。其中，投资于生产环节的累计投资额为92 732.94万美元，占全部累计投资额的80.48%；投资于加工环节的累计投资额为15 453.00万美元，占全部累计投资额的13.41%；投资于仓储环节的累计投资额为3 170.79万美元，占全部累计投资额的2.75%；投资于物流环节的累计投资额为2 947.87万美元，占全部累计投资额的2.56%；投资于科研环节的累计投资额为533.66万美元，占全部累计投资额的0.47%；投资于品牌环节的累计投资额为383.43万美元，占全部累计投资额的0.33%。

3．投资企业数量

截至2018年12月底，云南省对外农业投资企业总数为164家。从区域和国家分布来看，分布于亚洲的有162家，占云南省对外农业投资企业总数的98.78%，其中，老挝68家，缅甸70家，泰国10家，越南5家，柬埔寨5家，新加坡2家，马来西亚1家，日本1家。

分布于欧洲（荷兰）的有1家，占云南省对外农业投资企业总数的0.61%；分布北美洲（美国）的有1家，占云南省对外农业投资企业总数的0.61%。

（二）企业经营状况

云南省164家对外农业投资企业2018年末资产总额为206 146.82万美元，年度营业收入总额为459 993.54万美元，年底境外企业总人数为33 668人，雇用外方人员为43 691人，雇用外方人员工资总额为10 598.93万美元，在东道国缴纳税金达953.93万美元。

1．资产状况及投资情况

企业资产状况。164家对外农业投资企业中，资产总额在10 000万美元以上的企业有3家，占云南省对外农业投资企业总数的1.83%；资产总额5 000万~10 000万美元的有4家，占总数的2.44%；资产总额1 000万~5 000万美元的有38家，占23.17%；资产总额500万~1 000万美元的有26家，占15.85%；资产总额200万~500万美元的有39家，占23.78%；资产总额100万~200万美元的有22家，占13.42%；资产总额不足100万美元的企业有32家，占19.51%。

企业投资状况。164家对外农业投资企业中，累计投资额超过1亿美元的企业有1家，占云南省对外农业投资企业总数的0.61%；累计投资额达5 000万~10 000万美元的有2家，占1.22%；累计投资额2 000万~5 000万美元的6家，占3.66%；累计投资额1 000万~2 000万美元的25家，占15.24%；累计投资额500万~1 000万美元的29家，占17.68%；累计投资额200万~500万美元的38家，占23.17%；累计投资额100万~200万美元的17家，占10.37%；累计投资额不足100万美元的企业有46家，占28.05%。

2．企业投资类型

企业投资类型。164家对外农业投资企业中，独资企业为89家，占云南省对外农业投资企业总数的54.27%；合资企业为33家，占总数的20.12%；合作企业为36家，占总数的21.95%；其他类型6家，占总数的3.66%。与2017年相比，独资企业增加11家，同比增长14.10%；合资企业减少2家，同比下降5.71%；合作企业增加12家，同比增长50.00%。

企业设立方式。164家对外农业投资企业中，作为子公司的有72家，占云南省对外农业投资企业总数的43.90%；作为联营公司的有27家，占总数的16.46%；作为分支机构的有13家，占总数的7.93%；不明确设立方式的有52家，占总数的31.71%。与2017年相比，子公司增加13家，同比增长22.03%；联营公司减少2家，同比下降6.90%；分支机构减少2家，同比下降13.33%；不明确设立方式增加18家，同比增长52.94%。

企业经营状态。164家对外农业投资企业中，处于正常经营状态的企业为150家，占云南省对外农业投资企业总数的91.46%，较2017年增长27.12%；处于筹备设立状态的企业为4家，占总数的2.44%，较2017年下降50%；处于暂停经营状态的企业为5家，占总数的3.05%，较2017年下降54.55%；注销的企业为5家，占总数的3.05%。

（三）企业对外农资投入基本情况

到2018年12月底，企业购买农资总金额为18 614.21万美元。其中，从东道国购买农资的总金额为4 152.29万美元，由我国国内购买农资的总金额为14 086.41万美元，从其他国家进口农资的总金额为375.51万美元。根据购买农资的种类来看，购买种子的金额为454.50万美元，占购买农资总额的2.44%；购买农药437.95万美元，占总额的2.35%；购买化肥13 361.72万美元，占总额的71.78%；购买农机1 407.65美元，占总额的7.56%；购买种禽畜140.78万美元，占总额的0.76%；购买种苗89.56万美元，占总额的0.48%；购买饲（草）料806.10万美元，占总额的4.33%；购买其他农资的金额为1 915.95万美元，占总额的10.30%。

从东道国购买农资的4 152.29万美元中，购买种子的金额为299.11万美元，占从东道国购买农资总额的7.21%；购买农药268.30万美元，占6.46%；购买化肥2 561.96万美元，占61.70%；购买农机70.73美元，占1.70%；购买种禽畜140.78万美元，占3.39%；购买种苗42.94万美元，占1.03%；购买饲（草）料726.10万美元，占17.49%；购买其他农资的金额为42.37万美元，占从东道国购买农资总额的1.02%。

从我国国内购买农资总金额的14 086.41万美元中，购买种子的金额为155.39万美元，占从国内购买农资总额的1.10%；购买农药160.55万美元，占1.14%；购买化肥10 713.35万美元，占76.06%；购买农机1 336.92美元，占9.49%；购买种苗46.62万美元，占0.33%；购买其他农资1 673.58万美元，占从国内购买农资总额的11.88%。

（四）对外农业投资发展趋势

1．对外农业投资额度大幅增长，投资规模迅速扩大

截至2018年12月底，云南省对外农业累计投资额达115 221.70万美元，同比增长39.14%；新增投资额为19 269.40万美元，同比增长12.10%；对外投资企业资产总额达206 146.82万美元，同比增长117.54%。

2．对外农业投资企业数量规模增加，效益稳步提升

2018年，云南省对外农业投资企业资产在1亿美元以上的企业有3家；资产总额在5 000万

美元以上企业有 **7** 家，较 **2017** 年增加 **5** 家，占云南省对外农业投资企业总数的比重从 **1.46%** 提高到 **4.27%**，提升了 **2.81** 个百分点。资产总额不足 **100** 万美元的企业从 **35** 家减少到 **32** 家，所占比重从 **25.55%** 下降到 **19.51%**。从对外农业投资企业平均资产规模来看，对外农业投资企业平均资产规模从 **2017** 年的 **691.71** 万美元/家提高到 **1 256.99** 万美元/家，同比增长 **81.72%**。从企业经营状态来看，处于正常经营状态的企业为 **150** 家，占云南省对外农业投资企业总数的 **91.46%**，较 **2017** 年增长 **27.12%**；处于暂停经营状态的企业为 **5** 家，占云南省对外农业投资企业总数的 **3.05%**，较 **2017** 年下降 **54.55%**。

3．独资企业比例减少，联合投资趋势显现

云南省农业对外投资企业大部分以替代种植项目起步，逐步实现发展转型，呈现出从以独立投资为主转化为多种方式联合投资的发展趋势。**2018** 年，云南省对外农业投资独资企业 **89** 家，占全部对外农业投资企业的比重从 **56.93%** 下降为 **54.27%**，下降了 **2.66** 个百分点；合资企业、合作企业为 **69** 家，占云南省对外农业投资企业总数的比重提高到 **42.07%**，其中，合作企业同比增长 **50.00%**。

4．对外投资企业更替加剧，企业变化明显

云南省农业对外投资企业变化明显。**164** 家对外农业投资企业中，注册年份在 **2010** 年以后的企业有 **42** 家，占对外农业投资企业总数的 **25.61%**，说明近年来新的对外农业投资企业不断增加；处于暂停经营状态的企业为 **5** 家，注销的企业为 **5** 家，占对外农业投资企业总数的 **6.10%**，说明一些传统的对外农业投资企业也在不断退出，对外投资农业企业的更替逐渐加剧。

5．投资发展因地制宜，呈现本土化发展趋势

2018 年，云南省对外农业投资企业雇用外方人员达 **43 691** 人，比 **2017** 年增加 **13 927** 人，同比增长 **46.79%**。企业通过深入分析和了解当地民俗民风和经济文化，充分利用投资地的人力资源和人才队伍，加强人力资源开发和培训，加快培养企业外方人员管理骨干和员工队伍的建设。同时，通过让当地员工持有部分企业股份，分享企业发展红利，增强外方员工对企业的主人翁意识和企业为"家"的归属感，建立企业和外方员工命运共同体、利益共同化的紧密关系。企业本土化发展趋势，将助推对外农业投资企业更加健康可持续发展。

6．贸易与投资并举，进一步促进合作共赢

以贸易为牵引，带动农业对外投资是云南农业对外投资呈现的重要发展趋势。云南省一批生产、加工、流通、出口型的农业龙头企业，通过在南亚东南亚设立分支机构，在开展农产品进出口贸易的基础上，不断在境外建设生产、加工基地，加大对外农业投资合作，有效带动了农业投资"走出去"，呈现良好的发展态势。

二、对外农业投资重点区域情况分析

（一）在东盟农业投资情况

截至2018年12月底，云南省在东盟国家投资成立的农业企业达161家，占云南省对外农业投资企业总数的98.17%；对东盟国家的农业新增投资额为19 269.40万美元，较2017年增加2 079.87万美元，同比增长12.10%；对东盟国家的农业累计投资额为115 073.70万美元，较2017年增加32 409.17万美元，同比增长39.21%。

云南省对东盟国家农业投资主要分布于老挝、缅甸、泰国、越南、柬埔寨、新加坡、马来西亚。对各个国家的新增投资额及累计投资额详见表1。

表1　2018年云南省对东盟农业投资的主要国家

国家	企业数（家）	新增投资额（万美元）	累计投资额（万美元）
老挝	68	6 174.61	70 334.04
缅甸	70	12 879.29	42 160.42
泰国	10	10	1 040.54
越南	5	0	487.60
柬埔寨	5	200.50	537.60
新加坡	2	0	360.50
马来西亚	1	5	153
合计	161	19 269.40	115 073.70

云南省对东盟国家主要投资于粮食作物、经济作物、畜产品和化肥等领域的生产。2018年，粮食总产量为682 204.70吨，较2017年增加143 912.78吨，同比增长26.74%，其中玉米产量为376 705吨，水稻产量为263 624.70吨，薯类产量为19 900吨。经济作物主要为橡胶、甘蔗，其中橡胶产量为259 931.49吨，甘蔗产量为394 531.12吨。畜产品主要有猪肉和牛肉，其中猪肉产量为2 388.50吨，牛肉产量为741.56万吨。化肥产量为10 319.55吨。

（二）对主要国家的农业投资情况

1. 在老挝的农业投资情况

2018年，云南省在老挝投资设立的农业企业为68家，较2017年增加3家，同比增长4.62%；对老挝农业新增投资额为6 174.61万美元，较2017年减少7 270万美元，同比下降54.07%；对老挝农业累计投资额为70 334.04万美元，较2017年增加17 260.29万美元，同比增长32.52%。

截至2018年12月底，云南省在老挝投资设立的农业企业资产总额为82 632.22万美元，年农业产业营业收入总额为91 598.95万美元，在东道国缴纳税金为114.64万美元；境外企业年末员工总人数达7 229人，雇用外方人员达14 621人，雇用外方人员年工资总额为7 471.31万美元。

2018年，云南省对老挝农业投资生产的粮食总产量为340 873.70吨，比2017年减少125 196.92吨，同比下降26.86%，主要包括水稻、玉米、薯类和薏仁谷等；天然橡胶产量为138 003.13吨，比2017年增加13 551.53吨，同比增长10.89%；甘蔗产量为1 956吨，香蕉产量为1 500吨，咖啡产量4 856吨，猪肉产量为635.50吨，牛肉产量为49.56万吨。

2. 在缅甸农业投资情况

2018年，云南省在缅甸投资设立的农业企业为70家，较2017年增加26家，同比增长59.09%；对缅甸农业新增投资额为12 879.29万美元，较2017年增加9 497.37万美元，同比增长280.83%；对缅甸农业累计投资额为42 160.42万美元，较2017年增加16 793.81万美元，同比增长66.20%。

截至2018年12月底，云南省在缅甸投资设立的农业企业资产总额为60 877.25万美元，年农业产业营业收入总额为38 441.85万美元，在东道国缴纳税金792.68万美元；境外企业年末员工总人数达25 941人，雇用外方人员达28 847人，雇用外方人员年工资总额为2 917.42万美元。

2018年，云南省对缅甸农业投资生产的粮食总产量为341 331吨，比2017年增加269 109.7吨，同比增长372.62%，主要包括水稻、玉米、大豆和绿豆等；天然橡胶产量为121 266.58吨，比2017年增加98 259.28吨，同比增长427.08%；甘蔗产量为392 575.12吨，香蕉产量为85 072吨，西瓜产量为70 704吨，芝麻产量为19 153吨，猪肉产量为1 753吨，牛肉产量为692吨，化肥产量为10 319.55吨，蚕茧产量135吨，咖啡产量为5吨，茶叶产量为13吨，砂仁产量为200吨，花卉产量为150吨。

3. 在泰国农业投资情况

云南省在泰国投资设立的农业企业为10家，2018年新增投资额10万美元，较2017年减少143万美元，同比下降93.46%；对泰国农业累计投资额为1 040.54万美元，较2017年减少214.69万美元，同比下降17.10%。

截至2018年12月底，云南省在泰国投资设立的农业企业资产总额为5 902.73万美元，年农业产业营业收入总额为9 466.12万美元，在东道国缴纳税金6.99万美元；境外企业年末员工总人数达91人，雇用外方人员达91人，雇用外方人员年工资总额为38.51万美元。

2018年，云南省对泰国农业投资生产的蔬菜产量为166 926吨，水果产量为39 006吨，天然橡胶产量为661.79吨。

4. 在柬埔寨农业投资情况

云南省在柬埔寨投资设立的农业企业为5家。2018年，云南省对柬埔寨农业新增投资额为200.50万美元，较2017年减少9.50万美元，同比下降4.52%；对柬埔寨农业累计投资额为537.60万美元，较2017年减少258.50万美元，同比下降32.47%。

截至2018年12月底，云南省在柬埔寨投资设立的农业企业资产总额为1 310.50万美元，年农业产业营业收入总额为1 340.40万美元，在东道国缴纳税金23万美元；境外企业年末员工总人数达65人，雇用外方人员达52人，雇用外方人员年工资总额为39.36万美元。

2018年，云南省对柬埔寨农业投资生产的蔬菜产量为17 400吨，花卉产量为450吨。

5. 在越南农业投资情况

云南省在越南投资设立农业企业为5家。2018年，云南省对越南农业累计投资额为487.60万美元，较2017年减少695万美元，同比下降58.77%。

截至2018年12月底，云南省在越南投资设立的农业企业资产总额为4 604.78万美元，年农业产业营业收入总额为11 561.04万美元，在东道国缴纳税金13.62万美元；境外企业年末员工总人数达285人，雇用外方人员达42人，雇用外方人员年工资总额为30.83万美元。

2018年，云南省对越南农业投资生产的蔬菜产量为3 350吨，饲料产量为32 682吨。

三、对外农业投资的行业分析

从对外农业新增投资的行业分布来看，云南省对外农业新增投资主要分布在经济作物、粮食作物、畜牧业等行业。2018年，云南省对外经济作物新增投资额11 556.74万美元，占云南省对外农业新增投资总额的59.98%；对外粮食作物新增投资额3 852.22万美元，占19.99%；对外畜牧业新增投资额1 713.10万美元，占8.89%；对外其他行业新增投资额2 147.34万美元，占11.14%。

（一）经济作物投资情况

1. 投资国别情况

对外经济作物新增投资额为11 556.74万美元，主要分布在老挝、缅甸、柬埔寨、马来西亚等4国，新增投资额分别为4 407.82万美元、6 943.92万美元、200万美元和5万美元，分别占云南省对外经济作物新增投资额的38.14%、60.09%、1.73%和0.04%。

2. 投资企业情况

云南省对外经济作物投资主要涉及企业112家。2018年，对外经济作物新增投资额在1 000万美元以上的企业有4家，200万~1 000万美元的有8家，100万~200万美元的有10家，10万~100万美元的有31家，投资在10万美元以下的有13家；有21家企业新增投资额为零。

3. 投资环节情况

2018年，在对外经济作物新增投资中，生产、加工、仓储、物流、科研和品牌等环节的新增投资额分别为9 546.23万美元、1 070.26万美元、253.16万美元、648.89万美元、24.64万美元和13.55万美元，分别占云南省对外经济作物新增投资额的82.60%、9.26%、2.19%、5.61%、0.22%和0.12%。

（二）粮食作物投资情况

1. 投资国别情况

云南省对外粮食作物投资主要涉及老挝、缅甸、新加坡3个国家。对外粮食作物新增投资额为3 852.22万美元。其中，对缅甸粮食作物新增投资额为2 943.38万美元，占云南省对外粮食作物新增投资额的76.41%；对老挝粮食作物新增投资额为908.84万美元，占23.59%。

2. 投资企业情况

云南省对外粮食作物投资主要涉及63家企业。对外粮食作物新增投资额在1 000万美元以上的企业有1家，200万~1 000万美元的5家，100万~200万美元的2家，10万~100万美元的22家，10万美元以下的10家；23家企业对外粮食作物新增投资为零。

3. 投资环节情况

从投资环节来看，在云南省对外粮食作物新增投资中，生产、加工、仓储、物流、科研和品牌等环节的新增投资额分别为3 357.55万美元、228.98万美元、125.45万美元、133.84万美元、3.20万美元和3.20万美元，分别占云南省对外粮食作物新增投资额的87.17%、5.94%、3.26%、3.47%、0.08%和0.08%。

（三）畜牧业投资情况

1. 投资国别情况

云南省对外畜牧业投资主要涉及老挝、缅甸、越南3个国家。2018年，云南省对外畜牧业新增投资额为1 713.1万美元。其中，对缅甸畜牧业的新增投资额为1 240万美元，占云南省对外畜牧业新增投资额的72.38%；对老挝畜牧业新增投资额473.1万美元，占27.62%。

2. 投资企业情况

云南省对外畜牧业投资主要涉及企业13家。新增投资额在1 000万美元以上的企业有1家，200万~1 000万美元的1家，10万~100万美元的6家，企业投资在10万美元以下的1家；有4家企业对外畜牧业新增投资额为零。

3．投资环节情况

从投资环节来看，在云南省对外畜牧业新增投资中，生产、加工、仓储、物流、科研等环节的新增投资额分别为1 130.48万美元、347.2万美元、103.22万美元、3万美元、129.2万美元，分别占云南省畜牧业对外新增投资额的65.99%、20.27%、6.02%、0.18%和7.54%。

四、不同类型企业对外投资情况分析

（一）农业龙头企业对外投资情况

2018年，云南省农业龙头企业在境外投资设立的企业共计43家，占云南省对外农业投资企业总数的26.22%；注册资本为14 364.77万美元，占总额的30.80%；对外农业新增投资额为3 699.84万美元，占19.20%；农业产业营业收入总额为344 156.55万美元，占74.82%。

截至2018年12月底，云南省农业龙头企业对外农业累计投资额为17 973.27万美元，占云南省对外农业累计投资总额的15.60%；对外农业投资资产总额为82 093.99万美元，占云南省对外农业投资资产总额的39.82%。

1．国家级、省级及州（市）级农业龙头企业对外投资情况

2018年，国家级农业龙头企业有2家、省级农业龙头企业有18家、州（市）级农业龙头企业有23家在境外投资设立企业。

国家级龙头企业对外农业新增投资额为14.95万美元，占云南省农业龙头企业对外农业新增投资总额的0.40%；省级农业龙头企业对外农业新增投资额为262.11万美元，占新增投资总额的7.09%；州（市）级农业龙头企业对外农业新增投资额为3 422.78万美元，占新增投资总额的92.51%。

截至2018年底，国家级农业龙头企业对外农业累计投资额为1 113.72万美元，占云南省农业龙头企业对外农业累计投资总额的6.19%；省级农业龙头企业对外农业累计投资额为5 292.50万美元，占累计投资总额的29.45%；州（市）级农业龙头企业对外农业累计投资额为11 567.05万元，占累计投资总额的64.36%。

2．农业龙头企业对外农业投资国家分布

云南省农业龙头企业对外农业投资涉及国家较多，主要以亚洲国家为主，并且集中在东盟国家。2018年，在缅甸、老挝、泰国、越南、柬埔寨和新加坡的投资企业分别为16家、7家、7家、5家、3家和2家，在日本、马来西亚、美国各有1家。

3．农业龙头企业产品情况

2018年，云南省农业龙头企业对外农业投资生产的粮食产量为121 013吨，占云南省对外农业

投资企业粮食生产总产量的18.90%，主要包括水稻、玉米；天然橡胶产量为51 055.90吨，占云南省对外农业投资企业橡胶生产总产量的19.64%；其他经济作物总产量为365 729.42吨，主要包括甘蔗、蔬菜、水果、花卉等；畜产品总产量为647.50吨，其中，猪肉为635.50吨，牛肉为12吨；饲料产量为32 682吨。

（二）非农企业对外农业投资情况

2018年，云南省非农企业对外农业投资企业为32家。其中，投资来源于西双版纳州的有7家，德宏州的有6家，昆明市的有5家，普洱市的有5家，临沧市的有4家，保山市的有3家，玉溪市的有2家。

1．非农企业对外农业投资规模和构成

2018年，云南省非农企业对外农业新增投资额为4 478.26万美元。其中，对外经济作物新增投资额为1 937.07万美元，占云南省非农企业对外农业新增投资额的43.25%；对外粮食作物新增投资额为2 218.97万美元，占49.55%；对外畜牧业新增投资额为62万美元，占1.38%；对外其他行业新增投资额为260.22万美元，占5.81%。

截至2018年12月底，云南省非农企业对外农业累计投资额为22 673.77万美元。投资于生产、加工、仓储、物流、科研和品牌等环节的资金分别为20 598.45万美元、1 164.70万美元、367.55万美元、429.28万美元、41.65万美元和72.14万美元，分别占云南省非农企业对外农业累计投资额的90.85%、5.14%、1.62%、1.89%、0.18%和0.32%。

2．非农企业对外农业投资的国家分布

2018年，云南省非农企业对外农业投资企业在老挝有8家，缅甸有23家，泰国1家。

云南省非农企业对外农业新增投资额为4 478.26万美元。其中，对老挝农业新增投资额为362.22万美元，占云南省非农企业对外农业新增投资额的8.09%；对缅甸农业新增投资额为4 116.04万美元，占91.91%。

截至2018年12月底，云南省非农企业对外农业累计投资额为22 673.77万美元。其中，对老挝农业累计投资额为6 177.38万美元，占云南省非农企业对外农业累计投资额的27.24%；对缅甸农业累计投资额为16 257.39万美元，占71.70%；对泰国农业累计投资额为239万美元，占1.05%。

五、对外农业投资面临的主要风险、困难和政策建议

（一）农业对外投资风险情况分析

对外农业投资风险水平较高。在本次参与信息采集及调查的164家企业中，认为对外农业投资风险很高和高的企业分别有11家和62家，占参与调查企业总数的44.51%；认为风险一般的企

有75家，占参与调查企业总数的45.73%；认为风险较低或者低的企业有13家，占参与调查企业总数的7.93%。从是否遭遇过风险来看，选择遭遇过风险的企业达67家，占参与调查企业总数的40.85%。

政治和市场风险仍是对外投资的主要风险。从可能发生的首要风险类型来看，首要风险选择政治风险的有86家，占参与调查企业总数的52.44%；选择市场风险的有29家，占17.68%；选择自然风险的有21家，占12.80%；选择商业环境风险的有17家，占10.37%；选择法律风险的有5家，占3.05%。从影响最大的风险类型来看，认为政治风险最大的有93家，占参与调查企业总数的56.71%；认为市场风险影响最大的有22家，占13.41%；认为商业环境风险影响最大的有19家，占11.59%；认为自然风险影响最大的有23家，占14.02%；认为法律风险影响最大的有1家，占0.61%；认为技术风险影响最大的有1家，占0.61%。

风险国家主要为老挝、缅甸和泰国。在老挝遭遇风险的企业有24家，占遭遇过风险企业总数的35.82%；在缅甸遭受风险的企业有31家，占46.29%；在泰国遭遇风险的企业有5家，占7.46%。3个国家遭遇风险的企业数占遭遇过风险企业总数的89.57%。

（二）农业对外投资面临的主要问题

1. 资金短缺、融资难成为最大的瓶颈

云南省90%以上的对外农业投资企业资产在5 000万美元以下，55%以上的企业资产在500万美元以下，大部分对外农业投资企业都在毗邻国家投资，而这些国家均被国内银行列为贷款高风险国家，"走出去"的农业企业贷款难，融资渠道受限，融资成本高，对外投资规模严重受阻。在对164家对外农业投资企业政策诉求调查中，对最迫切需要国内支持的政策选项中，选择资金的有96家，占参与调查企业总数的58.54%；选择金融的有24家，占参与调查企业总数的14.63%。

2. 通关手续复杂、效率不高亟待解决

云南省对外农业投资主要在外种植甘蔗、水果等季节性产品，通关便利化、增加进出口配额、提升检验检疫效率、完善与相关国家政策衔接等方面是企业的首要诉求。在对164家对外农业投资企业政策诉求调查中，对最迫切需要国内支持的政策选项中，选择通关方面的有34家，占参与调查企业总数的20.73%；选择检验检疫方面的有1家，占参与调查企业总数的0.61%。对第二最迫切需要国内支持的政策选项中，选择通关方面的有58家，占参与调查企业总数的35.37%。对第三迫切需要国内支持的政策选项中，选择通关方面的有40家，占参与调查企业总数的24.39%。

3. 税收扶持政策和公共服务亟待完善

完善对外农业投资的税收优惠扶持政策和保险等其他公共服务是企业迫切需要和对外农业投资

面临的重要问题。在对**164**家对外农业投资企业政策诉求调查中，对第二迫切需要国内支持的政策选项中，选择税收方面扶持政策的有**36**家，占参与调查企业总数的**21.95%**。对第三迫切需要国内支持的政策选项中，选择税收方面扶持政策的有**32**家，占参与调查企业总数的**19.51%**；选择公共服务方面的有**42**家，占参与调查企业总数的**25.61%**；选择保险方面的有**16**家，占参与调查企业总数的**9.76%**。

此外，对外农业投资中人才不足、高层次经营管理人才短缺也是制约农业对外投资企业发展的重要因素。

（三）农业对外投资的政策建议

1．加大财税政策扶持和金融支持力度，完善管理评价机制

加强对外农业投资合作的财政支持，设立对外农业投资合作专项经费，对重点企业、重点产品、重点项目采用贴息补助、运费补助、农机具补助等方式，推动对外农业投资企业不断加强基础设施建设，提升生产经营管理水平，保证对外农业投资企业走得出去，留得下来，推动对外农业投资不断拓展和深化。对外农业投资企业所得税、进出口关税等税收给予一定的减免，减轻企业的税负。国家设立的中小企业国际市场开拓基金，给予对外农业投资企业倾斜支持。商业金融机构进一步完善对外农业投资信贷担保的政策和措施，加强对企业对外农业投资的信贷支持，降低企业融资成本。探索建立有效的对外农业投资合作专项经费运行机制和管理模式，建立完善对外农业投资资金支持与评价机制，提高对外农业投资资金支持力度和资金使用绩效的追踪。

2．加强政府间的合作，进一步提升通关便利化水平

积极推动农业贸易投资谈判，把农业境外资源开发纳入双边或多边经贸谈判框架中，通过外交谈判协商解决人员签证期限过短、劳务人员限制入境等问题。在国家相关法律法规管理规范的基础上，强化因地制宜，实现对外投资企业人员、货物出入境的便利化管理。在确保生物安全的基础上，适度扩大我国对东南亚国家农产品进口准入目录，增加境外农产品的投资种植品种，提升投资效益。结合各级口岸和边境通道的实际情况，针对农业生产物资外运、农产品回运等环节，加强季节性重点工作的安排，提高通关检查等工作效率，为农业对外投资运营管理提供有力的服务保障。

3．完善工作机制，提高公共服务水平

加强公共服务机构建设，完善工作机制，提高公共服务水平，为对外农业投资企业提供有效支撑。农业行政管理部门要加强与对外农业投资企业的联系，及时动态掌握对外农业投资合作情况，完善管理服务体系。加强农业农村部门与外事、商务、科技、环保、海关、检验检疫、财政、金融、保险等部门的沟通协调，及时解决对外农业投资合作中的重大问题；建立全国对外农业投资合

作信息定期发布制度和省（自治区、直辖市）信息交换制度，加强全国对外农业投资信息的沟通交流。加强我国在东盟国家的驻外农业服务机构建设，为企业提供更加直接和权威的投资、政策、法律和信息咨询服务，不断提高对企业的公共服务水平。

4．强化对外农业投资合作人员培养，加强人才队伍建设

加快推进农业"走出去"战略所需紧缺人才的培养步伐，采取政府适当资助、企业和高校密切合作的办法，培养造就精通业务、熟悉规则的高层次跨国型经营人才。实行教育的"引进来"和人员的"走出去"形式相结合的方式进行培训，在境外努力培养本土专业人才。有关部门应研究制定鼓励国内农业科技人员赴国外工作的相关政策，明确有关出国人员保留在国内原有职务、岗位，以及不因驻外而中断职称评定、提拔等政策规定，切实解决农业科技人员到国外工作的后顾之忧。

5．强化资本技术合作，提高企业抗风险能力

本着自愿和优势互补的原则，推动对外农业投资企业加强合作，形成合力，降低"走出去"的综合成本，增强竞争力与抗风险能力。要放弃各自为战的经营战略，以资本、技术合作为纽带，联合组建强大的农业企业集团，培育大型农业跨国公司，增加企业在国际市场上的竞争力。要形成长效、共赢的合作机制，通过联合使优势最大化，在资本运作、产品研发、市场开拓、人员培训交流等方面开展工作，扩展利润空间，实现联合"走出去"。要通过联合加强风险控制，在投资方式多元化、融资渠道多元化、投资结构多元化的同时，预先提取风险补偿准备金，尽可能减少损失甚至全部补偿风险导致的损失。

6．加强企业协会组织建设，强化自我规范发展

应加强商会、企业协会等组织建设，强化对外农业投资企业的行业自律和自我管理能力。要充分发挥行业协会的纽带作用，一方面强化和投资国及我国政府联系，加强在营商环境、基础设施等方面和政府的沟通交流，向政府表达企业的合理诉求，充分发挥政府"看得见的手"和市场"看不见的手"共同作用。另一方面，通过企业行业组织，加强企业行业自我管理。要把协会组织作为面向社会公众的重要发声载体，树立其行业仲裁的权威地位。要加强行业行为规范，确保对行业内的不当竞争、欺诈等行为予以揭示和杜绝，强化行业整体形象，对违规企业进行惩戒，以维护行业整体合法权益，降低经营成本，确保对外农业投资企业获得健康持续发展。

六、案例：勐腊县地源商贸有限公司

（一）企业概况

勐腊县地源商贸有限公司成立于 2006 年，是境外罂粟替代种植发展企业，注册资金 600 万元，

公司拥有全资老挝南塔地源橡胶茶叶发展有限公司、股份制国通畜牧业发展有限公司等经济实体，是集现代农业规模化生产、农副产品加工与销售及农业科技研究与推广于一体的多元化现代农业投资贸易公司。

（二）对外农业投资基本情况

2006年，公司投资的老挝南塔地源橡胶茶叶发展有限公司，注册资金300万美元，位于老挝南塔省勐龙县，是一家以种植、加工、销售橡胶、茶叶、香蕉等农产品的综合性农业公司。经过12年的努力，公司在老挝勐龙县已示范种植香蕉2 000公顷、橡胶15 333.33公顷（其中公司自有2 000公顷，公司+农户订单模式13 333.33公顷），并带动当地民众种植茶叶106.67公顷，建立了茶叶加工厂2个。预计年产香蕉12.2万吨、橡胶12 000余吨、稻谷11 000余吨、玉米10 000余吨。

合作出资成立国通畜牧业发展有限公司，按照《云南省跨境动物区域化管理及产业发展试点工作实施方案》要求，实施边境肉牛养殖育肥、屠宰加工产业发展，促进产业升级，提升云南边境地区的肉牛产业发展水平，开展云南跨境动物区域化管理及产业项目。目前，在老挝的进境隔离检疫场、养殖小区、育肥场等已开工建设，拟投资800万元建青储饲料及有机肥生产线，通过"种养+"模式发展立体农业，实现绿色循环发展。公司开展肉牛养殖产业启动以来，勐龙县政府给予首期牧草用地200公顷的支持。

公司在当地发展壮大的同时，免费提供农业种植技术，助推当地民众增收，无偿捐建基础设施，坚持以民心相通为核心塑造国际形象。

（三）生产经营状况及经济效益

截至2018年底，公司总资产3.52亿元，总产值1.61亿元，总利润0.48亿元。拥有技术人才31人。拥有成熟的农业种养殖经营模式。公司坚持以香蕉为主打产业，不断加大投入，已建成香蕉种植小区25个，累计投资近1.2亿元，实现香蕉年产值达1.5亿元。

位于老挝南塔省勐新县的隔离场即将投产，可存栏育肥肉牛6万头，年出栏肉牛60万头。同时，配套建设示范养殖场，新建设一批与养殖基地配套的饲草料基地，配套建设自动化机械收割、储藏设施设备。项目建成后可年出栏肉牛7 500吨，实现经营收入1.8亿元，利润1 997万元。

（四）对外农业合作存在的问题

第一，肉牛养殖项目建设重场区内基础设施建设，轻措施建设严重。认为购置了高端、先进的仪器设备就建成了无疫区，实践证明无疫的材料、数据科学化程度不够，高端人才引进和技术工人培训滞后，管理体系及管理团队建设进度慢，不能满足项目运行的需要。

第二，建设方主体认识不全面。与政府相关部门沟通不足，造成相关政策落实力度不够，建设相关资料与项目验收要求有一定的差距。

第三，缺乏及时有效的资金保障机制。肉牛养殖项目由于项目跨国且股东较多，没有严格执行民主与集中，董事会与管理团队职责划分不明确，言出多头，达成意向耗时长。导致决策效率低，论证时间长，资金到位慢，在一定程度上影响了项目建设进度。

（五）对外农业投资合作有关政策建议

第一，协助加强人才培养引进。着眼于公司和对外合作的人才需求，引导培养老挝本地人才和引进中国国内人才同步并重，以用好人才来留住和吸引更多的人才。

第二，促进整合两国各部门政策资源和财政资源，形成合力，对重点企业、重点人才、重点团队进行重点支持。

第三，帮助解决农业投资合作融资，积极协调金融单位结合替代企业情况，加快推出信贷新产品。

2018黑龙江省农业对外投资合作分析报告

一、2018年农业对外投资总体情况分析

（一）总体特征

2018年黑龙江省充分利用国内国际两种资源、两个市场、两类规则，不断延伸跨境农业合作领域与农业产业链方向，农业对外投资合作基本呈现以下特征。

1．以对俄合作为重点的全方位对外开放新格局基本形成

在中国农业"走出去"战略加快实施背景下，黑龙江省主动对接"一带一路"沿线国家，积极参与"中蒙俄经济走廊"建设，在省委、省政府的领导下，围绕"打造一个窗口，建设四个区"的发展定位，积极打造中国向北开放的重要窗口，重点建设黑龙江（中俄）自由贸易区、沿边重点开发开放试验区、跨境经济合作示范区、面向欧亚物流枢纽区，以对俄合作为重点的全方位对外开放新格局基本形成，对外农业经济合作成为黑龙江省全面对外开放的新引擎。

2．投资领域向农业生产、农产品加工、物流仓储等多领域延伸

黑龙江省农业对外投资由最初的玉米、大豆等单一农作物种植向畜禽养殖、农产品加工、仓储码头建设、物流运输、科技合作等领域延伸。借助"一带一路"中蒙俄经济走廊，对接俄罗斯滨海一号大通道以及欧亚经济联盟，对俄农业合作经济集聚区基本形成；借助对外合作示范园区，投资领域逐步呈现多层次布局、产业特色鲜明、全方位合作新格局。农业投资已由生产环节向农产品精深加工、仓储物流等环节延伸，呈现出由贸易到加工再到全产业链式发展新态势。

3．合作渠道由单纯依靠商业投资向公益、文化交流拓展

2018年黑龙江省农业对外投资的境外企业在东道国开展了丰富多彩的公益、慈善、社会文化等交流活动，如出资修建教堂和公园、捐赠儿童游乐设施、安排暑期实习交流、赞助各级政府的大型商务活动等。合作交流方式已由单纯的投资洽谈、贸易往来拓展延伸到人文社会、风俗文化的互动与融合，一方面促进了我国与东道国的文化交流，增强文化自信，另一方面为境外企业更好地融入当地社会提供了新的途径。

（二）企业经营情况

1．境外企业类别

2018年黑龙江省农业对外投资的境外企业共计42家。其中，独资企业有36家，占比85.71%；

合资企业5家，占比11.90%；其他类别的企业有1家，占比2.38%。与2017年相比，独资企业数量占比有所增加，合资企业数量占比有所下降。

2．境外企业设立方式

2018年黑龙江省农业对外投资的境外企业中，在境外设立子公司的企业18个，占境外投资企业总数的42.86%，与2017年境外子公司数量占比基本持平；设立联营公司的企业4个，占境外投资企业总数的9.52%，与2017年境外联营公司占比20.59%相比，下降11.07个百分点；其他设立方式的企业20个，占境外投资企业总数的47.62%，与2017年境外企业其他设立方式占比29.41%相比，上升18.21个百分点。

3．境外企业经营状态

2018年黑龙江省农业对外投资的42个境外企业中，正常经营企业40个，处于筹备建立状态企业1个，暂停经营企业1个，全年境外企业运营状态整体较为稳定。

4．境外企业营业收入

2018年黑龙江省农业对外投资的境外企业营业收入总额为2.04亿美元，其中，农业产业营业收入1.92亿美元，占营业收入总额的94.15%；非农业产业营业收入1 193.18万美元，占营业收入总额的5.85%。在东道国缴纳税收金额为800.81万美元，占营业收入总额的3.93%。

5．境外企业员工数量

2018年黑龙江省农业对外投资的境外企业员工总数2 964人，雇用外方员工数量为1 488人，雇用外方人员年工资总额为1 342.64万美元。与2017年相比，境外企业员工数量增加897人，增长43.40%；雇用外方员工数量增加481人，增长47.77%；雇用外方人员年工资总额增加582.27万美元，增长76.58%。由此可见，2018年黑龙江省农业对外投资的境外企业在东道国雇用人员比例显著增加，有力地带动了东道国当地人员扩大就业，增加收入。

6．企业境外土地资源利用情况

截至2018年底，境外企业使用农用耕地总面积为32.43万公顷，其中，租赁面积为24.67万公顷，购买农用耕地7.76万公顷，农用耕地租赁面积是购买面积的3倍左右；境外使用农用草场总面积为1.54万公顷，其中，租赁面积为1.14万公顷，购买面积为0.4万公顷，农用草场租用面积约为购买面积的3倍。

（三）投资趋势

1. 企业境外并购投资额显著上升

2018年黑龙江省农业对外投资的境外企业新增投资总额1.44亿美元，其中，绿地（新建或追加）投资额8 688.30万美元，占新增投资总额的60.36%；褐地（并购）投资额5 704.97万美元，占新增投资总额的39.64%。与2017年相比，境外企业新增投资总额增加5 497.77万美元，同比增长61.80%；绿地（新建或追加）投资额增加1 471.80万美元，同比增长20.39%；褐地（并购）投资额增加4 025.97万美元，同比增长2.39倍。2018年黑龙江省农业对外投资的境外企业海外投资积极性高，并购投资显著上升。

2. 企业境外仓储、加工设施投资力度加大

截至2018年底，境外企业仓储设施建设总面积为16.54万平方米，租赁总面积为8.3万平方米，建设面积约为租赁面积的2倍；加工设施建设总面积为0.9万平方米，租赁总面积为零；港口码头建设总面积为零，租赁总面积10万平方米；其他设施建设总面积为0.83万平方米，租赁面积为5.1万平方米。2018年黑龙江省农业对外投资企业境外利用的仓储物流资源种类中，仓储设施和加工设施以自建为主，港口码头和其他设施以租赁为主。

二、2018年重点区域和国别投资情况分析

（一）各大洲分布情况及特征

2018年黑龙江省农业对外投资的境外企业共42个，分布于欧洲（41个）和亚洲（1个）。在投资国别分布方面，仍以欧洲的俄罗斯、白俄罗斯和亚洲的哈萨克斯坦为主，与2017年相比，贸易伙伴国变化不大。

（二）重点国家分布情况

俄罗斯凭借地域、资源、合作基础等优势，仍是黑龙江省农业企业对外投资的首选国家。目前，黑龙江省在俄罗斯投资的农业企业分布在阿穆尔州、犹太自治州、滨海边疆区、哈巴罗夫斯克边疆区等地。统计范围内，黑龙江省农业对外投资境外企业在阿穆尔州12个，滨海边疆区10个，犹太自治州9个，哈巴罗夫斯克边疆区1个。

三、2018年对外农业投资的行业分析

（一）产业分布总体情况

1. 生产资料获取方式仍以在东道国当地购买为主

尽管种子、农机主要有东道国当地购买、自中国进口和自其他国家进口三种方式，但仍以在东

道国当地购买为主，少量自中国和其他国家进口；农药主要在东道国当地购买和自中国进口，未自其他国家进口；化肥、种畜禽、饲（草）料和其他生产资料均在东道国当地购买，未自中国或其他国进口。与2017年相比，2018年境外企业种子、农药、化肥获取方式基本不变；农机购买方式由2017年自中国进口为主改变为2018年在东道国当地购买为主；2018年境外企业新增种畜和饲（草）料两类生产资料的投入。

2．粮食作物以在东道国生产、销售为主，回运量有限

2018年小麦和水稻没有进行回运，玉米回运量仅占产量的7.56%；小麦、水稻加工产品在东道国的销售量均为回运量的4倍左右，玉米加工产品全部回运，未在东道国进行销售。与2017年相比，2018年小麦产量同比增加23.24%，并在东道国开拓了销售市场；小麦加工产品、水稻及水稻加工制品的产量、回运量、东道国销售量年际几乎无变化；2018年玉米产量、回运量和在东道国销售量分别同比增加2.04倍、19.74倍和2.2倍，玉米加工产品开始回运国内。

3．油料（大豆）的生产、销售、加工和回运均呈现增长趋势

尽管大豆回运配额限制放开，境外企业的大豆销售仍以在东道国直接销售为主，加工产品以回运销售为主。2018年大豆在东道国直接销售量约占产量的1/2，回运量约占产量的1/3，加工产品回运量仅占产量的2.36%，且无大豆加工产品在东道国销售。与2017年相比，2018年境外企业的大豆产量、在东道国的收购量、回运量、在东道国的销售量分别同比增加35.26%、67.95%、58.32%、23.51%，大豆加工产品回运量同比增加3.9倍。

此外，猪肉、禽蛋等鲜活农产品全部在东道国自产自销，2018年境外企业暂未从事薯类和乳制品的生产经营活动。

（二）各产业投资情况

1．种植业投资情况

2018年黑龙江省农业对外投资企业境外种植业生产资料投入情况如下：种子投入总金额为2 967.56万美元，其中，在东道国当地购买种子成本为2 849.56万美元，自中国进口种子成本为118万美元，来自其他国家进口种子。农药投入总成本为1 669.75万美元，其中，在东道国当地购买农药成本为1 350.75万美元，自中国进口农药成本为319万美元，来自其他国家进口农药。化肥投入总成本为1 793.49万美元，其中，在东道国当地购买化肥成本为1 793.49万美元，均在东道国当地购买，来自中国和其他国进口。农机投入总成本为3 041万美元，其中，在东道国当地购买农机成本为2 497.59万美元，从中国进口农机成本为243.41万美元，自其他国家进口农机成本为300万美元。

2．畜牧业投资情况

2018年黑龙江省农业对外投资企业境外种畜禽投入总金额为100万美元，饲（草）料投入总金额为200万美元，均从东道国当地购买，来自中国或其他国家进口（表1）。

表1   2018年黑龙江省农业对外投资企业境外农资及原料使用情况

农资及原料类型	投入总金额（万美元）	在东道国当地购买金额（万美元）	自中国进口金额（万美元）	自其他国家进口金额（万美元）
种子	2 967.56	2 849.56	118	0
农药	1 669.75	1 350.75	319	0
化肥	1 793.49	1 793.49	0	0
农机	3 041	2 497.59	243.41	300
种畜禽	100	100	0	0
饲（草）料	200	200	0	0
其他	796.2	796.2	0	0

3．典型产业投资合作情况

（1）小麦。2018年小麦在东道国的产量为15 270吨；在东道国销售量为4 700吨，销售金额为632万美元。小麦加工产品回运量为2 000吨，回运销售金额为206万美元；加工产品在东道国的销售量为8 570吨，销售金额为885万美元。

（2）水稻。2018年水稻在东道国产量为164 200吨；在东道国的销售量为150 000吨，销售金额为180万美元。水稻加工产品回运量为2 000吨，回运销售金额为262万美元；加工产品在东道国的销售量为9 200吨，销售金额为1 200万美元。

（3）玉米。2018年玉米在东道国产量为313 294吨；在东道国的收购量为5 000吨；回运量为23 696吨，回运销售金额为522万美元；在东道国的销售量为290 098吨，在东道国的销售金额为6 605万美元。玉米加工产品回运量为12 196吨，回运销售金额为134万美元，统计范围内无玉米加工产品在东道国销售量。

（4）大豆。2018年大豆在东道国产量为414 606吨；在东道国的收购量为41 672吨；回运量为154 871吨，回运销售金额为5 913万美元；在东道国的销售量为212 809吨，在东道国的销售金额为7 986万美元。大豆加工产品回运量为9 778吨，产品回运金额为335.32万美元，统计范围内无大豆加工产品在东道国销售。

（5）畜禽产品。2018年黑龙江省农业对外投资企业境外猪肉产量为1 761吨，全部在东道国直接销售，销售金额为269万美元；禽蛋产量为2 000吨，全部在东道国直接销售，销售金额为222.3万美元（表2）。

表2　2018年黑龙江省农业对外投资企业农产品产出情况

产出项目	产量（吨）	在东道国收购量（吨）	回运量（吨）	回运金额（万美元）	在东道国销售量（吨）	在东道国销售金额（万美元）	加工产品回运量（吨）	加工产品回运金额（万美元）	加工产品在东道国销售量（吨）	加工产品在东道国销售金额（万美元）
小麦	15 270	0	0	0	4 700	632	2 000	206	8 570	885
水稻	164 200	0	0	0	150 000	180	2 000	262	9 200	1 200
玉米	313 294	5 000	23 696	522	290 098	6 605	12 196	134	0	0
大豆	414 606	41 672	154 871	5 913	212 809	7 986	9 778	335.32	0	0
猪肉	1 761	0	0	0	1 761	269	0	0	0	0
禽蛋	2 000	0	0	0	2 000	222.3	0	0	0	0

注："加工产品"指用于加工的初级产品。

四、企业报告

（一）对外农业投资企业总体情况

2018年黑龙江省农业对外投资主体共计39个，均为非央企，其中农业企业29个（含农垦企业2个），非农业企业10个；农业产业化龙头企业共计7个，其中省级农业产业化龙头企业2个，市级农业产业化龙头企业5个。

在区域分布上，黑河市农业对外投资主体（境内企业）有10个，数量最多；牡丹江市农业对外投资主体8个；佳木斯市、鹤岗市、鸡西市农业对外投资主体均为4个；伊春市农业对外投资主体3个；哈尔滨市农业对外投资主体2个；齐齐哈尔市、大庆市和绥化市农业对外投资主体均为1个（图1）。与2017年相比，黑河市仍为黑龙江省农业对外投资主体数量最多的地市，牡丹江市农业对外投资主体数量较2017年增加4个，增幅达到100%，发展趋势向好。

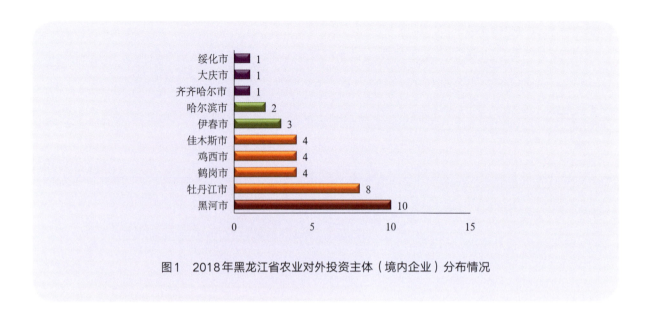

图1 2018年黑龙江省农业对外投资主体（境内企业）分布情况

（二）各类型企业对外农业投资情况

2018年黑龙江省农业对外投资企业中，有限责任公司30个，占对境内外投资企业总数的76.92%，数量最多；股份有限公司、私营企业均为3个，占比7.69%；国有企业、集体企业和联营企业均只有1个，占比2.56%，企业经营方式灵活。

（三）案例：黑河市北丰农业科技服务有限公司

（1）企业现状。黑河市北丰农业科技有限公司成立于2006年12月，是黑龙江省农作物新品种繁育、种植、加工、销售、对外贸易为一体的大型农业开发企业，目前已在境内成立爱辉区长发农业农机专业合作社，在境外成立"金色丰收"与"红星"有限责任公司，业务范围由单一的农资销售、农业科技服务已经拓展到对俄农作物种植、畜牧养殖、农产品精深加工、农产品进出口贸易、农业高新技术服务等。

企业现有2个农业生产基地、1个口岸物流储运中心。在种植业方面，农业用地面积达4万公顷，中型农业机械100台（套），物流运输车30余台；在畜牧业方面，旗下阿穆尔红星十月牧业公司，拥有优质海福特肉牛基础母牛2 000头，黄牛存栏3 000头，年出栏肉牛1 500头，拥有存栏蛋鸡15万只，年产鲜蛋5 000万枚，配套大型饲料场1座；在农产品加工方面，新建进口优质有机大豆深加工项目，年处理大豆2万吨，年生产膨化大豆粉1.6万吨，大豆蛋白粉3 000吨，优质豆制品1 000吨，产品远销华东、华南地区；在仓储物流方面，粮食仓储能力达10万吨，配套日处理粮食500吨的烘干塔1座；在品牌建设方面，企业打造的"亚欧双子城"牌高蛋白有机大豆膨化粉与飞鹤乳业、扬州维杨豆业、天津浩元豆业长期合作，产品得到市场广泛认可。

（2）面临的问题与建议。企业流动资金紧张，小麦、玉米的回运不仅配额受限制，而且回运税费过高，建议有关部门给予政策性补贴和税费优惠。

五、2018年农业对外投资面临的主要困难和政策建议

（一）主要困难

1. 强农惠农政策有限

目前，黑龙江省境外投资的农业企业无法享受我国的各项强农惠农政策，如农业种植者补贴、农机购置补贴、增值税减免等。以俄罗斯远东地区农业投资为例，该地区大量土地有待开垦，需要重型农机装备，俄罗斯农业装备制造业主要集中在东部，由于运输距离限制，远东地区使用的农业机械主要从我国进口，但由于暂无农机补贴，企业购置大量农机一次性投资负担过重，不仅使得资金周转受限，也严重制约了可开垦土地面积的扩大和种植业发展。

2. 金融支持服务有待完善

黑龙江省农业对外投资企业融资主要依靠自有资金周转和银行贷款，现阶段境外农业企业普遍存在资金短缺、融资困难等问题。如在俄罗斯租赁农用土地时，每公顷租金费用一般在7 500元以上，且通常租赁费用需要在签订合同时一次性偿付，但企业自有资金有限，负担较重；又由于企业规模较小，在俄方银行融资缺乏信用基础；同时，国内商业银行综合考虑投资风险、投资回报周期等，对境外投资项目贷款积极性不高，资金问题严重制约着对外投资农业企业快速发展。

3. 市场准入政策限制较多

目前，我国对境外农产品市场准入政策限制较多，如小麦、玉米进口由于受到配额限制，境外企业规模扩大受到影响；俄罗斯非转基因大豆质量好，国内市场需求大，但俄进口大豆政策未全部放开；中俄换文予以进口的中药材种类有限，黑龙江省东宁市获批中药材进口口岸十余年来仍是"有口岸、无产业"；俄进口饲草仍未放开，企业境外种植饲草无法回运。

4. 风险预警防范机制不健全

农业对外投资项目不仅受到东道国政治局势、经济政策、汇率波动、贸易关税等因素影响，而且受到自然条件、种养周期、病害虫害、农产品价格等因素影响，生产活动不确定性因素多，投资经营风险大。目前黑龙江省农业"走出去"企业应对气象、市场、金融风险能力普遍不强，风险分析信息缺乏，风险预警战略工具较少，尤其是对突发性、灾害性风险的识别、分析、应对和预防能力较弱，境外农业预警和保险分担机制尚不完善。

（二）政策建议

1. 加强对外投资企业的支持力度

建议对开展境外农业投资合作的企业，按照一定标准（如农产品回运量）等给予一定比例的种植回运补贴，刺激企业扩大境外经营规模和回运积极性；设立"跨境农机合作专项基金"，对直接购置国产农机具输出至东道国从事农业生产活动的企业，给予农机补贴；对投资建设的粮食专用仓储、港口、物流和水路运输基于专项贷款贴息补贴等。

2. 完善金融服务支持体系

建议搭建银企对接合作平台，一方面有利于金融机构充分掌握对外投资企业的资质信用、投资经营等情况，另一方面方便企业快速了解融资贷款条件、境外汇款支付流程及注意事项等；设立"农业'走出去'发展基金"，满足不同规模的对外投资农业企业融资需求；优化金融服务工具，构建多元化、可持续性的普惠金融服务支持体系，解决境外农业企业融资难问题。

3. 打造宽松高效的贸易政策环境

建议在对国际宏观经济政策深入调研分析的基础上，根据现阶段的国际贸易趋势与走向，适当放宽玉米、小麦、水稻、大豆等农产品的回运政策；适度鼓励农业对外投资企业开展畜禽肉类、蛋类、奶制品、水产品、中草药和饲料饲草等生产经营活动。简化境外农业企业农产品的审批检验流程，提高回运农产品检疫工作效率，减少检疫时间，降低检疫成本。

4. 建立有效的风险防范机制

一方面建立农业对外投资预警信息服务平台，及时收集、分析和发布主要投资国的政策发文、项目招商、市场需求、价格波动、用工需求等信息，对潜在的投资风险及时预测预警；另一方面建议完善农业对外投资企业保险制度，鼓励国内商业保险企业开展境外投资保险服务业务，建立完善风险补偿机制，为境外农业投资企业提供合理的风险规避渠道。

2019黑龙江省农垦对外农业投资合作报告

一、黑龙江农垦对外农业投资概况

按照农业农村部的要求，2019年黑龙江农垦对外农业投资信息采集工作共采集企业信息4家，分布在俄罗斯、澳大利亚、泰国等国家，境外企业运行情况良好。通过调研，对黑龙江农垦对外农业投资情况进行了深入了解。

参与调查的境外企业分别为黑龙江省牡丹江农垦新友谊农业经济开发有限公司、黑龙江丰澳实业发展有限公司、北大荒马铃薯集团有限公司、黑龙江省宝泉岭农垦远东农业开发有限公司。与2017年相比，黑龙江省哈尔滨农垦丰野农业经济有限公司已经注销。在参与调查的企业中，全部为国有企业；境外独资企业3家，合资企业1家，企业投资状态为正在经营。通过调研感受到随着连续多年的"走出去"境外开发，国内企业普遍意识到了"走出去"的风险，境外开发是一项机遇与挑战并存的事业，"走出去"总量逐渐缩小。

黑龙江农垦4家企业农业截至2019年6月底累计对外投资额23 489万美元，其中2018年农业新增投资额783万美元，2019年上半年新增投资额412万美元。2018年农业产业营业收入总额3 668万美元，2019年上半年农业经营收入总额1 118万美元。2019年6月底境外企业总人数296人，企业在东道国雇用外方人员数量267人。截至2019年6月底购买农用耕地31 436公顷，租赁农用耕地面积24 605公顷。2019年上半年农资投入种子71万美元，农药137万美元，化肥181万美元。

二、黑龙江垦区"走出去"存在的主要问题

（一）对外农业开发的成本逐年提高

各国土地购买和租赁价格普遍上涨。以俄罗斯为例，土地租赁费用比10年前上涨了近5倍，劳务工人税费上涨了3倍，产品销售税、境外公司的利润税、增值税均不同程度地上涨。外方对农业开发所需的种子、化肥、农药、农机具等入境手续严格限制，农产品出境非常困难，粮食回运过程复杂，手续过于烦琐。

（二）企业资金筹措存在一定困难

境外开发企业租种土地一次性投资较大，且多数租种费用须在签订合同时一次性付清。目前虽然"走出去"企业融资渠道实现了多元化，但融资渠道的发展不均衡，企业筹集资金主要靠自有资金和银行贷款，而其他融资渠道获得的资金较少，难以解决企业资金不足问题。由于境外投资风险远高于国内，各商业银行对境外投资项目投放贷款的积极性不高。另一方面，由于企业国际化程度不高，向境外银行融资缺乏信用基础，境外农业开发企业多数不符合外方信贷规定，难以承揽大型

农业合作项目。

（三）境外农业开发风险规避手段缺乏

海外投资风险评估机构不健全，海外农业项目投资可行性分析不足，企业难以有效地判断投资的风险，规避风险的功能还很弱。农业保险等中介机构发展缓慢，尚未建立境外农业保险制度，不能为境外农业发展提供风险分担保障。

（四）惠农政策未能覆盖境外农业

国内支农惠农政策，如粮食直补、综合直补，农机具购置补贴等一般只面向国内的企业和农户，"走出去"企业境外农业开发种植不能享受到国内各项补贴和优惠政策，一定程度上也影响了农业企业"走出去"的积极性。

三、黑龙江垦区"走出去"的任务和建议

（一）抓住"一带一路"倡议机遇，提高投资质量

统筹利用好国内国外两种资源、两个市场，与"一带一路"倡议相结合，加强与沿线国家的农业合作，向加工、物流、仓储、码头等资本和技术密集型行业以及种子、研发等科技含量较高的领域投资。以涉农大型企业为核心，优化整合各种资源，企业"走出去"建立境外农业生产和加工基地，逐步构建起稳定的海外粮食种植基地、畜牧产品基地、渔业养殖基地，以及完善的商贸物流运输体系。通过加强农业国际合作，在全面开放的格局下，直接将农业企业推向全球竞争的前沿，倒逼企业转型升级。

（二）加大金融服务与创新工作力度，解决资金瓶颈

农垦总局和集团总公司要掌握"走出去"企业资信、经营等情况，对在境外投资企业生产经营情况开展调查，全面了解企业融资需求，为企业提供金融服务支持。搭建银企对接平台，为实现银行和企业合作提供支持。对"走出去"的企业，凡具备上市条件的，优先推荐进入资本市场上市融资，支持和鼓励有条件的企业进入国际资本市场直接融资。

（三）为企业做好咨询服务，建立风险防范机制

建立境外农业开发信息服务平台，及时收集、发布外方政策、市场、用工和项目等信息并动态更新，密切跟踪国外相关法律法规的调整，收集、分析和预测农产品市场信息，为农业对外投资企业提供各种信息资料，为境外合作主体准确把握市场商机提供服务。鼓励北大荒阳光保险建立境外农业投资保险制度，为境外农业发展提供保险屏障。

（四）加强沟通协调，积极为境外农业开发企业争取政策支持

加强与国内外政府部门的沟通与协调，争取在劳务配额、种子出境、粮食回运、检验检疫、便捷通关等方面的政策支持；发挥行业协会的作用，维护境外农业合作主体和劳务人员权益，提高境外农业合作的组织化程度，扩大合作规模；加强民间合作与交流，开通绿色通道，依托协会、经纪人等媒介，切实为企业生产运营提供便利，促进各项农业合作框架性协议落到实处；争取惠农政策范围，推动境外农业开发企业与国内种植企业和农户享有同样国家优惠政策，争取劳务培训、农机购置、贷款利息和境外基建等方面的政策支持和费用补贴。

（五）培育农业领域航母，参与国际竞争

将北大荒集团打造成农业领域航母，培育大型农业企业，并带动农业产业化经营；建设现代农业的大基地、大企业、大产业，培育具有国际竞争力的农业企业集团；以大型农业企业为核心，整合信息、技术、资金和营销等各种资源，促成农业产供销、农工商一体化经营，提高农业综合竞争力和生产效率，直接推动农业产业化的大发展；围绕农业的生产，健全从上游到下游的一条完整的现代农业产业链，扩大生产规模，加强农副食品的精深加工，提高农产品附加值，形成庞大的产业集群，积极开拓国内和国际市场。

2018山东省农业对外投资合作分析报告

第一节　山东省农业对外投资合作概况

截至2018年底，山东省共有66家企业（以下简称境内企业）在境外投资设立了86个农业企业（以下简称境外企业）。66家境内企业的注册资本总额为137.89亿元，86家境外企业的注册资本总额为11.39亿美元；境内企业的资产总额2 456.72亿元，境外企业的资产总额21.76亿美元。

一、总量特征

（一）农业对外投资流量分析

1. 投资流量总额

2018年，山东省农业对外投资净额（以下简称投资流量）20 866.96万美元，较2017年的8 132.25万美元增加12 734.71万美元，增长156.60%（图1）。

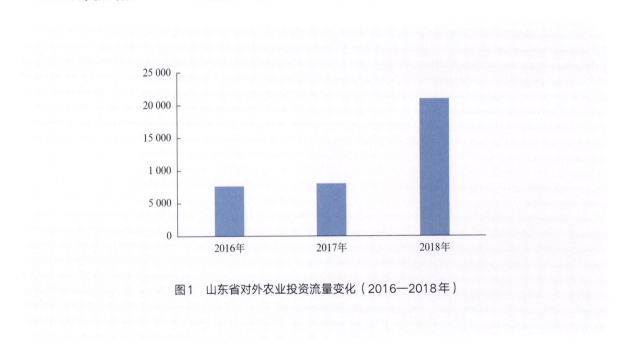

图1　山东省对外农业投资流量变化（2016—2018年）

2. 投资流量区域分布

2018年，山东省农业对外投资流量总额20 866.96万美元。从区域分布来看，对亚洲的投资规模最大，达17 464.78万美元，占比83.70%；对大洋洲的投资居二，投资额为1 791.7万美元，占比8.59%；对非洲的投资额为861.23万美元，占比4.13%；对欧洲的投资额为600.55万美元，占比2.88%；对北美洲的投资额为80万美元，占比0.38%；对南美洲的投资规模最小，投资额为68.7万美元，占比0.33%。

3．投资流量产业分布

2018年，山东省农业对外投资流量总额20 866.96万美元，其中，流向非农业部门48万美元，占比0.23%；流向农业部门20 818.96万美元，占比99.77%。而在流向农业的20 818.96万美元对外投资中，林业15 064.18万美元，占比72.19%；其他产业3 049.25万美元，占比14.61%；渔业1 525.3万美元，占比7.31%；农资550万美元，占比2.64%；经济作物460.23万美元，占比2.21%；粮食作物170万美元，占比0.81%；畜牧业没有投资流入。

（二）对外农业投资存量分析

截至2018年底，山东省农业对外投资累计总额（以下简称投资存量）162 814.37万美元，较2017年增长57.75%（图2）。

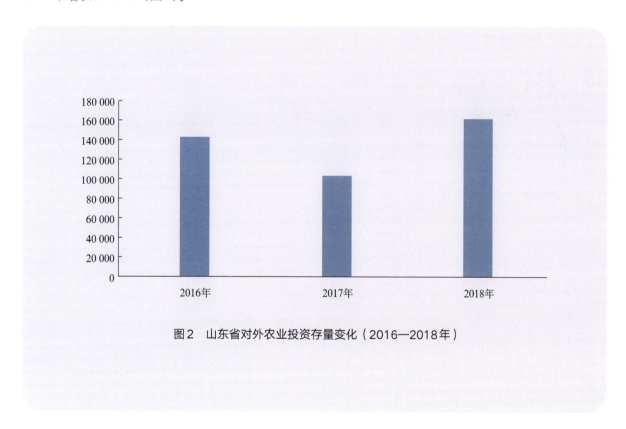

图2　山东省对外农业投资存量变化（2016—2018年）

从投资存量的区域分布来看，亚洲为83 672.22万美元，占比51.39%；大洋洲30 006.94万美元，占比18.43%；非洲17 531.58万美元，占比10.77%；北美洲11 071.68万美元，占比6.8%；欧洲10 310.25万美元，占比6.33%；南美洲10 221.7万美元，占比6.28%。

（三）对外农业投资境内企业类型分析

在山东省农业对外投资的66家境内企业中，有限责任公司50家，占比75.75%；股份有限公司9家，占比13.64%；私营企业5家，占比7.57%；外商投资企业1家，占比1.52%；国有企业1家，占比1.52%。

可见，有限责任公司、股份有限公司和私营企业是山东省农业对外投资企业形态的三大主体。

二、境外企业经营状况

（一）境外企业资产状况及分布

截至2018年底，86家境外企业总资产21.8亿美元。其中，资产总额10 000万美元以上的企业有4家，占比4.65%；资产总额在5 000万～10 000万美元之间的企业3家，占比3.49%；资产总额在1 000万～5 000万美元之间的企业24家，占比27.91%；资产总额在500万～1 000万美元之间的企业11家，占比12.79%；资产总额在200万～500万美元之间的企业12家，占比13.95%；资产总额在200万美元及以下的企业45家，占比47.87%。

（二）境外企业类型及现状

1. 境外企业的注册类型

从境外企业的注册类型来看，截至2018年底，独资企业57家，占比66.28%；合资企业27家，占比31.4%；合作企业1家，占比1.16%；其他形式设立的企业1家，占比1.16%。

2. 境外企业的设立方式

从境外企业的设立方式来看，设立为子公司的企业62家，占比72.1%；设立为联营公司的企业9家，占比为10.46%；设立为分支机构的企业3家，占比为3.49%；设立方式为其他的企业12家，占比13.95%。

3. 境外企业的经营状态

从经营状态来看，在86家境外企业中，正在经营的有66家，占比76.75%；正在筹备设立的8家，占比9.3%；暂停经营的12家，占比13.95%。

（三）从业人员数量、结构及薪资状况

截至2018年底，86家境外企业共有外派的中方员工317人，当地雇用的东道国员工6 917人（表1）。2018年，这些境外企业在当地雇用的东道国员工工资总额4 299.77万美元，全年平均工资0.62万美元。

表1　2013—2018年山东省境外企业中的员工来源结构

单位：人

年份	中方人员	东道国人员	合计
2013	964	8 725	9 689
2014	1 170	7 089	8 259
2015	1 348	6 590	7 938
2016	986	8 417	9 403
2017	590	5 764	6 354
2018	317	6 917	7 234

（四）社会效益和经营情况

2018年，86家境外企业实现营业收入100 722.19万美元，向东道国缴纳税金共计3 342.86万美元。

三、产业链建设情况

从86家境外企业的产业链建设情况来看，截至2018年底，在不同产业链环节上的投资额累计达到162 814.37万美元。其中，生产环节147 119.07万美元，占比90.36%；加工环节7 147.34万美元，占比4.39%；仓储环节2 745.37万美元，占比1.68%；物流环节2 701.59万美元，占比1.66%；科研环节2 167.17万美元，占比1.33%；品牌环节933.83万美元，占比0.58%。

四、农资投入情况

2018年，山东省86家境外企业的农资投入流量为6 195.75万美元。其中，在东道国购买农资的投入为3 751万美元，占比60.54%；从中国大陆进口农资的投入流量为2 130.05万美元，占比34.38%；从第三国购买农资的投入流量为314.7万美元，占比5.08%。农资购买与进口相辅相成的格局已基本形成。

在东道国购买的农资中，购买种子624.34万美元，占在东道国购买农资的投入流量总额的16.64%；购买化肥1 479.65万美元，占比39.45%；购买农药1 284.76万美元，占比34.25%；购买农机14万美元，占比0.37%；购买其他农资348.25万美元，占比9.28%。

在进口农资中，进口种子11.3万美元，占进口农资投入流量总额的0.46%；进口化肥334.45万美元，占比13.68%；进口农药28万美元，占比1.15%，进口农机69万美元，占比2.82%；进口其他农资2 002万美元，占比81.89%。

第二节　2018年重点区域和国别投资情况分析

截至2018年底，山东省农业投资已涉及全球五大洲36个国家和地区，国别投资覆盖率为15.65%。

一、山东省农业对外投资的洲际分布情况及特征

（一）山东省农业对外投资洲际分布的总体情况

1. 投资流量的洲际分布

2018年，山东省对外农业投资流量20 866.96万美元。其中，亚洲17 464.78万美元，占比83.70%；欧洲600.55万美元，占比2.88%；北美洲80万美元，占比0.38%；南美洲68.7万美元，占比0.33%；大洋洲1 791.7万美元，占比8.59%；非洲861.23万美元，占比4.13%。

2. 投资存量的洲际分布

截至2018年底，山东省农业对外投资存量162 814.37万美元。其中，亚洲83 672.22万美元，占比51.39%；大洋洲30 006.94万美元，占比18.43%；非洲17 531.58万美元，占比10.77%；欧洲10 310.25万美元，占比6.33%；北美洲11 071.68万美元，占比6.80%；南美洲10 221.7万美元，占比6.28%。

3. 境外企业的洲际分布

从境外企业在各洲的分布来看，山东省86家境外企业主要设立在亚洲、非洲和北美洲。其中，在亚洲39家，占比45.35%；在非洲11家，占比12.79%；在北美洲13家，占比15.12%；在欧洲8家，占比9.3%；在南美洲8家，占比9.3%；在大洋洲7家，占比8.14%。

从境外企业的国外分布来看，山东省农业对外投资主要集中在发达国家和新兴市场国家。2018年，境外设立企业数量排名前四位的国家分别是美国（10家）、日本（8家）、柬埔寨（7家）、韩国（5家）和澳大利亚（5家）。

（二）山东省对外农业投资的区域分布特征

1. 境外企业主要集中在亚洲

截至2018年底，山东省开展农业对外投资合作在全球五大洲共设立86个境外企业，其中在亚洲地区有39家企业，占比45.35%。

2．在非洲、欧洲的投资存量及投资流量均有所下降

从投资流量看，2018年山东省在非洲、欧洲地区的农业对外投资流量较2017年分别下降了8.3%和53.37%。

从投资存量看，截至2018年底，山东省在非洲、欧洲地区的对外农业投资较2017年分别下降了2.73%和18.18%。

3．在亚洲、大洋洲的投资流量、投资存量均有较大幅度增加

从投资流量看，2018年山东省在大洋洲、亚洲地区的农业投资较2017年分别增加1691.7%和1826.6%；从投资存量看，截至2018年底，山东省在大洋洲、亚洲地区的农业投资较2017年分别增长了19.64%和269.04%。究其原因，主要是2018年统计口径变化所致。

4．在南美洲、北美洲的投资流量、存量均下降

从投资存量看，2018年山东省在南美洲、北美洲地区的农业对外投资分别比2017年下降17.31%和0.48%。从投资流量看，在南美洲、北美洲的投资则较2017年分别下降98.41%和86.1%。其在南美洲、北美洲的境外企业数量也分别较2017年减少了1家和2家。

第三节　山东省农业对外投资的行业分布

一、农业对外投资产业分布总体情况

1．境外企业投资流量的产业分布

2018年，山东省农业对外投资所形成的20866.96万美元流量中，流向非农业部门48万美元，占比0.23%；流向农业部门20818.96万美元，占比99.77%。其中，林业15064.18万美元，占比72.19%；其他3049.25万美元，占比14.61%；渔业1525.3万美元，占比7.31%；农资550万美元，占比2.64%；经济作物460.23万美元，占比2.21%；粮食作物170万美元，占比0.81%；没有投资流量流向畜牧业。

2．境外企业投资流量的生产环节分布

在2018年山东省农业对外投资流量总额中，生产环节19370.42万美元，占比92.83%；加工环节170.9万美元，占比0.82%；仓储环节194.59万美元，占比0.93%；物流环节1022.52万美元，占比4.9%；科研环节78万美元，占比0.37%；品牌环节30.53万美元，占比0.15%。

3. 境外企业投资存量的生产环节分布

截至2018年底，在山东省农业对外投资存量中，生产环节147 119.07万美元，占比90.36%；加工环节7 147.34万美元，占比4.39%；仓储环节2 745.37万美元，占比1.69%；物流环节2 714.55万美元，占比1.67%；科研环节2 167.17万美元，占比1.33%；品牌环节933.83万美元，占比0.57%。

二、农业对外投资的各产业投资情况

（一）对粮食作物的投资

1. 山东省在境外的对粮食作物投资概况

截至2018年底，山东省在境外投资粮食作物的境外企业与境内企业均为5家，在境外的粮食作物投资流量总额170万美元。

2. 对粮食作物投资流量的洲分布

截至2018年底，上述对粮食作物投资的5家境外企业中，亚洲3家，占比60%；非洲和北美洲各1家，均占比20%。

2018年，在亚洲的粮食作物投资额为60万美元，占比35.29%；非洲100万美元，占比58.82%；北美洲10万美元，占比5.88%。

（二）对经济作物的投资

1. 山东省在境外的对经济作物投资概况

截至2018年底，山东省在境外投资经济作物的境内企业总数16家，境外企业24家，当年的经济作物投资流量总额为460.23万美元。

2. 对经济作物投资流量的洲分布

截至2018年，24家投资经济作物的境外企业中，亚洲11家，占比45.83%；非洲4家，占比16.67%；北美洲5家，占比20.83%；大洋洲2家，占比8.33%；欧洲2家，占比8.33%。

2018年，山东省在亚洲的经济作物投资流量为244.23万美元，占比53.07%；非洲166万美元，占比36.07%；北美洲50万美元，占比10.86%；大洋洲、欧洲的经济作物投资流量均为零。

（三）对畜牧业的投资

1. 山东省在境外的对畜牧业投资概况

2018年，山东省在境外投资畜牧业的境内企业与境外企业均为4家，而对畜牧业投资流量为零。

2．对畜牧业投资的洲分布

截至2018年底，在4家对畜牧业投资的境外企业中，大洋洲2家，占比50%；北美洲和亚洲各1家，占比均为25%。

2018年，山东省境外企业上述各大洲的畜牧业投资流量均为零。

（四）对渔业的投资

1．山东省在境外的对渔业投资概况

截至2018年底，山东省在境外投资渔业的境内企业总数为14家，设立16家境外企业，当年渔业投资流量1 525.3万美元。

2．对渔业投资流量的洲分布

截至2018年底，山东省16家对渔业投资的境外企业中，亚洲7家，占比43.75%；南美洲4家，占比25%；非洲3家，占比18.75%；大洋洲和欧洲各1家，占比均为6.25%。

2018年，在亚洲的渔业投资流量为1 018.3万美元，占比66.76%；非洲287万美元，占比18.82%；大洋洲200万美元，占比13.11%；南美洲20万美元，占比1.31%；在欧洲无投资流量。

（五）对林业的投资

1．山东省在境外的对林业投资概况

截至2018年底，山东省在境外投资林业的境内企业与境外企业总数均为6家，当年的林业投资流量为15 064.18万美元。

2．对林业投资流量的洲分布

截至2018年底，6家投资林业的境外企业中，亚洲3家，北美洲2家，欧洲1家（表2）。

2018年，在亚洲的林业投资流量为15 033.18万美元，占比99.79%；欧洲21万美元，占比0.14%；北美洲10万美元，占比0.07%。

（六）对农资的投资

1．山东省在境外的对农资投资概况

截至2018年底，山东省农业对外投资的境内企业与境外企业总数均为2家，当年投资流量总额为550万美元。

2．对农资企业投资流量的洲分布

截至2018年底，这2家投资农资的境外企业均分布在亚洲。2018年，在亚洲的农资投资流量550万美元。

（七）对其他产业的投资

1．山东省在境外的对其他产业投资概况

截至2018年底，山东省在境外投资其他产业的境内企业总数为23家，设立境外企业27家，当年在其他产业的投资流量为3 049.25万美元。

2．对其他产业投资流量的洲分布

截至2018年底，27家投资其他产业的境外企业中，在亚洲12家，占比44.44%；北美洲2家，占比7.41%；南美洲3家，占比11.11%；非洲1家，占比3.7%；大洋洲4家，占比16.67%；欧洲5家，占比18.52%。

2018年，山东省在亚洲的其他产业投资流量为629.3万美元，占比20.64%；欧洲579.55万美元，占比19.01%；南美洲48.7万美元，占比1.6%；大洋洲1 591.7万美元，占比52.2%；非洲200万美元，占比6.56%；在北美洲无投资流量。

三、典型产业投资合作情况

（一）对外农业投资典型产业情况

2018年，山东省对外新增农业投资主要集中在林业、渔业、其他三个产业。

1．对林业的投资增加显著

截至2018年底，山东省共有6家境外企业从事林业投资，其中有5家企业有新增投资，投资流量总额为15 064.18万美元。

2．对渔业的投资流量增加，但增幅减小

截至2018年底，山东省共有16家境外企业从事渔业投资，其中只有4家企业有新增投资，投资流量总额为1 525.3万美元。

3．对其他产业的投资增长速度放缓

截至2018年底，山东省共有27家境外企业从事其他产业投资，其中有9家企业有新增投资，投资流量总额为3 049.25万美元，仅占当年对外农业投资流量总额的14.61%。

（二）对外农业投资产业选择变化趋势

1. 农业对外投资加速增长

山东省农业对外投资流量总额从2017年的8 132.25万美元激增至2018年的20 866.96万美元。

2. 对畜牧业投资增长停滞

2017年与2018年对外畜牧业均无投资流量，说明目前海外对畜牧业投资机会较少且短期内没有改善的迹象。

3. 对外渔业与农资的投资流量均有显著增加，但投资集中在少数企业

2018年山东省对外渔业的投资流量为1 525.3万美元，对农资的投资流量为550万美元，分别增长了155.33%和221.77%。但是，投资流量的增加主要由少数几家企业贡献（图3）。

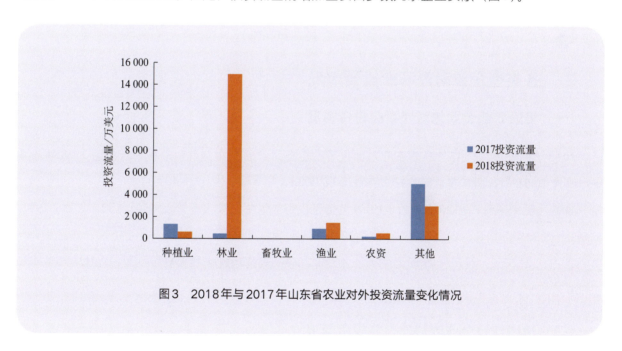

图3　2018年与2017年山东省农业对外投资流量变化情况

4. 对其他产业的投资有较为显著的减少

2018年山东省对外其他产业投资流量为3 049.25万美元，较2017年的15 498.21万美元减少508.23%。

5. 对种植业的投资明显减少

2018年山东省农业对外投资在种植业（包括经济作物与粮食作物）的投资流量为630.23万美元，较2017年的1 337.14万美元减少了212.17%。

第四节　山东省对外农业投资的企业报告

一、对外农业投资企业总体情况

截至2018年底，山东省66家境内对外农业投资企业中，按照是否为农业企业划分，农业企业有45家，占境内对外农业投资企业的68.18%；按照是否为农垦企业划分，农垦企业有4家，仅占比6.06%；按照是否为央企划分，2018年山东省没有央企参与对外农业投资活动；按照是否为龙头企业划分，龙头企业有42家，占比63.64%，其中国家级龙头企业8家（占龙头企业总数的19.05%），省级龙头企业21家（占龙头企业总数的50%），市级龙头企业12家（占龙头企业总数的28.57%），其他级别龙头企业1家（占龙头企业总数的2.38%）；按照企业所有制性质划分，国有企业为1家（占比1.52%），股份有限公司9家（占比13.64%），有限责任公司50家（占比75.76%），私营企业5家（占比7.58%），外商投资企业1家（占比1.52%）。

二、各类型企业对外农业投资情况

（一）境内农业企业的对外农业投资情况

2018年山东省共有45家从事农业对外投资的企业为农业企业，其对外投资流量为2 192.4万美元（占比10.51%），而其农业对外投资存量为48 008.91万美元（占比29.49%）。

从产业类别来看，在2018年的2 192.4万美元投资流量中，非农业产业48万美元，占比2.19%；其他产业892.4万美元，占比40.7%；林业10万美元，占比0.46%；畜牧业无投资流量；渔业472万美元，占比21.53%；经济作物50万美元，占比2.28%；流向粮食作物170万美元，占比7.75%；农资550万美元，占比25.09%。

（二）境内农垦企业的对外农业投资情况

在2018年山东省农业对外投资企业中，4家为农垦企业。其对外投资流量为32万美元，占比0.15%；对外投资存量为1 939.45万美元，占比为1.19%。

从产业类别来看，在2018年的32万美元中新增投资流量中仅有24万美元投资于农业中的"其他产业"，剩余8万美元则投资于非农产业。

（三）境内央企的对外农业投资情况

2018年山东省并未有央企参与对外农业投资活动，所有66家境内企业均为地方性国有或民营企业。

（四）境内龙头企业对外农业投资情况

2018年，山东省42家境内龙头企业对外农业投资流量为3 155.4万美元，占比15.12%，而其投资存量为50 763万美元，占比31.18%。可见，龙头企业虽然在境内企业总数中占比过半，但在投资流量与存量方面均未占绝对优势。

从产业类别来看，在2018年龙头企业贡献的投资流量中，流向非农业产业18万美元，占比0.57%；流向其他2 269.4万美元，占比71.92%；流向林业10万美元，占比0.32%；畜牧业无投资流量；流向渔业472万美元，占比14.96%；流向经济作物216万美元，占比6.85%；流向粮食作物170万美元，占比5.39%；农资无投资流量。

2018江苏省农业对外投资合作分析报告

一、江苏企业对外农业投资概况

（一）总体投资概况

截至2018年底，江苏省经商务部门登记备案从事对外农业投资的企业有88家。经过核实，其中51家有投资实绩，在22个国家和地区设立52家境外企业，注册资本71 343.77万美元，投资存量55 801.86万美元，其中2018年投资流量4 234.06万美元。

（二）境内投资主体概况

1. 地区分布

江苏有境外农业投资实绩的企业分布于10个设区市，其中，南通市有对外投资的企业最多，共10家，占比19.61%；其次为苏州市，共9家，占比17.65%。

2. 注册类型

江苏有境外农业投资实绩的企业中，有限责任公司35家（占比68.63%），股份有限公司6家（占比11.77%），私营企业4家（占比7.84%），国有企业3家（占比5.88%），外商投资企业2家（占比3.92%），其他企业1家（占比1.96%）。

（三）境外已设立农业企业概况

1. 总体特征

（1）投资规模。截至2018年底，江苏有境外农业投资实绩的企业在境外投资设立农业企业52家，中方平均持股比例为85.63%，其中，2018年对外投资总额4 234.06万美元。

（2）境外农业企业运营情况。截至2018年底，52家境外企业中正在经营的有34家，占比65.39%；正在筹备设立企业11家，占比21.15%；暂停经营6家，占比11.54%；注销1家，占比1.92%。2018年江苏境内企业外派员工297人，雇用外方员工2 393人。

2. 结构特征

（1）设立方式。已设立的境外企业中，独资企业26家，占比50%；合资企业22家，占比42.31%；其他类型4家，占比7.69%。境外农业企业中属于子公司性质的有25家，占比51.02%；联营公司11家，占比22.45%；分支机构4家，占比8.16%；其他类型9家，占比18.37%。

（2）所属行业类别。已设立的境外企业中，农林牧渔类公司34家，其他类型公司18家。在34家农林牧渔类企业中，从事种植业的企业有26家，占比76.47%，包括单独经营经济作物企业6家，单独经营林业企业6家，单独经营粮食作物企业5家，单独从事畜牧业的企业2家，单独从事渔业的企业2家，兼营经济作物和粮食作物企业3家，兼营经济作物和农资企业1家，同时兼营粮食作物、经济作物、农资企业1家；从事非种植业的农林牧渔企业有8家，占比23.53%，包括单独从事农资企业8家。从上述统计数据可以看出，江苏企业在境外设立农业类机构大多处于产业链低端。

3．投资区域分布

在投资区域方面，江苏企业大多投资于亚洲地区，共29家，占比55.77%，投资存量为37 632.93万美元，主要包括印度尼西亚（14家）、柬埔寨（4家）、韩国（4家）、日本（2家）、缅甸（1家）、巴勒斯坦（1家）、泰国（1家）、以色列（1家）、中国香港（1家）；其次为非洲地区，共14家，占比26.92%，投资存量为10 656.03万美元，分布在赤道几内亚（3家）、坦桑尼亚（3家）、赞比亚（2家）、布隆迪（1家）、摩洛哥（2家）、马里（1家）、安哥拉（1家）、刚果（布）（1家）；另外，在其他各洲有零星投资，其中北美洲1家，占比1.92%，投资存量为336万美元，分布在加拿大；大洋洲5家，占比9.62%，投资存量为6 046.90万美元，均在澳大利亚；欧洲3家，占比5.77%，投资存量为1 130万美元，分别为俄罗斯、白俄罗斯、法国。

从国别看，印度尼西亚、澳大利亚、柬埔寨、韩国等是境外农业投资企业分布较多的国家，分别设立14家、5家、4家和4家企业，投资存量分别为34 081.55万美元、6 046.90万美元、1 257.48万美元和648万美元。

二、江苏农业产业化龙头企业对外农业投资情况

（一）投资规模

截至2018年底，调查显示，江苏有境外农业投资实绩的企业中农业产业化龙头企业14家。2家国家级龙头企业，累计对外投资额为17 622万美元，境外企业资产总额为17 622万美元；7家省级龙头企业，累计对外投资额为1 766.13万美元，境外企业资产总额为1 727.3万美元；5家市级龙头企业，累计对外投资额为2 308.72万美元，境外企业资产总额为2 358.62万美元。

（二）行业分布

2家国家级龙头企业中，1家兼营粮食作物和经济作物，1家从事经济作物；7家省级龙头企业中，3家从事经济作物，1家从事林业，2家兼营粮食作物和经济作物，1家从事其他；5家市级龙头

企业中，1家从事畜牧业，1家从事粮食作物，3家从事其他。

（三）区域分布

2家国家级龙头企业，投资于亚洲的1家，投资于大洋洲的1家；7家省级龙头企业，投资于亚洲的3家，投资于欧洲的2家，投资于大洋洲的1家，投资于非洲的1家；5家市级龙头企业中，投资于亚洲的4家，投资于大洋洲的1家。

三、江苏对外农业投资面临的问题

（一）投资地域相对集中，经营范围有限

从数据中可以看出，江苏企业对外农业投资还是比较集中于亚非国家，这些国家大都拥有丰富的劳动力资源，这也可能是企业选择这些国家的重要原因。同时还可以看出大部分企业对外农业投资只经营一个产业类别，产品也是单一的，仅有少部分企业经营类别相对多样化。单一产品使得农业企业"走出去"时面临多重制约因素，一旦出现用工成本上升、产品价格升高等问题，企业的竞争力便会下降。

（二）境外投资政策多变，投资风险频发

在对外农业投资的地区中，部分国家政权动荡、法律保障不足、政策不稳定、基础设施较差，受此影响，江苏企业在对外投资过程中遇到的社会、政治风险时有发生，如有的国家为了带动当地经济发展，提高就业率，要求企业进行投资时必须在当地从事生产经营、雇用当地的工人，这些给企业经营以及农业对外投资合作的深化和可持续发展带来了挑战和压力。

（三）管理和技术性人才不足，对外投资规模较小

在进行对外农业投资时，由于缺乏熟悉境外投资业务的法律、市场分析、公关营销、生产运营管理等方面的专业人才，而目前国际化人才培养机制不健全，跟不上现实的需要；再加上企业在获取市场信息、法律法规、资源状况、风土人情等信息时，也缺乏系统权威渠道，使得企业常常会出现"差错"，发生违规违法生产经营行为。同时，由于缺乏语言和文化方面的培养，常常出现国外员工离职的情况，从而企业需要按照法律支付高昂赔偿，影响了企业经营和盈利，阻碍投资规模的扩大。

（四）政府扶持力度不够，支持政策体系有待健全

目前政府对企业对外直接投资的支持政策体系不健全，基层服务体系还不够完善，尤其是对外直接投资立法工作比较滞后。虽然近期国家出台一些对外投资政策，加大对外投资力度，但一些地方落实缓慢、滞后，地方性国企对外直接投资往往还需要多部门审核，而且周期长，审批手续复杂。

四、政策建议

（一）提高农业创新能力，实现经营方式多样化

农业企业需要转变观念，针对技术发展趋势、市场需求变化等因素进行创新。在国内外相关政策环境的激励下，应逐渐整合内部外部创新资源，创新研发机制，加大研发投入，并组织协调生产与营销。另外，可以多种渠道广泛开展研发合作，充分利用外部农业资源。龙头企业尤其要发挥好带头作用，确立好企业自主创新主体地位；以市场为导向，提升科技成果转化力度，实现经营方式多样化。

（二）加强市场调研，积极融入当地市场

在对外进行投资时，农业企业要事先了解东道国的法律法规、政局稳定性、政策变化频率以及金融监管程度等方方面面的投资环境，建立健全风险防控机制，细化完善各类风险应对预案；要加强风险评估与预测，一旦发生经营风险，及时做出反应，减少损失程度。在经营过程中，农业企业要与当地农企积极合作，开展技术交流学习，降低当地企业排斥程度。同时，要积极与当地政府沟通，输出正外部效应，为当地居民创造社会价值，提高农民收入。

（三）培养和招聘并举，开发跨国管理人才

农业企业要健全完善内部激励机制，注重激发员工工作的积极性和创新性，持续推进人才培养，提升企业人才储备的质量与数量。在目前国内比较缺乏熟悉国际规则和东道国市场法律人才的情况下，可以通过招聘优秀的国际人才来弥补自身培养的不足，也可通过高薪聘请当地具有影响力的管理方面的专家，委以重任，以点带面。同时，应定期组织员工学习国外文化，开拓国际化视野，加强与地方进行人文交流，形成良好的企业文化。

（四）打造自主品牌，扩大市场规模

政府应加强引导和保护，一方面要推动相关法律法规的建立，健全相关的知识产权保护体系；另一方面要完善相关奖惩机制，加大对农业知识产权的保护力度。对具有创新性和权威性的农业自主品牌给予奖励，农业企业应大力实施品牌战略，通过技术创新和服务创优强化农产品品牌建设，为消费者提供多样化、高质量的产品和服务，增加消费者的品牌认同感。对外农业投资企业要研究产品的针对性、适用性和经济成本，积极培育既具有中国特色又符合当地国情的农产品品牌，不断强化国外消费者的认同感，进一步打开国外市场，扩大企业规模。

（五）强化政策支持，加大对外投资扶持力度

政府首先要加强对企业的金融政策支持，为企业"走出去"提供资金支持，注重充分发挥中

国进出口银行、国家开发银行等金融机构的作用，为企业提供更大规模的融资、融智服务。其次要优化对外投资环境。积极发挥财政税收作用，加大对投资企业的财税优惠力度；推进"放管服"改革，减少审批环节，给予对外农业投资企业最大便利；进一步完善江苏农业"走出去"公共信息服务平台，建立信息资源共享机制，为企业提供全面的政策资金信息、国家国别信息、项目信息、产业和市场信息、人才和技术信息。最后要强化有效管理和深度服务。要充分发挥好相关部门的职能作用，加强对企业开展对外农业投资的指导，帮助企业制定投资规划。加强对农业"走出去"的日常管理和服务，提升企业应对风险的能力；设立农业"走出去"企业库和专家库，适时提供专业性支持与援助等。

五、典型案例：苏州肯达旺农林生态产业园有限公司

（一）企业基本情况

苏州肯达旺农林生态产业园有限公司成立于2019年04月，公司注册资本金3 000万元，是印度尼西亚吉打邦产业合作园的重要组成部分（前身为印度尼西亚吉打邦农林生态工业园），专业从事农林种植、薯类、豆类农作物等产业园规划建设等。

（二）对外投资情况

肯达旺农业产业园由苏州市肯达旺农林生态产业园有限公司投资成立，总部位于苏州市，产业园位于印度尼西亚加里曼丹省吉打邦县，盛产火龙果、猕猴桃等为主的热带水果以及热带畜牧业、热带海洋水产与淡水水产、热带花卉植被等，此外还盛产天然橡胶、椰子、咖啡、可可、茶叶以及香料。

肯达旺农业产业园定位于以种植为源头，依托入园企业19.6万公顷森林及土地，以及与吉打邦县政府联合开发的50万公顷土地资源，充分发挥当地资源及自然条件的优势，以农林种植为木制品、木薯产品生产厂家提供优质原材料，扩展至农林畜牧业（速生林、木薯、棕榈树、果树等种植，农林产品加工，家禽养殖、农林产品研发），延伸至相关制造业（造纸、棕榈油、味精、饲料、果汁、冷冻等）、物流运输业、教育、文化、旅游等。

产业园并与当地政府制定了20年土地开发种植养殖计划，将致力于农业种植养殖、农产品的研发。在未来20年中，企业将开发30万公顷耕地，带动当地农民进行速生林、木薯、水稻、甘蔗、桑树、水果等大量农作物的耕种。企业还分别同南京林业大学、苏州农学院签署校企产学研合作协议，组建热带雨林农作物研究院和木薯研究所。

肯达旺农业产业园将围绕已建成的农产品加工厂及研究院，向农业种植、畜牧养殖产业链延伸。本着保护性利用自然资源的原则，在保护环境优先、合理利用生态资源、统筹贸易畅通发展的基础上，努力打造农牧种植养殖与农牧生产基地相呼应、无季节科学种植、农产品加工及生态旅游

的现代产业聚集区。

肯达旺农业产业园规划面积为3平方千米，总投资约2亿美元，分二期开发建设。行业涉及农林种植、育种、养殖、林业产品加工、农产品及畜牧产品加工等领域。通过农林制品产业链的上下游整合，逐步推广良种培育供应、大面积种植，不但可以解决原材料供应问题，还将形成农林产品研发—种苗培育—农林种植—产品生产—出口销售等可循环的全产业链，最终提高企业海外资产抗风险能力。二期项目将复制一期项目的模式，在一期原有产业基础上，继续扩大种植业及制造业规模、引进养殖业企业，引入酒精厂、制糖厂、桑树生物制药厂，肥料加工厂、种苗培育公司、农机维修公司、农业技术培训中心等作为园区发展的重要工作，夯实以农林作物种植为源头的农工贸产业园主营及配套的基础。3平方千米产业园建成并全面投产后，预计将每年创造80亿美元销售，每年带来10亿美元税收。本着保护性利用自然资源的原则，在保护环境优先、合理利用生态资源、统筹贸易畅通发展的基础上，努力打造农林牧种植养殖与农林牧生产基地相呼应，无季节科学种植，农林产品加工及生态旅游的现代农林产业聚集区，使肯达旺农业产业园成为中国和印度尼西亚两国共建"一带一路"农林合作的典范项目。

（三）存在的问题

肯达旺农业产业园目前进展顺利，但是在发展中还面临一些瓶颈：

（1）工人文化素质不高，农业技术人员稀缺。企业基层员工文化素质偏低，对新技术的态度保守，不敢尝试新技术，学习能力不强，不能良好地掌握先进的生产技术。当地基层农业技术推广人员工作积极性差，缺少热情，缺少实践工作经验。

（2）基础设施不够完善，投资环境不稳定。由于近几年市场农产品持续走低等，农户生产经营性投入已逐年减少。由于各方对农业的投入都比较少，生产条件得不到改善，相当一部分农田水利基础老化，抗灾能力减弱，当地交通落后、供电不稳定、互联网通信落后、供水设施不健全。

（3）语言障碍大，影响员工沟通。印度尼西亚官方语言为印度尼西亚语，英语普及率不足10%，会说中文的更少，企业在经营过程中语言障碍较大，影响中外员工沟通和业务开展。

（四）政策建议

（1）加深和国内高校合作，通过印度尼西亚高校学生定向委培，为产业园提供技术和翻译人才。

（2）加强两国之间的交流与合作。通过政府之间的交流和合作，为农产品贸易提供便利。

（3）加强政府支持。希望政府在农业领域加强扶持力度，给予"走出去"企业一定的政策和资金支持。

2018内蒙古自治区农业对外投资合作分析报告

2018年内蒙古自治区全面扩大开放，深化涉农企业对外投资经贸合作，外贸进出口总额突破1 000亿元，增长9.9%，重点创新以俄蒙为主的境外经济体合作机制，其中与蒙古国新建立5对友好城市，自治区农牧业农村牧区及对外涉农企业得以优先发展。

一、2018年内蒙古自治区农业对外投资总体情况分析

（一）总体特征

2018年内蒙古自治区共有11家涉农企业在境外投资，在海外设立企业共16家。海外注册资本总额为40 256.05万美元，新增对外投资2 654.7万美元，实现营业收入10 600.55万美元。截至2018年底，累计对外投资总额达46 674.06万美元，企业境外资产总额18 047.09万美元，在东道国缴纳税金283.2万美元，境外企业总人数为15 750人，雇用外方人员达8 319人，为东道国增加工资收入达878.22万美元。

（二）企业经营情况

1．对外农业投资企业类别

2018年，内蒙古自治区共有11家境外投资涉农主体企业，共投资16家境外企业，企业类别包含独资、合资和合作三种，其中8家独资企业，7家合资企业，1家合作企业，分别占比50.0%、43.75%、6.25%。设立方式为子公司和联营公司两种方式，其中10家子公司，6家联营公司，分别占比62.50%和37.50%。

2．对外农业投资企业经营状态

截至2018年底，内蒙古自治区涉农企业在境外投资的16家企业中运营正常的为15家，暂停运营的为1家。正在运营的15家企业中，有3家在2018年有新增投资额，具有投资扩大的趋势和意向。

3．对外农业投资企业产销情况

2018年内蒙古自治区涉农对外投资企业主要产出项目包含小麦、薯类、油料三大类，共实现总产量28 820吨，实现总销售收入共计821万美元：其中小麦产出15 000吨，实现销售收入260万美元；薯类产出2 820吨，实现销售收入126万美元；油料产出11 000吨，实现销售收入435万美元。所产出作物主要销售渠道分为东道国直接销售、直接销售回运以及直接出口其他国家，其中小麦东道国销

售 8 000 吨，销售收入 100 万美元，直接销售回运数量为 7 000 吨，收入 160 万美元；薯类东道国销售 620 吨，销售收入 30 万美元，出口其他国家 2 200 吨，收入 96 万美元；油料产出 11 000 吨全部回运销售，实现直接销售回运金额为 435 万美元。

4．对外农业投资企业收入及纳税情况

2018 年，内蒙古自治区农业对外投资企业营业收入 10 600.55 万美元，较 2017 年减少 9 110.21 万美元，降低 46.22%。原因是本年度畜牧业代表企业内蒙古伊利实业集团股份有限公司在新西兰投资的大洋乳业有限公司未实现营业收入。2018 年，在东道国缴纳税金 283.2 万美元，基本与 2017 年持平（表 1）。

表 1　2016—2018 年内蒙古自治区涉农企业海外收入情况（万美元）

内容	2016 年	2017 年	2018 年
营业收入	12 374.85	19 710.76	10 600.55
在东道国缴纳税金	12.09	232.4	283.2

5．对外农业投资企业雇用人员及发放工资情况

2018 年内蒙古自治区涉农企业境外雇用 8 319 名人员，比 2017 年同期统计雇用人员 6 422 人，增加 1 897 人，增幅 29.54%；2017 年比 2016 年增加 1 200 名雇用人员，增长 23%。虽然 2016—2017 年经营过程中，自治区涉农企业针对境外雇用人员发放工资从 960.05 万美元增长至 1 984.54 万美元，增加 1 024.49 万美元，增幅达到 107%；但是，2018 年度有明显下滑，从 2017 年发放 1 984.54 万美元降至 2018 年发放 878.22 万美元，减少 1 106.32 万美元，降幅 55.75%。其中雇用人员数量上涨主要原因为 2018 年度涉农企业季节性用工增多；发放工资数额大幅度减少原因为内蒙古伊利实业集团股份有限公司在新西兰投资的大洋乳业有限公司和内蒙古蒙牛乳业（集团）股份有限公司在新西兰投资的雅士利新西兰乳业有限公司未发生境外工资支出。

（三）投资趋势

1．参与海外农业投资的企业数量基本保持稳定

一直以来，内蒙古自治区企业受多因素制约，海外投资热情并不高，2016 年只有 9 家涉农企业在境外开展了农业投资，并在海外设立 10 家企业。2017 年实现大幅度增长，自治区参与海外活动企业增加至 14 家，增长幅度超过 50%；在海外注册企业数量达到 19 家，比 2017 年增长 90%。2018 年共有 11 家涉农企业从事境外投资活动，比 2017 年下降 21%；在海外注册企业数量也从 19 家下降到 16 家，降幅 15.79%。其主要原因是受国际形势影响，导致自治区在北美洲进行投资活动的涉农企业数量大幅度减少。

2．累计对外投资额稳步增加

近三年，内蒙古自治区涉农企业累计对外投资额稳步增长。2017年累计投资额为38 578.26万美元，较2016年的29600.49万美元增加8 977.77万美元，增长30%。2018年涉农企业累计对外投资额达46 674.06万美元，相比于2017年同期38 578.26万美元增长了8 095.8万美元，增长幅度达到20.99%，保持了稳定的增长态势。

3．2018年新增投资额有所回升

2017年内蒙古自治区涉农企业在农业领域新增的海外投资额相比较2016年，呈现出大幅度下降的情况，从2016年的11 202.33万美元降至2017年仅为564.81万美元。2018年内蒙古自治区涉农企业新增对外投资额回升至2 654.7万美元，比2017年同期增长2 089.89万美元，增长率达到370%。其主要原因是内蒙古伊利实业集团股份有限公司在新西兰投资的大洋乳业有限公司主要投资时间为2016年与2018年，分别投入10 868.6万美元和2 404.7万美元。

二、2018年重点区域和国别投资情况分析

（一）对外农业投资企业所属区域分布

内蒙古自治区农业"走出去"企业主要来自于呼伦贝尔市、满洲里市，两地占比高达58.8%，这是由它们独特的区位优势决定的。呼伦贝尔市位于内蒙古东北部，西、北与蒙古国、俄罗斯相接壤，是中俄蒙三国的交界地带，其中满洲里口岸是中国最大的陆运口岸，是国务院确定的国家重点开发开放试验区。在"先行先试，深度开放"的指导精神下，呼伦贝尔市在农业"走出去"方面走在了全区前列。

（二）各大洲分布情况及特征

内蒙古自治区与俄罗斯、蒙古国领土接壤，与俄蒙两国在经济、政治、文化方面交往密切，民心相通、民族相容。因此，俄罗斯和蒙古国是内蒙古自治区对外农业投资首选区位。2018年，内蒙古自治区对外农业投资的16家企业中，有10家企业在欧洲进行投资，占比62.50%；4家企业在亚洲进行投资，占比25%；剩余2家企业分别在大洋洲和非洲进行投资，各占比6.25%。本年度内蒙古自治区涉农企业对外投资中欧洲占主体部分（表2）。

从累计投资金额的区域分布来看，目前内蒙古自治区在大洋洲投资金额巨大，占总投资额的75.33%；对欧洲区域的投资额占内蒙古自治区全部农业对外投资额的20.69%；亚洲占1.5%，非洲占2.48%。

（三）重点国家分布情况

2018年，内蒙古自治区对外农业投资的16家企业中，有10家企业在俄罗斯投资，占比

62.50%，2家企业在蒙古国投资，占比**12.50%**；在俄罗斯投资的企业主要从事经济作物种植（油菜籽、亚麻籽）、果菜批发、农畜产品批发等业务；在蒙古国投资则集中在畜牧业；鹿王集团和伊利集团两家企业分别在非洲的马达加斯加和大洋洲的新西兰投资农业相关的加工制造行业；内蒙古春雪羊绒有限公司2015年在柬埔寨投资设立春雪（柬埔寨）羊绒纺织有限公司，这也是"一带一路"倡议下内蒙古企业"走出去"的又一成功实践（表2）。

从累计投资金额的区域分布来看，自治区伊利实业集团股份有限公司在新西兰投资金额达**36 276.06**万美元，占总投资额的**75.33%**。

表2　2018年内蒙古自治区对外农业投资国别地区分布

投资地区		境外企业名称
欧洲	俄罗斯	诚林有限公司
		刘姆肯尔私人有限公司
		合作有限责任公司
		西伯利亚农业有限公司
		新西伯利亚粮食集团有限责任公司
		新西伯利亚金穗有限责任公司
		西伯利亚谷物有限责任公司
		凯特-斯特罗伊贸易责任有限公司
		金土地有限公司
		"雄鹰"有限责任公司
亚洲	蒙古国	蒙古维信纺织品有限公司
		金古源农业发展有限公司
	柬埔寨	鹿王（柬埔寨）针织有限公司
		春雪（柬埔寨）羊绒纺织有限公司
大洋洲	新西兰	大洋洲乳业有限公司
非洲	马达加斯加	马达加斯加KDC羊绒制品有限公司

三、2018年对外农业投资的行业分析

基于地方在种植业、畜牧业、渔业、林业、农副产品加工业、农林牧渔服务业等重点产业的投资情况，结合地方投资特点和趋势，对地方重点产业对外投资情况进行深入分析（表3）。

（一）产业分布总体情况

表3　2018年内蒙古海外投资企业产业类别汇总

序号	境内企业名称	企业所在地	境外投资企业名称	投资地区	产业类别
1	内蒙古伊利实业集团股份有限公司	呼和浩特市	大洋洲乳业有限公司	新西兰	畜牧业
2	满洲里诚林贸易有限公司	满洲里市	诚林有限公司	俄罗斯	种植业
3	满洲里德丰贸易有限公司	呼伦贝尔市	刘姆肯尔私人有限公司	俄罗斯	种植业
4	内蒙古鹿王羊绒有限公司	包头市	马达加斯加KDC羊绒制品有限公司	马达加斯加	加工业
5			鹿王（柬埔寨）针织有限公司	柬埔寨	加工业
6	满洲里对外经济贸易有限责任公司	呼伦贝尔市	合作有限责任公司	俄罗斯	种植业
7			西伯利亚农业有限公司	俄罗斯	种植业
8	满洲里恒升粮油食品进出口有限公司	满洲里市	新西伯利亚粮食集团有限责任公司	俄罗斯	种植业
9			新西伯利亚金穗有限责任公司	俄罗斯	种植业
10			西伯利亚谷物有限公司	俄罗斯	种植业
11			凯特-斯特罗伊贸易责任有限公司	俄罗斯	种植业
12	维信（内蒙古）羊绒集团有限公司	巴彦淖尔市	蒙古维信纺织品有限公司（暂停营业）	蒙古国	加工业
13	满洲里伊力亚果品贸易有限责任公司	呼伦贝尔市	金土地有限公司	俄罗斯	种植业
14	扎兰屯赤塔农业合作发展有限责任公司	呼伦贝尔市	"雄鹰"有限责任公司	俄罗斯	种植业
15	内蒙古春雪羊绒有限公司	巴彦淖尔市	春雪（柬埔寨）羊绒纺织有限公司	柬埔寨	加工业
16	二连浩特市金古源粮油有限公司	锡林郭勒盟	金古源农业发展有限公司	蒙古国	种植业

2018年内蒙古自治区涉农企业从事对外投资活动共有11家企业，在境外设立16家经营机构。其中从事种植业的企业11家，从事畜牧业企业1家，农副产品加工业企业4家，分别占比68.75%、

6.25%、25%，主体以种植业为主。

从地理位置上看，内蒙古自治区从事对外投资活动的涉农企业中有6家来自于呼伦贝尔市和满洲里市，两地涉农企业共设立10家境外经营机构，占全区一半以上。

（二）各产业投资情况

2018年，内蒙古自治区涉农企业在海外注册资本共40 256.05万美元，其中种植业注册资本为8 579.06万美元，畜牧业注册资本为30 322.99万美元，农副产品加工业注册资本为1 354万美元。

2018年，内蒙古自治区涉农企业在海外新增投资总额为2 654.7万美元，其中种植业新增投资额为250万美元，畜牧业新增投资额为2 404.7万美元，农副产品加工业未产生新增投资额，种植业和畜牧业占比分别为9.42%和90.58%，畜牧业新增投资额占比最高，其原因为内蒙古伊利实业集团股份有限公司在新西兰投资的大洋乳业有限公司投资所致。

2018年，内蒙古自治区涉农企业在境外累计投资总额达46 674.06万美元，其中种植业累计投资额为7 012万美元，畜牧业累计投资额36 276.06万美元，农副产品加工业累计投资额为3 386万美元，占比分别为15.02%、77.72%、7.26%。畜牧业累计投资额占比最高，其原因为内蒙古伊利实业集团股份有限公司在新西兰投资的大洋乳业有限公司累计投资额较高所致。

2018年，内蒙古自治区涉农企业境外年底资产总额达18 047.09万美元，其中种植业年底资产总额为11 436.39万美元，畜牧业年底资产总额为2 404.7万美元，农副产品加工业年底资产总额为4 206万美元，分别占比63.37%、13.32%、23.31%。种植业企业数量最多，占比最高。

（三）典型产业投资合作情况

2018年，内蒙古自治区涉农企业在海外投资最具代表性的产业为畜牧业，畜牧业新增投资额达到全区涉农企业新增投资额的90.58%，为内蒙古伊利实业集团股份有限公司在新西兰投资的大洋乳业有限公司，该企业为独资企业，设立方式为全资子公司。伊利实业集团股份有限公司在2018年共投入2 404.7万美元，用于购买37.899公顷草地，投资174.64万美元；2 230.06万美元用于生产活动。截至2018年，畜牧业累计投资额达36 276.06万美元，在产业中占比达77.72%，也是由于内蒙古伊利实业集团股份有限公司在新西兰投资的大洋乳业有限公司购买草地和进行生产活动所致。

四、企业报告

（一）对外农业投资企业总体情况

内蒙古自治区共有11家涉农企业从事海外投资，其中，6家为农业企业；9家为龙头企业；1家股份有限公司，其余均为有限责任公司，企业类型单一。具体情况见表4。

表4　内蒙古自治区对外农业投资企业总体情况

企业名称	是否为农业企业	为否为龙头企业	注册类型	所在地区
内蒙古伊利实业集团股份有限公司	是	是（国家级）	股份有限公司	呼和浩特市
内蒙古鹿王羊绒有限公司	否	是（国家级）	有限责任公司	包头市
维信（内蒙古）羊绒集团有限公司	是	是（国家级）	有限责任公司	巴彦淖尔市
满洲里恒升粮油食品进出口有限公司	是	是（省级）	有限责任公司	满洲里市
满洲里诚林贸易有限公司	否	是（省级）	有限责任公司	呼伦贝尔市
满洲里德丰贸易有限公司	否	是（省级）	有限责任公司	呼伦贝尔市
满洲里伊力亚果品贸易有限责任公司	否	是（省级）	有限责任公司	呼伦贝尔市
内蒙古春雪羊绒有限公司	是	是（省级）	有限责任公司	巴彦淖尔市
满洲里对外经济贸易有限责任公司	否	是（市级）	有限责任公司	呼伦贝尔市
扎兰屯赤塔农业合作发展有限责任公司	是	否	有限责任公司	呼伦贝尔市
二连浩特市金古源粮油有限公司	是	否	有限责任公司	锡林郭勒盟

（二）典型企业案例分析：二连浩特市金古源粮油有限公司

1. 案例概况

二连浩特市金古源粮油有限公司于2012年5月成立，是一家集国外种植、国内加工销售于一体的粮油加工企业，以进口油菜籽、葵花籽、亚麻籽、大豆、荞麦、燕麦等为原料，经压榨、精炼等工艺加工食用植物油以及荞麦米、荞麦粉等产品。

2006年，该公司在蒙古国成立了AEC农业发展有限公司，从事农业种植、技术推广、农机协作、技术人员交流等业务，种植面积为1.067万公顷，雇用当地务农人员约35人，并带动国内90余家企业到蒙古国从事农业种植，总面积超过6.67万公顷，其中油菜籽大部分通过二连口岸进口到中国。同时，该企业在俄罗斯也拥有亚麻籽、油菜籽、葵花籽、燕麦、荞麦、大豆等种植基地，2016年初获得进口俄罗斯农产品资质，2016年5月作为全国进口俄罗斯农产品试点单位开展进口俄罗斯亚麻籽等农产品业务，在俄罗斯合作种植农作物达1万公顷，雇用当地务农人员约50人。该公司与荷兰也保持良好合作关系，2016年初通过二连海关生产出口饲料的许可，可直接生产出口饼类饲料到欧盟国家。目前，该公司已经通过ISO 9001：2008质量管理体系、ISO 22000：2005食品安全管理体系，符合欧盟标准GMP+和CERTIFICATE OF ORGANIC OPERATION，达到蒙古国、俄罗斯农产品的生产要求，生产100%非转基因、不含任何添加剂的健康产品。

随着"一带一路"倡议的深入发展，俄罗斯农产品进口大幅增加，该公司积极进行扩能改造升级，新增荞麦生产线一条，生产的荞麦面、米出口到日本，对灌装车间设备进行升级改造并新增灌装生产线，将充分发挥口岸优势，继续扩大俄罗斯、蒙古国种植面积，加强与沿线国家的合作，致力国际农产品加工及贸易往来与口岸加工。

2．企业海外投资概况

蒙古国种植：2019年蒙古国种植油菜籽面积0.67万公顷，产量大约为15 000吨，回运量达15 000吨。

俄罗斯种植：2019年俄罗斯种植大豆、油菜籽、亚麻籽、葵花籽、燕麦、荞麦面积总共达1万公顷，其中大豆种植面积0.33万公顷，油菜籽种植面积0.33万公顷，亚麻籽种植面积1 333.33公顷，葵花籽种植面积666.67公顷，燕麦种植面积666.67公顷，荞麦种植面积666.67公顷。产量总计约30 000吨，回运量达30 000吨。

3．企业海外投资的特点、亮点及起到的示范效果

（1）企业充分利用口岸优势。该公司位于中蒙最大的边境口岸——二连口岸，旨在实现蒙古国、俄罗斯进口的农产品口岸落地加工，既解决了农业"走出去"的企业后顾之忧，又有效控制了进口农作物疫情风险，给口岸创造了巨大的经济和社会效益。

（2）投资项目为国内市场提供优质农产品。因为蒙古国、俄罗斯油菜籽等农产品的种植方法与我国有所不同，从播种到收割全部机械化作业，在油菜籽等农作物的生产过程中很少进行人工管理，主要依靠自然降水，不施用化肥和除草剂等，所以产出的油菜籽、粮食等农产品全部为纯天然绿色作物，备受国内外消费者欢迎。

（3）投资项目有助于我国农产品加工能力的提高。蒙古国、俄罗斯进口的绿色无污染粮食、油菜籽及其他的农产品更符合人们的生活需要，更具有竞争力。该项目的建设将促进我国粮食加工向纯天然、无污染、高附加值的方向发展，对二连浩特市及周边地区的粮油和相关产业的商贸流通行业的发展产生积极推动作用。

五、2018年农业对外投资面临的主要困难和政策建议

（一）主要困难

1．资金短缺、融资困难制约内蒙古自治区企业开展农业海外投资

由于农业对外投资项目在境外，投资企业又属于中小企业，国内商业银行往往担心企业境外农业投资规模较小，收益较低，难以提供担保和抵押，风险管理难度较大，一般不愿支持农业投资项目的贷款。而投资企业本身对国际融资环境不熟悉、经验不足，更难得到东道国金融机构的信贷支持。融资困难制约了内蒙古自治区农业对外投资的发展。

2. 信息公开程度低，缺乏对海外投资环境的系统评估

目标投资国农业基础设施建设、资源储量、政策保障、市场开放程度等信息是评估投资风险的重要指标，但鉴于信息保密和低透明度的限制，投资企业很难从投资目标国获取相关政策、法规和商业环境等信息。即使有也是碎片化的，公开程度低，获取难度较大，导致内蒙古一些农业企业无法辨识投资风险被迫放弃在海外投资。信息公开程度低、获取难度大，更没有建立完善的农业投资风险评估体系，导致投资企业在做出决策时往往出现偏差，盲目投资，增加风险，投资后出现停产、停业的情况也时有发生。

3. 农业投资领域技术含量较低，制约了农业产业化发展

内蒙古自治区农业对外投资以初级产品加工和资源开发为主，集中在附加值不高、技术含量较低的农业种植和畜牧业养殖上，没有形成以技术与投资为一体的农产品供应链。很多企业进行农业海外投资就是看中国外便宜的土地和劳动力资源，最终选择投资产业链的前端领域。目前自治区跨国并购、深度加工、高科技生产等方面的经营投资几乎空白，产业化经营程度不高，自治区农业对外投资层次亟待转型升级。

4. 东道国投资环境差，限制了投资企业境外发展

（1）东道国的保护主义。部分投资目标国对本国农业和农产品市场采取保护政策，对外国企业和产品的进入设置重重障碍，在劳务卡发放、投资比例、税费征缴、签证期限和环境保护等方面都有严格规定，很大程度上制约了企业对外投资农业的数量、金额和投资积极性。

（2）法律法规不健全，政策多变。投资目标国行政效率低下、合同执行率低、社会治安混乱，导致部分农业投资企业运行艰难。加之随意加薪、增税及收取各种名目费用，直接影响投资企业效益。

（3）基础设施差。部分投资目标国水利、电力、交通、通信等基础设施落后，投资企业除负担项目自身建设成本，还要负担农业基础设施建设费，巨额投资难以承受，致使项目中断或搁浅。

（4）生产效率低。一些投资目标国种植养殖生产方式粗放，农民习惯于简单种植，松散劳作，对新技术的接受能力弱，农业技术推广难。

5. 对投资企业财政扶持力度不够

尽管内蒙古自治区政府已经出台了一些扶持政策，鼓励农牧业"走出去"，但支持力度不大。政府对投资企业的财政专项补贴不足，特别在企业对外投资必需的农业基础设施、农机具购置、生活设施建设等方面补贴不到位。此外，在为投资企业出口生产资料、设备提供通关便利和特定农产品出口退税补贴政策的实施方面，内蒙古也比较滞后，一定程度上影响了投资企业"走出去"的信心和热情。

6. 投资企业缺乏跨国经营管理人才

农业对外投资企业普遍缺乏掌握外语、了解国际惯例和规则，熟悉投资国有关农业产业政策、农产品市场潜力、税收政策、劳动力素质、东道国风土人情等，并具有国际化眼光和视野的经营管理人才，境外经营管理水平低下，以至于在项目经营中困难重重，一些投资项目甚至搁浅或陷入困境。跨国经营管理人才的匮乏，成为农业"走出去"的桎梏。

（二）政策建议

1. 抓住契机，确定对外农业投资导向和策略

根据自治区资源特点和地缘优势，将亚洲各国作为自治区对外农业投资的重要区域，加快自治区农业企业在亚洲各国开展对外农业投资步伐，进一步拓宽投资领域，扩大投资规模。特别是，随着"中蒙俄经济走廊"的建设，自治区应将蒙古国和俄罗斯继续当作投资重点，有针对性地推动三国合作。

2. 加快培育多元化农业对外投资主体

一是重点扶持一些有一定规模、市场基础和品牌优势的农业产业化龙头企业，有针对性地帮助这些企业制定国际化发展战略和跨国经营计划，支持它们采取独资、合资、合作经营等多种投资方式开发国际市场，推动农业技术、物资设备和农村劳务输出，积极培育农业对外投资的排头兵，发挥示范效应。二是积极培育和促成一些中小涉农企业联合开展对外农业投资，发挥其优势互补、共担风险、互利共赢的集聚效应。三是鼓励一些效益好、实力强、发展潜力大的大中型民营企业、非农企业开展对外农业投资，将它们培植成为对外农业投资的生力军。通过培育多元化农业对外投资主体，扩大对外投资企业数量和投资规模，逐步构建完整的产业链，增强国际市场话语权和资源配置力。

3. 构建对外农业投资重点区域综合评估体系

政府职能部门要根据辖内实际情况，构建完善的对外农业投资重点区域综合评估体系，对投资目标国的农业投资基础、资源禀赋情况、交通便利性、投资风险和市场开放程度等指标赋予不同的权重进行综合评级和科学预测，使投资企业能够有针对性地对企业自身经营情况、投资目标国情况、市场供需和投入产出情况进行综合分析，做到理性投资。

4. 建立和完善农业对外投资风险管理机制

政府部门要建立农业对外投资的常态化风险管理机制，对投资目标国的局势、自然灾害和安全风险及时进行信息通报和预警，加强投资企业在资金调拨、融资、股权和其他权益转让、再投资等

方面的监督和约束，防范境外经营和安全风险。鼓励保险公司设立专门针对对外农业投资的保险产品，主要承保企业在境外农业投资可能发生的"非常风险"。

5．加大政府财政支持力度

设立内蒙古农业对外投资专项资金，重点用于资助境外技术示范推广、境外农业资源开发利用等项目；构建农业"走出去"扶持机制，在农业基础设施建设、生活设施建设、农机具购置等方面给予投资企业一定补贴。对农业对外投资项目需出口的生产资料、设备等提供通关便利，减免出口环节税费。使企业在境外投资经营中增强实力、轻装上阵，有效提高企业核心竞争力，从而促进企业可持续发展。

6．加大金融支持力度，拓宽融资渠道

一方面鼓励国内银行完善金融产品种类，根据农业企业生产经营特点，灵活合理地确定贷款期限和偿还方式，加大农业对外投资金融支持力度，支持和鼓励有条件的企业进入国际资本市场直接融资。另一方面，引导境外投资企业共同建立互助基金，为企业临时周转、资金短缺提供有偿借贷。此外还可以鼓励民间资本进入，进一步拓宽农业企业"走出去"的融资渠道。

7．加强政府间交流合作，优化企业"走出去"环境

围绕"走出去""引进来"的农业发展目标，政府部门要加强宏观指导，加强公共信息服务。一方面要不断扩大并深化与国际农业领域的各类企业、团体和政府部门的交流合作，积极参与并开展大型国际性农业会展，打造内蒙古农业国际化发展的优良环境。另一方面要高度关注自治区对外农业投资规模和分布的均衡性、境外产业布局和区域布局的科学性以及不同区域适用的投资途径等问题，并对这些问题进行有针对性的研究和论证，更好地指导和支持企业"走出去"。

8．积极引进与培养高素质、国际化、复合型管理人才

一是政府通过人才引进渠道为农业对外投资企业注入兼具农业产业知识、外语应用能力、跨国公司管理经验的复合型人才。二是政府部门成立由专业人士组成的专门机构，为企业提供境外经营信息咨询、调查评估和问题解决方案等服务。三是企业可以通过招聘方式吸引熟悉国际惯例与规则的留学归国人员或外籍管理人才。四是通过在职培训或委托高校专项培养等方式储备高素质、国际化、复合型管理人才。

2018福建省农业对外投资合作分析报告

为及时、全面、准确地掌握我国企业对外农业投资合作情况，分析、总结农业对外投资的经验教训，规划、制定有效的农业对外投资政策措施，在农业农村部对外经济合作中心的统一部署下，继续对福建省2018年对外农业投资合作情况进行信息采集，形成如下报告。

一、福建对外农业投资合作总体概况

（一）总体规模

在2019年度福建省对外农业投资合作信息采集中，共采集对外农业投资境外企业31家，分布在五大洲20个国家。从企业境外经营的情况来看，有20家境外企业正在经营，5家暂停经营，6家正处于筹备设立的状态。

采集数据表明，2018年福建省企业对外农业直接投资流量为3 001.47万美元，比2017年的8 910.88万美元降低了66.32%，年底累计对外投资总额为46 390.69万美元。福建省对外农业投资企业2018年底资产总额达2 766 121.87万元，其中7家农牧业境外企业的境内公司平均年底资产总额为5 232.67万元（不含资产总额在5亿元以上的企业）[1]，2家境外渔业企业的境内公司平均年底资产总额为40 828.43万元[2]。

就总体从业人员来看，虽然2018年境外企业的数量相较于2017年增加了10家，达到31家，但其中5家暂停经营，6家仍处于筹备设立的状态。2018年企业年底境外企业总人数为2 246人，较2017年的1 980人增加266人。其中，企业共雇用外方人员数量2 127人，较2017年的1 834人有所增加，增加了293人；但中方外派人员总数大幅下降。

（二）行业分布

从2018年福建省农业对外投资企业境外主营行业分布来看，以种植业为主的境外企业有13家，占比41.94%，其中，主营经济作物的企业9家，占比29.03%；粮食作物4家，占比12.90%。渔业为福建省对外农业投资企业"走出去"的一大特色，有13家境外企业的主营行业为渔业，占比41.94%，较2018年有所增加。其余境外企业的主营产业分别为畜牧业（%）、农资（%）、林业（%）等其他行业。值得关注的是，福建省的境外投资企业有14家涉及多类型产业经营，占比45.16%。

---

[1] 其中福建圣农控股集团有限公司资产总额达1 636 579.01万元，福建省中科生物股份有限公司资产总额达136 756万元，福建傲农生物科技集团股份有限公司资产总额达330 502万元，厦门国贸纸业有限公司资产总额达51 942.48万元，厦门福慧达果蔬股份有限公司资产总额达126 199.2万元，厦门耕农集团有限公司资产总额达76 000万元。

[2] 渔业企业资产差别较大，其中宏东渔业股份有限公司资产总额达225 462.39万元，福建省安达远洋渔业有限公司资产总额达56 392.48万元，而福建鑫海源渔业有限公司资产总额仅为2.76万元。

（三）地区分布

根据调查数据统计显示，福建省企业对外农业投资目的地以发展中国家及地区为主，从对外农业投资企业所在地区来看，**41.94%**的境外企业（13家）设立在亚洲地区，尤其是东南亚国家及地区，其主要原因是我国与亚洲国家在文化上的认同感，地理上的优势以及亚洲自然资源和劳动力资源丰富。**25.81%**的境外企业（8家）设在几内亚、毛里塔尼亚、马拉维等非洲发展中国家，主要是被这些国家或地区较为丰富的资源所吸引。**19.35%**的境外企业（6家）设立在大洋洲的澳大利亚、新西兰和巴布亚新几内亚；**9.68%**的境外企业（3家）设立在北美洲的美国和加拿大，大洋洲与北美洲的投资目的地均为农业资源丰富的发达国家，且该地区农业技术水平和管理模式较为先进，农业生产服务体系也比较完善。另外需要关注的是，福建省2018年采集到1家（**3.23%**）在南美洲的智利展开境外农业投资的企业，截至目前，福建对外农业投资遍及全球五大洲。

从福建省企业对外农业投资额的地区分布来看，从投资流量来看，2018年福建企业对外农业投资新增额较多的地区是北美洲的美国及加拿大等发达国家及地区；从投资存量来看，福建企业截至2018年底农业累计对外投资额较高的仍然是亚洲地区，以发展中国家及地区为主。表1为福建境外企业对外农业投资额的地区分布情况。

表1　2018福建省企业对外农业投资额地区分布情况

区域	2018年新增投资额		截至2018年底农业累计对外投资额	
	金额（万美元）	百分比（%）	金额（万美元）	百分比（%）
亚洲	616.39	20.54	20 877.54	45.00
大洋洲	503.17	16.76	12 101	26.08
非洲	590.76	19.68	11 728	25.28
北美洲	1 150.58	38.33	1 543.58	3.33
南美洲	140.57	4.68	140.57	0.31
合计	3 001.47	100.00	46 390.69	100.00

从投资流量来看，2018年福建农业企业对外直接投资新增的**3 001.47**万美元的投资额中，**55.10%**流向大洋洲及北美洲的一些发达国家及地区，**20.54%**的资金投向亚洲地区，**19.68%**的资金流向几内亚、莫桑比克等非洲的发展中国家及地区，仅**4.68%**的资金流向南美洲。与以往福建省投资流向分布以亚洲和非洲等不发达地区为主不同，2018年的对外农业投资有较大比例流向北美洲和大洋洲等发达国家和地区。从投资存量来看，截至2018年底农业累计对外投资额为**46 390.69**万美元，其中**45.00%**的资金投向亚洲国家，主要是东南亚国家和日韩地区，有**26.08%**的资金流向农业

资源丰富的北美洲和大洋洲的发达国家，且主要集中于大洋洲的澳大利亚、新西兰及北美的美国、加拿大，25.28%的资金投向非洲发展中国家。

（四）投资形式和设立方式

从境外企业类别看，2018年福建对外农业投资合作企业以独资、合资企业为主，调研的31家境外企业中，独资企业21家，占67.74%；合资企业10家，占比32.26%。图1所示是近4年福建省对外农业投资境外企业投资形式对比，从图中可以看出，近年来福建对外农业投资合作中以独资企业设立的方式为主，说明企业境外投资风险承担能力在提高。

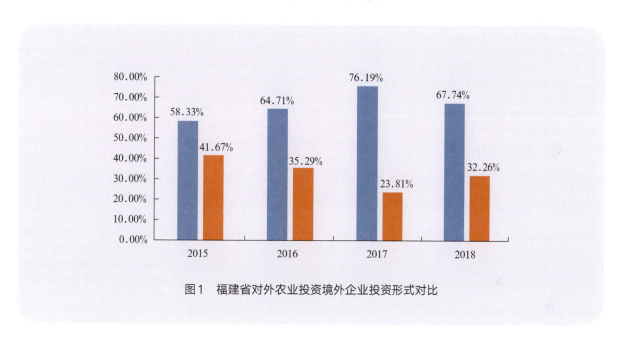

图1　福建省对外农业投资境外企业投资形式对比

从境外企业设立方式来看，有四种不同的设立方式，分别为子公司、分支机构（含办事处、代表处等）、联营公司和其他形式。2018年对福建省对外农业投资进行信息采集的境外企业共31家，其中有14家以子公司形式设立，3家以联营公司形式设立，1家以分支机构形式设立，还有13家以其他形式设立。从中方持股比例来看，福建省对外农业投资合作项目绝大多数以中方为主导，设立的境外企业中中方平均持股比例为87.32%，最低持股比例为49%；58.06%的境外企业由中方100%控股持有。

二、福建对外农业投资企业境内主体特征

（一）对外直接投资主体规模

据调研统计数据显示，福建省开展对外农业投资的企业仍然以中小企业为主。在2018年开展的企业对外农业投资信息采集工作中，所调研企业的境内主体均非央企，其中22家为有限责任公司，6家为股份有限公司。这28家投资企业境内主体中有11家是产业化龙头企业，其中国家级龙

头企业有2家，8家为省级龙头企业，剩余1家为市级龙头企业。这些企业总体规模不大，平均注册资本4 676.82万元[①]，其中注册资本最低的仅为500万元［安农（福建）生态农业有限公司］；年底平均资产总额为13 142.84万元；年末境内从业人员数量从1人到30 000人不等，平均为40.21人。其中5家渔业企业总体规模较大，平均注册资本为7 750万元，平均资产总额达40 828.43万元，平均规模较大，但平均从业人数为19.25人，低于非渔业企业。与渔业企业相比，12家非渔业企业规模相对较小，平均注册资本为3 396.33万元，平均资产总额达5 232.67万元，平均从业人数为48.6人。

就这些对外投资企业在福建省的分布而言，这31个对外投资合作企业的境内投资主体中有12个位于福州市，10个位于厦门市，3个位于南平市，漳州市和宁德市各2个境外投资企业，还有1个位于泉州市，1个位于三明市。可见福建省企业对外农业投资活动主要集中在沿海地区，沿海地区的涉农企业对于"走出去"较为积极。

（二）对外直接投资主体类型及行业分布

福建省对外农业投资企业中能够"走出去"的企业多为实力较强的各类龙头企业。从2018年底公司资产总额来看，其中资产规模最大的是宏东渔业股份有限公司，资产总额达22.55亿元，最小的是福建鑫海源渔业有限公司，资产总额仅为2.76万元。各类龙头企业占投资主体总体的比重达35.48%，其中国家级龙头企业2家占比6.45%，省级龙头企业8家占25.81%，市级龙头企业1家占3.23%。

从投资主体的行业分布来看，31家投资主体中，经营农业的有14家，渔业的有13家，占比87.10%。其中经营农业的投资主体中，以种植经济作物为主的企业有8家，占25.81%；以种植粮食作物为主的企业4家，占比12.90%。6.45%的企业在境外经营林业和其他业务，主要经营畜牧业的企业有3家，经营农资的企业有5家。经营其他业务的企业中，福建省中科生物股份有限公司主营生物制品，福建尤迪电机制造有限公司主要从事制造业，福建省润和投资集团有限公司也从事商超物流等其他商业活动，福建中翔新能源科技有限公司则主营农资销售，这些非农企业都分别在各自的主营领域外开展境外农业投资活动，说明福建省企业对外农业投资主体呈多元化发展态势，前景广阔。同时据统计数据表明，渔业是福建省对外农业投资的一大特色，且投资规模较大，也影响着福建省对外农业投资的整体发展。

[①] 不含漳州市柏森农业发展有限公司、福建海翔渔业有限公司、莆田标准木业有限公司和福建省蓝天农场食品有限公司，这四家企业暂无对外投资项目；不含福建圣农控股集团有限公司，其规模相较于其他福建省对外农业投资企业较大；不含福建省平潭县远洋渔业集团有限公司，其注册资本较高；不含资产总额在5亿元以上的企业，其中有福建省中科生物股份有限公司、宏东渔业股份有限公司、福建傲农生物科技集团股份有限公司、福建省安达远洋渔业有限公司、厦门国贸纸业有限公司、厦门耕农集团有限公司、厦门福慧达果蔬股份有限公司；不含福建鑫海源渔业有限公司，其资产总额仅为2.76万元，下同。

三、福建对外农业投资合作经营状况及效应分析

（一）经营规模

从境外企业设立及经营的规模来看，福建省对外农业投资企业的规模总体不大，但差异明显。以境外企业注册资本为例，最低的新西兰宝达投资有限公司注册资本仅为 0.00 675 万美元，最高的宏东国际（毛塔）渔业发展有限公司注册资本为 12 000 万美元，平均注册资本为 1 833.10 万美元。值得关注的是，投资农牧业的境外企业中存在着许多多元化经营的企业，如澳洲易成产业园发展有限公司（经营农林牧渔以及制造业等，注册资本为 9 450 万美元）、中科生物股份北美公司（经营生物制品、植物工厂，注册资本为 9 000 万美元），它们多元化的投资提高了福建省境外投资企业的平均注册资本水平；部分境外渔业企业中，如印度尼西亚海洋发展股份有限公司（注册资本为 5 500 万美元）、宏东国际（毛塔）渔业发展有限公司（注册资本为 12 000 万美元）、福建省中鸿渔业有限公司（注册资本为 3 000 万美元）以及纳土纳加雅巴哈里公司（注册资本为 6 034.48 万美元），其平均注册资本均远远高于总体平均水平；而部分企业如新西兰宝达投资有限公司（注册资本为 0.00 675 万美元）、丰盛集团有限公司（注册资本为 0.00 773 万美元）以及常勤有限公司（注册资本为 0.3 万美元）等由于情况特殊，则拉低了福建省境外投资企业的平均注册资本。

表 2　2018 年福建境外农业企业经营规模

单位：万美元

	企业注册资本	年底累计投资额	年底资产总额
最小	0.00 675	528.75	446.28
最大	12 000	10 670	6 694.95
农牧业平均	575.99	536.78	512.10
渔业平均	2 377.76	4 065.67	3 527.89
平均	1 310.04	1 279.70	1 402.97

采集数据显示，截至 2018 年底，福建境外农业投资单个企业累计投资额最高为经营渔业的印度尼西亚海洋发展股份有限公司，累计投资额达 14 589.89 万美元。从行业差别来看，农牧业平均累计投资额为 536.78 万美元，渔业平均累计投资额为 4 065.67 万美元，全行业平均累计投资额为 1 279.70 万美元，相较 2017 年 2 386.86 万美元的平均累计投资额，在数值上有所下降，这在一定程度上是 2018 年采集企业的基数扩大所导致。

从年底资产总额来看，企业之间差别巨大，受印度尼西亚捕鱼政策影响，规模最小的鑫海源印度尼西亚渔业有限公司截至 2018 年底资产总额仅为 2.76 万元；规模最大的宏东国际（毛塔）渔业发展有限公司年底资产总额达到 225 462.39 万元。农牧业平均年底资产总额高达为 500.40 万元，而

渔业平均年底资产总额则为 3 527.89 万元，所有境外企业年底资产总额总体平均值为 1 509.56 万元。

（二）经营业务

2018 年福建省进行对外农业投资的境外企业部分都涉及多种类型业务的投资，但大多数企业的投资活动仍然是以生产为主，占统计企业的 100%，其余在加工、仓储、物流、科研和品牌领域的投资分别占统计企业的 19.35%、19.35%、9.68%、12.90%、6.45%。由此可见，福建省企业进行对外农业投资不再一味地依赖生产领域，开始向科研、品牌等多方位扩展，因此也促进了部分东道国尤其是东南亚国家的农业生产技术和经营管理水平提高，增加企业投资效益。但目前福建省的农业境外投资企业在加工、仓储、物流、科研和品牌等领域的投资比例还是较少，说明企业对外农业投资仍以产品和粗加工为主，科研及品牌建设等高附加值环节的经营仍然不足。

（三）生产投入

从境外农业企业的生产投入来看，2018 年福建对外农业投资合作企业共在境外开发土地和水域面积 21 371.90 公顷，其中农用耕地面积 11 191.23 公顷，农用草场地面积 100 公顷，水域面积 10 000 公顷，林地面积 79.37 公顷，其他类型面积 1.3 公顷。在调研企业中，有 7 家境外企业在投资国拥有土地或水域，其农地获得方式也不尽相同，农用耕地面积中 8.99% 是通过购买获得，91.01% 通过租赁获得；农用草地和其他类型占地均是通过租赁获得；水域和林地都是通过购买的形式获得。其中各境外企业开发的土地和水域租赁期限基本在 5～30 年不等，不同地区的租赁和购买费用也存在很大的差异。

在境外企业农资（包括种子、化肥、农药、农机和其他）经营活动基本情况中，2018 年所有对外投资企业对农资投入金额为 628.26 万美元，其中农机为 64.46 万美元（占 10.26%），种子为 47.68 万美元（占 7.59%），化肥为 98.89 万美元（占 15.74%），农药为 41.72 万美元（占 6.64%），种畜禽为 35.50 万美元（占 5.65%），种苗为 299.99 万美元（最多，占 47.75%），饲（草）料为 40.02 万美元（占 6.37%）。2018 年各境外企业对农资的投入中，当地购买金额为 541.76 万美元，自中国大陆进口金额为 35 万美元，自其他国家进口金额为 51.5 万美元。

（四）就业及收入贡献

福建省对外农业投资不仅有助于国内就业和经济效益的增长，更传播了先进的农业生产技术，为东道国的就业和经济发展做出贡献。从人工投入方面来看，2018 年福建境外投资企业指导东道国当地农民开展农业生产人数达 12 308 人次，积极帮助当地农民掌握先进的农业生产技术，雇用外方人员人数为 2 127 人次，年底境外企业总人数达 2 246 人次。同时，2018 年各企业在东道国雇用外方人员年工资总额最低的是吉马农业综合开发有限公司，为 4.4 万美元；最高的是印度尼西亚海洋发展股份有限公司，达 389.41 万美元；企业在不发达国家东道国雇用外方人员平均年工资显著高于当地平均工资水平。

（五）其他贡献

福建省作为海上丝绸之路核心区，在带动"一带一路"沿线国家的发展、经济效益的提升发挥着积极的作用。据调研结果显示，福建省部分企业在进行对外农业投资的过程中义务指导当地农民开展生产，传播先进的播种种植技术，提高当地人的收入水平，改善当地就业情况，为东道国的经济发展做出了一定的贡献。其中，春申股份有限公司对东道国雇用人员进行汉语培训、技术技能培训；当缅甸发水灾，福建科力种业有限公司向农民捐赠水稻、玉米种子。这些企业的行为不仅促进了国内经济效益的提升，也很有效地改善了当地的就业环境以及生活水平，因此，福建对外农业投资在母国和东道国之间形成了"双赢"的合作局面。

四、福建对外农业投资合作意向及发展趋势

（一）对外农业投资合作意向

2018年进行信息采集的31家对外农业投资企业中，有21家企业在下一年有继续进行对外农业投资的意愿。其中有8家企业有意在亚洲地区继续进行投资活动，这些企业的投资活动主要面向粮食作物、经济作物及渔业等产业；东南亚部分国家农业生产技术相对落后且渔业资源丰富，给福建省境外投资企业带来了投资机会。但受印度尼西亚捕鱼政策的影响，不少福建省对外农业投资企业暂时终止了在印度尼西亚地区的渔业投资活动；有6家企业有意向大洋洲的澳大利亚及新西兰等地进行农业投资，这些企业主要业务涉及经济作物、畜牧业、渔业、林业、粮食作物及多种产业组合经营等，大洋洲丰富的自然资源以及对华的友好投资政策增加了众多企业在当地进行投资的意向；还有部分企业有意在非洲、北美洲、南美洲等地开展投资活动。值得关注的是，2018年初次采集到在南美洲进行对外农业投资的企业，南美地区地广人稀，资源丰富，市场广阔，如果能排除政策风险，中国企业在南美投资还是存在很大发展机会。

然而，也有部分企业未来对外投资意愿较低，其中多数是受印度尼西亚渔业政策影响目前暂停项目的渔业企业。另外，福建中翔新能源科技有限公司主营农资业务，考虑到斯里兰卡国家信用风险的影响，政府决策时常反复，国家政局较为动荡，导致许多已经确定好的决策在新内阁上台后被推翻，这也暂缓了该公司进一步的投资计划，影响部分投资进程。

（二）对外农业投资发展趋势

近年来福建对外农业投资地区以东南亚国家、美国、加拿大、澳大利亚、新西兰及部分资源丰富的非洲国家和地区为主，经营的产业主要是种植业、渔业、林业及畜牧业等产业；投资结构中渔业比重有所下降，但相信随着投资国政策环境的改善，目前处于观望状态的部分企业将会恢复投资，从而使投资结构中渔业比重有所回升。同时，福建省当前对外农业投资企业开始更加关注向国外输出具有自主知识产权的技术和服务，这对投资双方都将产生积极深远的影响。得益于农业"走

出去"战略进一步实施和"一带一路"倡议的积极响应，福建省对外农业投资将取得进一步发展。

五、福建对外投资典型企业案例

案例：厦门市碧草源进出口有限公司

1．公司概况

厦门市碧草源进出口有限公司于2012年6月在厦门注册成立，商事主体为农牧产品进出口和对外投资业务，注册资金为1 000万元人民币，2018年底资产总额8 516万元，2018年末境内从业人员数达36人，拥有一家境外农业企业，是一家集耕种、养殖、收储、加工、运输、销售、采购为一体的综合农业全产业链企业。

2．境外投资情况

厦门市碧草源进出口有限公司自成立以来，认真实施"走出去"发展战略，积极有效地开展对外投资合作业务。2014年初即在加拿大投资成立了TOPHAY AGRI-INDUSTRIES INC.公司（简称TOPHAY公司），主业为种植、加工、销售苜蓿草等农牧饲料。项目总投资2 000万美元，其中中方持股比例49%，之后又陆续增加投入1 000多万美元，现已在加拿大购置耕地0.67万余公顷，每年可种植加工苜蓿草等各类农牧饲料10万吨。2017年3月，TOPHAY公司又与美国爱达荷州Driscoll公司合作，成立Driscoll TOPHAY，LLC公司，共同投资加工苜蓿草等农牧饲料项目，年产量可达20万吨。产品主要销往中国的华东、华北、西南、西北以及东三省等省、自治区、直辖市的400多个大型牧场和饲料企业，为缓解中国优质农牧饲料供应紧张局面发挥了积极的作用。

截至2018年底，TOPHAY公司企业农业资产总额达1 777.25万美元，累计对外农业投资额393万美元，其中加工占80%，仓储占20%。2018年企业在东道国雇用外方人员总人数为16人次，当年指导当地农民开展农业生产人数10人，企业在东道国雇用外方人员年工资总额达到71.84万美元。企业在境外利用的资源以农用草场为主，截至2018年底，购买农用草场总费用为733万美元，购买总面积为1.3万公顷。企业在境外建设投入仓储设备总费用达554万美元，建设总面积为7 938平方米；建设投入加工设备总费用达139万美元，建设总面积为1 985平方米。从农资投入情况来看，2018年种子投入金额为9.4万美元，农药为4.7万美元，化肥为32.9万美元，农机为23.46万美元，这些农资原料均由当地购买。从农业产出情况来看，该企业2018年度产出苜蓿草6 121.81吨，其中回运中国3 367吨（金额达110.97万美元），东道国销售612.18吨（金额达18.41万美元），其他国家销售2 142.64吨（金额达64.3万美元）；产出梯牧草4 400.59吨，其中回运中国2 420.33吨（金额达91.97万美元），东道国销售440.06吨（金额达16.72万美元），其他国家销售1 540.21吨（金额达58.5万美元）。现在TOPHAY苜蓿草已经成为中国市场乃至亚太地区的知名商标。公司目前正在整合全球优势资源，立志打造成全球农牧产品全产业链供应商。

3．经验总结

厦门市碧草源进出口有限公司确立了以绿色、诚信、创新、发展的新发展理念，充分利用加拿大、美国两个公司所占据的区域资源和技术管理优势，以追求稳步成长为现阶段的主要目标，立足亚太地区特别是中国市场，开拓国际市场，逐步成长为拥有知名品牌的集牧草开发、生产、加工、销售为一体的具有世界竞争力的现代化的牧草集团公司，为缓解中国优质农牧饲料供应紧张局面发挥着积极的作用。

六、面临主要挑战及对策建议

（一）对外农业投资合作面临的主要挑战

总体而言，福建省对外农业投资已基本形成一定规模，发展态势良好，但伴随着国家政策风险等问题，福建省对外农业投资仍面临如下挑战。

1．对外农业投资相对分散，难以形成合力

福建省对外农业投资在地区及产业分布上仍然相对分散，2018年农业对外直接投资流量仅为3 001.47万美元，分布在五大洲20个国家，涉及海洋捕捞，农资经营，蔬菜、园艺作物、谷物及其他作物的种植，畜产品加工，木材、竹材、经济林加工等诸多行业，项目规模总体不大。多数对外投资企业要么是在进行贸易的过程中发现商机后开始对外投资的尝试以增加企业利润，要么是出于节约成本的考虑，到具有资源禀赋的国家或地区进行投资，企业出于保护市场份额的考虑往往选择独立进行，缺乏抱团合作的意识，从而使得福建省企业对外农业投资合作难以发挥规模效应。同时，由于总体投资规模不大，不利于配套产业服务体系的进入，难以形成全产业链优势，从而制约了农业投资合作效益的提高。

2．投资主体差异较大，政策服务协调更为复杂

福建省进行对外农业投资合作的企业虽然仍以中小规模企业为主，但也有福建圣农控股集团有限公司、福建傲农生物科技集团股份有限公司、宏东渔业股份有限公司这样资产规模在20亿元以上甚至达百亿以上的上规模企业加入。投资主体不同、境外投资方式不同、政策诉求也不同，使得政策协调更为复杂。小规模企业虽然经营灵活、抗风险方式多样，但是对农业技术的投入不够，难以跟上国际化水平，导致对外农业投资合作时只能经营初级生产及加工业务，无法提升产业链以带来更高收益。大规模企业产业优势强，但经营受限较多，政策的调整跟不上对外投资形势发展需要时，企业境外经营受限严重，如圣农集团在新西兰的项目投资发展前景良好，但是就是受限于外汇不能及时获得并汇出，近两年一直无法扩大规模获得经济效益。

3．中美贸易战带来不确定性，境外经营面临更大风险

美国挑起的中美贸易战，加剧了国际贸易保护主义抬头迹象，使全球经贸合作面临更大不确定性和挑战。福建对外农业投资合作的东道国分布以亚洲地区及非洲不发达地区为主，这些国家往往投资环境复杂，受国际大国间博弈影响大，不确定因素多。政治体制具有多样性、多变性、复杂性的特征，政治局势不稳定，严重的甚至会影响企业的存续问题，使得多年的经营毁于一旦。而经济较为落后，基础设施很不完善，难以满足企业进行生产经营的需要。腐败造成政府办事效率不高，农民劳动效率低下，企业为了正常开展业务必须付出高额的额外支出。这些复杂的政治、经济及社会风险威胁着企业的正常经营和利益保障。

4．对外投资人才缺失，难以满足境外投资需要

福建省涉农对外投资企业中，民营企业占据了绝大多数。人才匮乏问题一直是民营企业的困扰，福建省的民营企业仍然普遍缺乏精通外语、熟悉国际贸易规则与跨国企业管理的人才，对投资国的有关政策、自然条件、技术适应性、农产品市场波动等情况了解不够，往往容易导致一些项目的失败。而民营企业又由于自身资金有限，难以提供良好的待遇吸引优秀的管理人才，这又反过来制约了企业的发展。

（二）促进福建对外农业投资合作对策建议

1．加强企业产业链合作，发挥产业"规模效应"

将对外农业投资信息采集工作打造成境外农业企业合作交流的平台，鼓励企业根据不同的产业类别，自主成立产业协会，提高自我服务水平。鼓励企业通过海外华人商会或组建产业协会等方式将同产业的企业组织起来，构建企业信息共享平台，提高对外投资的透明度，加强同行企业间分工与合作；产业内企业抱团合作形成"规模效应"，加强企业产业链合作，构建全产业链优势，提高在国外市场中的话语权，为所有企业增加利润空间；产业协会可以自主成立资金池，缓解企业融资难的问题。

2．加强境外企业分类协调服务，增强政策协调能力

充分开发利用农业对外投资信息采集，鼓励农业"走出去"相关问题研究，了解境外企业差异化需求，为其提供有针对性的协调服务。加强政府与各方的统筹协调，进一步完善福建农业对外合作配套政策体系和实施方案。强化政、银、企合作，建立定期沟通和联络机制。要根据境外企业差异化的需求，加大财政及基建投资的支持力度，积极申请国家农业"走出去"支持专项资金，鼓励和帮助企业积极申请各项补贴，缓解"走出去"企业的资金瓶颈；完善税收政策，减少涉农进出口企业税收负担；强化金融服务，创新保险服务。充分发挥政策性金融机构的指导作

用，在业务范围积极为涉农"走出去"企业提供融资、融智服务。同时要创新保险服务模式，探索建立新型保险模式，充分发挥政府、银行和保险的作用，进一步降低贷款风险，建立风险补偿机制。

3. 完善配套政策支撑服务，强化涉外农业工作抓手

根据国家《农业对外合作规划（2016—2020）》和《推动共建丝绸之路经济带和21世纪海上丝绸之路的愿景与行动》总体规划，围绕主导产业、重要产品、重点区域，从国家层面改善农业"走出去"配套政策与服务措施，推动规划落地，切实服务对外农业投资企业。落实《福建省21世纪海上丝绸之路核心区建设方案》，结合福建省实际情况，拓展投资领域，开展农林牧渔业、农机及农产品生产加工等领域深度合作，积极推进海水养殖、远洋渔业、水产品加工等领域合作，促进福建省对外农业投资的进一步发展。参照国家农业"走出去"部际联席会议机制，完善福建省农业对外合作联席会议机制，进一步加强和增进与联席会议单位的联动，建立定期召开联席会议的长效机制，发挥成员单位在对外合作项目中的优势互补作用，协商探讨支持农业"走出去"政策的创设，打造农业"走出去"服务工作的有力抓手。

4. 充分利用多双边合作机制，为境外投资保驾护航

强化政府间交流机制，提升"走出去"企业抵御风险能力。将"走出去"重点合作项目及重大设想对应到各个国别，进一步落实与多国签订的双边投资保护协定，通过加强国内立法、充分利用经贸、外交、对外援助等手段，加强政府对外的政策协调能力，加强政府间双边交流，强化宏观指导和服务，继续将农业纳入双边和多边经贸合作框架中，深化并完善与东道国的双边合作机制，加快推进农业直接对外投资立法工作，提升企业对外合作的风险保障水平，努力为企业对外农业投资营造良好的外部环境。

5. 多头并举，强化农业"走出去"人才保障

要建立健全农业"走出去"人才的引进、培养机制，与高校及科研机构合作，加大投入，着力建设一支高素质的农业外经外事人才队伍，努力为农业"走出去"提供强有力的人才支撑。对外投资企业在投资国应树立良好的企业形象，适当提高待遇福利，改善工作环境，尽量保护当地的能源和资源，争取有效利用当地资源，培养对外投资涉农企业的社会责任感，履行在投资国的社会责任。同时，要鼓励求职者摒弃对农业企业嫌弃的错误观念，放下身段，相信只要有对一份事业的热爱，即使到田间地头，也能体现自我的价值，丰富个人的职业生涯。

2018宁夏回族自治区农业对外投资合作分析报告

农业对外合作是有效提升农业全球竞争力的重要途径。宁夏作为"丝绸之路经济带"重要枢纽，立足自身农业优势特色和农业经济发展空间，统筹利用国内国际"两个市场、两种资源"，积极引导优势农业企业加强对外投资，以有效弥补国内资源和市场的不足。2018年宁夏农业对外投资格局继续深入推进，随着国家"一带一路"倡议实施，借助举办中国—阿拉伯国家博览会"一带一路"沿线国家的交流合作，农业合作项目较前有了较大增长。同时，在各级政府的大力支持和协调下，宁夏农业"走出去"逐步形成了符合其特点的对外投资模式，特别是民营企业走出国门，在"一带一路"沿线国家进行农业投资合作的意愿增强，投资规模逐步呈现增长态势，发展比较迅速。总体而言，由于宁夏农业对外投资合作起步较晚，参与农业对外投资的企业数量较少、规模偏小。

2018年，宁夏农业对外投资流量80.38万美元，截至2018年底，宁夏对外农业投资存量4 889.04万美元，在境外设立企业6家，投资范围覆盖4个洲5个国家，其中欧洲和大洋洲是宁夏对外农业投资重点区域。

一、2018年宁夏农业对外投资总体情况分析

（一）基本特征分析

截至2018年底，宁夏参与农业对外投资的6家企业分别是中卫市沐沙畜牧科技有限公司、银川斡丰贸易有限公司、宁夏金福来羊产业有限公司、宁夏中银绒业股份有限公司、宁夏神马工贸有限公司、宁夏乐牧高仁农业开发有限公司。

从经营范围来看，宁夏农业对外投资的经营范围涉及种植业、畜牧业、农林牧渔服务业和农副产品加工业。从行业分布来看，宁夏农业对外投资集中在畜牧业，很大程度上依靠东道国土地资源优势，以粗放型经营为主，农林牧渔服务业等附加值较高的行业的投资比例很低。从产品结构来看，宁夏对外投资农业企业生产产品以宁夏具有传统优势的牛羊肉、羊绒、羊毛制成品为主。从投资区域结构来看，投资地区分布较为分散，主要分布于欧洲、大洋洲、非洲和亚洲，包括澳大利亚、法国、英国、毛里塔尼亚和吉尔吉斯斯坦等国家。

（二）企业投资经营情况

1. 企业资产及投资情况

截至2018年底，宁夏6家企业国外累计注册资本4 467.04万美元，境外农业资产总额5 084.09万美元，农业累计对外投资额4 889.04万美元，其中，银川市3家，投资额3 692.35万美元，占总投资的75.52%；石嘴山市2家，投资额721.7万美元，占总投资的14.76%；中卫市1家，投资额474.99万

美元，占总投资的9.72%。2018年新增农业投资额80.38万美元。宁夏农业对外投资的基本情况见表1。

表1　宁夏农业对外投资基本情况

投资国家	投资区域	投资存量（万美元）	行业类别	产品	企业数量
吉尔吉斯斯坦	亚洲	25	种植业	粮食作物	1
毛里塔尼亚	非洲	121.7	畜牧业、农副产品加工业、农林牧渔服务业	饲草种植、牛羊养殖	1
法国	欧洲	1 731.6	种植业、农副产品加工业	葡萄种植和加工	1
英国	欧洲	1 935.75	农副产品加工业	羊毛加工	1
澳大利亚	大洋洲	1 074.99	畜牧业	肉牛养殖	2

2．从业人员数量

截至2018年底，宁夏农业对外投资企业在东道国雇用外方工作人员242人，比2017年减少48人；企业在东道国雇用外方人员年工资总额461.2万美元，年人均工资1.92万美元。2017年企业在东道国雇用外方人员年工资总额547.51万美元，年人均工资1.89万美元。总体来看，2018年外方工作人员数量比2017年减少16.55%，年人均工资增加1.59%。

3．企业经营效益

截至2018年底，宁夏6家企业总资产在200万美元以下的有1家，200万～500万美元有2家，500万～1 000万美元有1家，1 000万～5 000万美元有2家。企业在境外指导当地农民开展生产人数155人，比2017年增加26人。2018年农业产业营业收入168.71万美元；新增农业投资额80.38万美元，较2017年新增额度258.4万美元减少178.02万美元，同比降低68.89%。在东道国缴纳税收金额46.17万美元，比2017年减少8.44万美元，同比降低15.46%。总体来看，新增农业投资额仅为2017年新增额度的31.11%，农业企业营业收入和纳税金额也均有下降。

（三）趋势分析

1．宁夏总体投资规模和企均投资规模都偏小，逐年呈增长趋势

截至2018年底，宁夏"走出去"的农业企业有6个，农业对外投资项目8个，农业投资存量累计额度4 889.04万美元，比2017年增加80.38万美元，企均增加13.40万美元，相较于发达地区企均新增投资规模还有相当大的差距。

2．宁夏农业对外投资增速缓慢

从农业投资比重来看，近两年宁夏农业技资比重持续增长，但对外投资增速缓慢。从农业对外投资主营业务收益来看，宁夏6家企业境外主要业务收入增速都有所下降，其中银川藤丰贸易有限公司和宁夏金福来羊产业有限公司有追加投资，其他企业2018年均未继续追加投资。从6家企业境外就业情况来看，雇用人数减少，但年人均工资呈上涨趋势，从而影响企业未来整体收益。

3．宁夏农业对外投资项目数量增长较慢

从企业投资产业来看，近三年宁夏农业对外投资从种植业、畜牧业逐渐扩大到农副产品加工业和农林牧渔服务业方面，但项目投资方向仍然单一，农林牧渔服务业等附加值较高的行业投资少、规模小、竞争力弱。

二、2018年宁夏农业对外投资重点区域和国别分析

（一）各大洲分布情况

截至2018年底，宁夏农业对外投资的6家企业中，在欧洲投资2家（占企业总数33.33%），在大洋洲投资2家（占33.33%），在非洲投资1家（占16.67%），在亚洲投资1家（占16.67%）。

宁夏农业对外投资存量主要集中在欧洲。截至2018年底，宁夏在欧洲投资的农业企业有2家，两家企业均以子公司方式投资成立。累计农业资产总额3 741.09万美元，投资存量为3 667.35万美元，占存量总额的75.01%。2家企业投资行业主要是种植业和农副产品加工业以及农林牧渔服务业，其中种植业累计投资1 385.6万美元，农副产品加工业累计投资1 648.8万美元，农林牧渔服务业累计投资632.95万美元。2018年欧洲新增农业投资额25.38万美元，占比31.58%。

其次是大洋洲。截至2018年底，宁夏在大洋洲投资的农业企业有2家，其中1家以子公司方式投资成立，1家以联营公司方式成立，这两家企业投资行业均为畜牧业。截至2018年底，2家企业累计农业资产总额1 103万美元，农业投资存量1 074.99万美元，占存量总额的21.99%。

最后是非洲和亚洲。截至2018年底，宁夏在非洲投资的农业企业有1家，以联营公司方式成立，投资行业为畜牧业。累计农业资产总额为215万美元，农业投资存量121.7万美元，占总投资2.49%。而从2018年宁夏对外农业新增投资额区域分布来看，在非洲的投资规模较大，占当年新增投资总额的68.42%。宁夏在亚洲投资的农业企业有1家，企业以子公司方式投资成立，投资行业为畜牧业。累计农业资产总额25万美元，农业投资存量25万美元，占总投资的0.51%，投资额最小，还处于初期发展阶段。

（二）重点国家分布情况

2018年，宁夏农业对外投资的6家企业中，在澳大利亚投资的最多，有2家，占比33.3%，法国、英国、毛里塔尼亚和吉尔吉斯斯坦各1家，均占比16.67%。从各国投资分布情况来看，截至2018年底农业累计对外投资总额中澳大利亚1 074.99万美元，占比21.99%；英国是1 935.75万美元，占比39.59%；法国1 731.6万美元，占总投资的35.42%；毛里塔尼亚121.7万美元，占总投资的2.49%；吉尔吉斯斯坦25万美元，占比0.51%。

2018年新增农业投资中，占比最高的是在毛里塔尼亚有投资项目的宁夏金福来羊产业有限公司，近三年仍有较强的境外投资意愿；其次是在法国投资合作的银川藤丰贸易有限公司和吉尔吉斯斯坦投资畜牧业的宁夏神马工贸有限公司。

表2　宁夏境外农业投资企业国家分布情况

序号	境外投资企业	所在国家（地区）	所属行业类别
1	宁夏金福来羊产业有限公司	毛里塔尼亚（西非）	畜牧业
2	银川董忠丰贸易有限公司	法国（G7、G20）	种植业
3	宁夏乐牧高仁农业开发有限公司	澳大利亚（APEC）	畜牧业
4	宁夏中银绒业股份有限公司	英国（欧洲）	农副产品加工业
5	宁夏神马工贸有限公司	吉尔吉斯斯坦（上种植业海合作组织）	种植业
6	中卫市沐沙畜牧科技有限公司	澳大利亚（APEC）	畜牧业

三、2018年宁夏农业对外投资产业情况

（一）产业分布总体情况

境外投资的6家企业经营范围涉及种植业2家，占33.33%，主要分布于欧洲（1家）和亚洲（1家）；畜牧业3家，占50.0%，主要分布于大洋洲（2家）和非洲（1家）；农副产品加工业1家，占16.67%，主要分布于欧洲（1家）。截至2018年底，宁夏农业对外投资涉及畜牧业、种植业、农林牧渔服务业和农副产品加工业。总体来看，宁夏农业对外投资各行业发展态势不稳定，畜牧业仍然是企业投资的重点产业，2018年投资流量占比为68.42%；截至2018年底，畜牧业投资存量为1 195.00万美元，投资存量占比为24.48%，而且未来三年，3家企业继续投资畜牧业的意愿比较强烈。

（二）各产业投资情况

从宁夏农业对外投资存量的产业分布看，农副产品加工业投资存量为1 548.6万美元，占比31.67%；种植业投资存量为1 354.87万美元，占比27.71%；畜牧业投资存量为1 195.00万美元，占

比24.44%；其他产业（包括农林牧渔服务业）投资存量为790.57万美元，占比16.17%。可见，农副产品加工业、种植业和畜牧业是宁夏对外农业投资排名前三位的行业。从2018年新增投资流量的产业分布看，畜牧业和种植业仍然是宁夏对外农业投资主要产业，分别占新增投资流量的68.42%和31.58%。

从对外投资存量的产业链分布来看，在生产环节的投资额最高，共计2 849.75万美元，占投资总额的58.29%；在加工环节的投资额位列第二，共计1 217.55万美元，占投资总额的24.90%；在仓储环节的投资额为292.62万美元，占投资总额的5.99%；在物流环节的投资额为282.23万美，占投资总额5.77%；在科研环节的投资额为206.96万美元，占投资总额的4.23%，其他业务环节的投资额39.93万美元，占投资总额的0.82%。这表明宁夏企业对外农业投资主要集中在生产和加工等农业产业链的低端环节，而在仓储、物流和研发等附加值较高环节的业务较少。

四、2018年宁夏对外农业投资的企业分析

（一）对外农业投资企业总体情况

截至2018年底，宁夏投资的6家境外农业企业，由民营企业投资5家，对外投资额2 953.29万美元，占对外农业投资总额的60.41%；由国有企业投资1家，对外投资额1 935.75万美元，占对外农业投资总额的39.59%。由农业龙头企业投资的有5家，国家级龙头企业1家，占对外农业投资企业的16.67%，其投资额1 935.75万美元，占对外农业投资总额的39.59%；省级龙头企业4家，占对外农业投资企业的66.67%，投资总额2 353.29万美元，占对外农业投资总额的48.13%。未来三年3家企业有新增境外投资意向。

（二）各类型企业对外农业投资情况

1. 国有企业农业对外投资情况

截至2018年底，宁夏共有1家国有企业在境外设立1家农业企业，占对外农业投资企业数量的16.67%。截至2018年底，宁夏中银绒业股份有限公司在英国的农业投资1 935.75万美元，占对外农业投资总额的39.59%。

2. 民营企业对外农业投资情况

截至2018年底，宁夏共有5家民营企业在境外设立5家农业企业，占对外农业投资企业数量的83.33%。截至2018年底，宁夏民营企业农业投资2 953.29万美元，占对外农业投资总额的60.41%。宁夏民营企业中，除银川熬丰贸易有限公司在法国投资在1 000万美元以上，还有宁夏乐牧高仁农业开发有限公司在澳大利亚投资在500万～1 000万美元，其余3家对外农业投资额都在500万美元以下。总体来看，投资数量较多，大米投资规模总体偏小。

3．企业对外投资模式

宁夏农业对外投企业进入东道国大多采用独资模式（中方持股比例100%），约占83.33%，仅有16.67%的企业采取合资模式。与独资模式相比，合资进入模式更易被东道国接受，共同参股、利益共享，产品更易进入当地市场。

五、2018年农业对外投资面临的主要困难和政策建议

（一）面临的主要困难

1．政策支持相对滞后

当前，宁夏还未制定和出台对外投资的相关规划或实施方案，宁夏境外投资仍然以企业的自发行为为主，缺乏政府有效的政策支持和统筹组织。还未设立专门的扶持企业境外投资的专项资金。在外事、海关、检验检疫、进出口资格等方面的相关配套政策也有待于进一步完善。如金福来公司的海外驴肉加工制品属于肉类制品，在进出口上有很大的限制规定，目前该公司获取的进出口资格仅限于驴皮，为保障野生毛驴资源的充分利用，希望能申请进出口许可。

2．中间服务组织尚未发挥作用

行业协会、商会等中间服务组织在企业对外投资中的作用尚未充分发挥。宁夏还未出台相关政策扶持本地企业抱团，形成境内外各类行业协会、商会、企业共同发展。在加强政府与行业协会、商会、企业间的信息沟通和服务平台建设方面仍有待加强。

3．服务体系有待完善

推动企业对外投资的专门对接机构还不完善，全面、系统、准确、及时地向企业提供对外投资相关的扶持政策、市场信息、国别规划等综合性服务，提供相关政策信息咨询。宁夏当前在政府层面建立的中介信息服务体系和信息服务平台还较为滞后。

4．对外投资专业人才匮乏

宁夏企业境外投资人才普遍短缺，尤其是懂当地语言、熟悉国外情况、了解市场运营，具有国际贸易、国际金融、国际法律知识以及熟悉投资国当地文化风俗的复合型人才严重不足。除了少部分企业家有国外从业经历，大部分企业家对国外投资了解甚少，缺乏对外投资的眼界，是宁夏农业对外合作的瓶颈之一。部分有对外投资意愿的企业，受自身境外投资评价体系不完善、企业决策者发展思维局限等因素的影响，对对外投资顾虑重重。在已经对外投资的企业中，部分企业缺乏应有的市场化运作理念，部分企业风险防控意识薄弱，在经营中缺乏对当地法律、政策、市场、文化、

社会等应有的了解，还有部分民营企业"小富即安"，缺乏长远打算。

5．尚未建立财政资金与民企资金投资机制和监督制度

宁夏在粮食种植、畜牧养殖、园艺栽培以及葡萄酒产业等农业领域，与"一带一路"沿线重点国家建立了广泛合作，签署了合作协议，表现出了强烈的投资意愿。但考虑到投资风险，这些项目对政府"补贴监督"机制提出了更大的要求。在项目必须符合双边发展关系、推动宁夏农业"走出去"和带动经济发展需要的基础上，如何积极探索财政资金与民间投资的运营方式、监管制度、激励约束机制，将有限的财政资金用好，发挥最大的杠杆作用，解决问题迫在眉睫。

（二）政策建议

1．提升农业对外投资主体实力和抵御风险能力

重点培育规模大、核心竞争力强、辐射带动力强的大型涉农跨国企业集团，组成产学研联盟、形成特色优势产业集群，增强企业外向型发展能力和国际化经营能力。充分发挥政府作用，建立"政府＋企业＋第三方监测机构"三方联合服务平台，全面提升宁夏农业龙头企业国际竞争力。除此之外，应联合相关部门，对企业"走出去"可能遇到的经营风险和相关问题进行评估，并给出合理化建议。

2．加强国际合作相应政策支持

认真贯彻落实党中央"一带一路"倡议，做好农业对外投资政策的顶层设计，积极探索海外并购、境外开发等农业"走出去"模式，围绕宁夏农业优势特色，重点开展与"一带一路"沿线国家农业合作，在政策、资金、环境、信息服务等方面提供有利支持，为农业"走出去"保驾护航。在此基础上，集中资金利用宁夏比较成熟的农业生产技术，建立农业合作示范基地，进行生产种植养殖技术推广和培训，提高农业技术水平和生产能力。

3．强化公共服务，提高服务水平

农业对外投资企业的经营活动受国内与东道国法律法规政策、市场规则等多方影响，涉及境外企业与东道国相关部门、国内政府与企业内外纵横方向的政策协调与沟通，需要得到政府多部门公共服务和支持。在鼓励企业开展境外农业投资的同时，要深入了解境外投资合作东道国政策法规和国际惯例，引导企业建立健全境外合规经营风险审查、管控和决策体系，加强与相关国家在投资保护、金融、人员往来、货物通关等方面机制化合作，为境外企业提供公共服务，创造农业对外合作更加良好的便利化条件。

4．增强农业企业"走出去"能力

加强生产、加工、收储、物流、服务全产业链优势企业的整合集成，鼓励企业以联合方式"抱

团出海"，重点与"一带一路"沿线国家和地区开展在作物栽培、节水农业、设施农业、畜牧养殖、沙漠治理等实用农业技术领域合作，推进成套农业技术"走出去"。政府是"走出去"战略的制定者和服务者，企业"走出去"离不开政府强有力支持和全方位服务。服务企业"走出去"，合理简化审批手续，提高工作效率，充分利用多平台建设为企业提供政策协调。

5. 加快国际化经营人才的培养和引进

加快人才培养力度，建设一支具有全球视野和跨国经营管理能力的高层次复合型人才队伍。因此，一方面要借助对口高等院校、职业教育和专业机构力量，建立跨国经营管理人才培训基地，为境外农业投资提供智力保障；另一方面，引进具有丰富国际投资经验的专业化管理人才，鼓励企业内部人才和东道国人才交流互换机制，优化资源配置，实现能力提升和合作共赢。

6. 加强政府对项目的监管，建立项目可持续发展机制

按照"政府引导，部门协调，科技支撑，企业主体，市场运作，多方受益"的要求，建立高效农业经营管理机制，根据当地自然资源和该国实际需求，选择市场前景好的项目，适度投入，低成本运作；建立科技支撑机制，重点放在实用、高效农业技术，以实用技术为支撑，重点以引进宁夏农业技术本地化、实用化作为目标；建立激励约束机制，实行项目负责、政府跟踪、企业市场化运作，加强对资金投入效率的检查和监督，建立健全项目监测评价体系。

六、企业典型案例：宁夏金福来羊产业有限公司

（一）公司概况

宁夏金福来羊产业有限公司是由科技人员创办的民营股份制企业。公司成立于2003年，注册资金1 200万元人民币。公司2003—2004年投资1 200万元建设标准化清真肉羊屠宰分割包装生产线1条，1 500吨冷库1座，2006年被自治区政府认定为"农业产业化经营龙头企业"。2008年在平罗县高庄乡投资635万元建设标准化肉羊育肥场，设计存栏规模为3 000只，同年公司通过对阿联酋出口认证，是宁夏唯一获此认证的企业。自2008年开始，公司养殖基地承担中央活体羊肉储备任务，一直延续到2014年。公司与中国农业科学院农产品加工所联合编制的《冷鲜羊肉分割加工规范》和《冷鲜牛肉分割加工规范》被认定为国家行业标准（代号分别为 NY 1564—2007、NY 1565—2007）。根据国家商务部、农业部（现农业农村部）有关文件的指示精神和宁夏回族自治区党委、政府的要求，公司被批准为"宁夏农业技术与装备境外展示平台"。

（二）项目情况

2013年10月，宁夏金福来羊产业有限公司联合宁夏塞外香清真食品有限公司、宁夏宝塔石化

集团以企业联合体形式申报承担"中国援毛里塔尼亚畜牧业技术示范中心"建设和运营总承包任务获得成功。项目建设期国家投资4 186万元，公司与商务部合作局2013年底签订了《援毛里塔尼亚畜牧业技术示范中心对内总承包合同》。2014年7月12日，商务部合作局批准开工。2016年4月11日通过竣工验收。2015年12月，商务部援外司组织专家对公司申报的《援毛里塔尼亚畜牧业技术示范中心三年技术合作期实施方案》进行评审，审核批准的投资限额为3 000万元人民币。其中2 045万元人民币由该公司负责组织采购和施工，其余部分公开招标，由中标单位负责提供。该中心于2016年4月通过商务部建设期竣工验收，并于2017年4月进入技术合作期，以提供中国农业技术示范及推广为中心，起到促进受援国农业水平加速发展的援助目标。

目前，野生毛驴的屠宰与加工以及相关制品为毛里塔尼亚国际农牧业公司的主营业务。在2017—2018年间，由毛里塔尼亚国际农牧业公司加工的驴皮作为主要的初级产品回运中国，用于阿胶及相关产品的加工，主要采购方为东阿阿胶集团。但因国内阿胶加工市场垄断现象严重，毛里塔尼亚国际农牧业公司作为供货方在价格方面并没有太大的议价权利，驴皮价格受国内采购方影响较大。为改变这类情况，毛里塔尼亚国际农牧业公司于2018年确认收购了生产及加工用地，并建造生产、储藏及加工车间。同时加大对科研生产技术的投资，主要用于研究古法阿胶制造以及罐头驴肉及驴制品的研发。于2019年，古法阿胶制造的研究已初见成效，成品古法阿胶预计于2019年9月送检进行成分检验，为随后的检验检疫及通关工作做准备。

（三）项目成果和意义

为减少野生毛驴对植被的破坏，合理控制毛驴数量并有效利用野生毛驴这一自然资源，公司于2016年受当地政府邀请，经多次市场调研及考察，公司连同山东青岛超强动力商贸有限公司及毛里塔尼亚当地企业合资设立了毛里塔尼亚国际农牧业公司，该公司目前主营业务为驴的屠宰加工及相关制品。

目前毛里塔尼亚主要面临的农牧业发展瓶颈之一为草畜平衡问题。依托援毛里塔尼亚畜牧业技术示范中心，公司董事长张洪恩带领专家组自2016年开始引进国内成熟的节水灌溉技术及设备开始对不同种类饲草料进行对比试验，从而挖掘出最适合毛里塔尼亚的高性价比易推广的饲草料品种。毛里塔尼亚面临的另一个农牧业发展瓶颈为缺乏畜牧规模化养殖及选育技术的推广。当地目前采取的自然放牧的方法根本无法满足活畜所需的营养，每年大量的活畜在旱季因饥饿而死。通过解决草畜平衡问题，毛里塔尼亚可以实现规模化养殖。而通过畜牧选育工作，可以充分发挥每一头活畜的最大价值。公司在对毛里塔尼亚当地农牧业相关产品市场充分了解后发现，毛里塔尼亚当地牛肉价格低廉，但与牛肉的低价相对的是市场对牛奶的刚需，牛奶是当地最受欢迎的生活必需饮品。但毛里塔尼亚当地瘤牛因其品种及生长环境恶劣造成日均产奶量非常低，每头牛日均产奶量仅为2.5升，不足宁夏奶牛平均产奶量的10%。完全无法满足当地对牛奶的需求量，因此毛里塔尼亚当地乳品市场70%的份额被进口品牌占据。公司致力于通过奶牛冻精胚胎移植选育出产奶量水平较高且充分适应当地自然环境的奶牛品种，并加以推广。

（四）经营问题

在企业经营中主要遇到的问题有两个：一个是国内对动物制品进口的管制较为严格，毛里塔尼亚与中国两国之间就动物产品检验检疫方面尚未建立便于申请的进口许可机制，导致动物产品回运中国遇阻。目前两国间通过许可的仅为用于供给东阿阿胶制作阿胶相关产品的驴皮。大量野生毛驴的其他制品如分割野生毛驴肉等无法回运中国用于食品加工，导致了资源不合理利用与浪费。

另一个问题就是毛里塔尼亚国际农牧业作为野生驴皮供货方，考虑到国内阿胶市场的垄断现象，即使野生驴皮在世界市场中数量少且定价高，但作为供货方实际并没有合理的议价权。野生驴皮作为初级产品回运中国，受国内定价影响极大。

（五）公司发展规划和政策诉求

在畜牧业方面，毛里塔尼亚具备投资环境优势，但目前处于农牧业发展初期，无论是农牧业技术还是设备都依赖他国引进。近年来，毛里塔尼亚国内开始推广饲草料种植，但因当地自然条件的限制，大规模推广饲草料种植必须依靠节水灌溉技术。然而当地市场在节水灌溉成套技术和设备方面基本空白，紧缺有实力的供应商。同时，毛里塔尼亚政治环境相对稳定，且在农牧业领域投资环境优良、市场广阔且投资空间大，正处于适合中国农牧类技术及实体装备企业投资的时期。目前企业最大的需求与诉求是希望中国与毛里塔尼亚两国间就动物产品的贸易建立便于申请的进口许可机制，减少贸易壁垒。

2018西藏自治区农业对外投资合作分析报告

一、2018年农业对外投资总体情况分析

（一）总体特征

西藏自治区农业对外投资合作，主要是与澳大利亚 Moxey 家族组成联营企业，从事畜牧业开发；截至 2018 年底，西藏自治区农业对外投资总体呈现"分布较为单一，从事产业较为单一"的特征。

（二）企业经营情况

截至 2018 年底，西藏自治区对外投资企业注册资本达 10 019.33 万美元，其中中方持股比例为 36.08%；企业营业收入 3 686.85 万美元，截至 2018 年底企业农业资产总额 19 442.52 万美元。

（三）投资趋势

近年来西藏自治区高度重视农业对外投资合作，积极组织区内企业开展农业对外合作工作，并制定出台了《西藏自治区农牧业对外合作发展规划（2019—2025 年）》，自治区累计对外农业投资额达 4 153.74 万美元，2018 年自治区新增对外投资额 2 698.44 万美元，对外农业投资呈现逐年增加的趋势。

二、2018年重点区域和国别投资情况分析

（一）各大洲分布情况及特征

截至 2018 年底，西藏自治区农业对外投资主要分布在大洋洲，呈现单一分布的特征。

（二）主要经济合作组织分布情况

截至 2018 年底，西藏自治区农业对外投资主要是以区内企业为代表对外开展农业投资合作，主要分布在大洋洲。

（三）重点国家分布情况

截至 2018 年底，西藏自治区农业对外投资主要在大洋洲的澳大利亚。

三、2018年对外农业投资的行业分析

（一）产业分布总体情况

截至2018年底，西藏自治区农业对外投资主要从事畜牧业开发。

（二）各产业投资情况

截至2018年底，西藏自治区农业对外投资总额4 153.74万美元，全部用于畜牧业。

（三）典型产业投资合作情况

西藏自治区农业对外投资合资主要为畜牧业开发，主要从事奶牛养殖、奶制品加工、产品研发及品牌创建等，2018年新增农业对外投资额2 698.44万美元，截至2018年底累计农业对外投资额达4 153.74万美元，2018年农业产业营业收入3 686.85万美元。

四、企业报告

（一）对外农业投资企业总体情况

截至2018年底，西藏自治区农业对外投资主要以区内企业为代表对外开展农业投资合作。目前，自治区对外农业投资企业有1家，主要分布在大洋洲。

（二）各类型企业对外农业投资情况

截至2018年底，西藏自治区企业对农业外投资总额4 153.74万美元，这些全部是澳大利亚鲜奶控股有限公司对外的投资。

（三）企业典型案例

草根知本集团有限公司，公司于2015年7月6日在拉萨经济技术开发区工商行政管理局登记成立，法定代表人刘永好，公司注册资本人民币50 000万元；公司经股权投资主要从事电子商务，项目投资、股权投资、创业投资、股权投资基金，投资管理（不含金融和经纪业务），资产管理（不含金融资产管理和保险资产管理），股权投资基金管理，经济贸易咨询、企业管理咨询，劳务派遣咨询服务，国内、国际货运代理服务；从事装卸、搬运业务，供应链管理，物流方案设计、物流信息咨询；从事货物进出口、技术进出口、代理进出口业务，技术开发、技术转让、技术推广，计算机系统服务，数据处理，电子产品、机械设备租赁，食品、日用百货销售。目前，公司境内从业人员3 002人，资产总额284 446万元人民币。

澳大利亚鲜奶控股有限公司设立于2015年，是草根知本集团有限公司与澳大利亚Moxey家族

合资联营企业，主要从事畜牧业奶牛养殖、奶制品加工、产品研发及品牌创建等，企业注册资本达 10 019.33 万美元，中方持股比例为 36.08%；2018 年企业新增对外投资额 2 698.44 万美元，截至2018 年底企业累计对外投资额达 4 153.74 万美元，企业资产总额 19 442.52 万美元；2018 年企业农业产业营业收入 3 686.85 万美元。

五、2018 年农业对外投资面临的主要困难和政策建议

（一）主要困难

目前西藏自治区沿边开放政策不足，尚未形成综合性政策体系，企业对外农业投资发展进程受限。西藏的农产品生产能力和产品品质不稳定，尚未形成商品市场竞争优势；且企业对外农业投资发展动力不足，市场和企业作用未发挥到位，持久发展的动力机制不完善，促进企业"走出去"的市场环境和激励机制还未建立。同时，农牧企业普遍规模较小，企业实力弱，产业链条短，精深加工能力不足，产品附加值低，管理经验不足，国际化人才匮乏，风险防范意识较淡薄，缺乏竞争力。

西藏企业对外投资主要集中在尼泊尔，且受尼泊尔影响较大。尼泊尔政府更迭频繁，吸引外资政策缺乏连贯性，经济长期困难，软硬件设施建设滞后，两次毁灭性地震对工商业造成巨大负面影响，跨境贸易中断，重建工作进展缓慢，严重影响了西藏企业的对外农业投资。

（二）政策建议

加快完善体制机制。加快建立健全农牧业对外合作定期沟通机制及西藏农牧业对外合作指导督导机制，推动口岸管理、海关、财政、商务、税务、外事、国土、银行等多部门协同发力，共同制定推动农牧业企业对外发展的相关政策及优惠举措，畅通政策制定沟通交流渠道，积极主动应对西藏农牧业"走出去"与"引进来"的需求与问题。

强化对外投资政策扶持。科学统筹使用中央财政支持、国家援外项目、各省市对口支援、央企对口支援等渠道资金，全面落实国家在基础设施、技术保障、人才队伍建设等方面的政策优惠，切实落实乡村产业振兴、税收、金融、产业扶持、土地、就业创业、工商服务等方面的政策支持，完善财政、税收、金融、招商、保险、科技等扶持政策及举措，对外农业投资企业提供专门性的支持与服务。同时积极与亚洲投资开发银行、国家开发银行、中国进出口银行等金融机构联合开展针对西藏对外农业投资企业的投融资服务。

完善政府公共服务体系。为农业企业提供"走出去"的公共服务产品，建立农业"走出去"统计制度，加强区内农业"走出去"企业信息调查统计工作。加强对农业"走出去"企业的指导服务，有效应用农业农村部及商务部各项政策与服务举措，为企业提供对口服务。完善和简化农牧业企业"走出去"与"引进来"的相关审批程序，优化贸易环境。

2018新疆生产建设兵团农业对外投资合作分析报告

一、2018年农业对外投资总体情况分析

1. 总体特征

2018年兵团开展农业对外投资的企业总共5家，分别为中新建国际农业合作有限责任公司、新疆北新国际工程建设有限责任公司、新疆兵团勘测设计院（集团）有限责任公司、新疆鑫纪元商贸有限公司和新疆伊犁杰宇边贸有限责任公司，境外企业名称分别为中泰（哈特隆）农业产业有限公司、新疆北新建设工程（集团）有限责任公司安哥拉分公司、塔吉克斯坦海力公司、热尔乌穆特有限公司和Talgiz食品（Талгиз Фуд）有限责任公司，涉及塔吉克斯坦、安哥拉和哈萨克斯坦3个国家，涉及生产、加工、仓储、物流、品牌建设等农业发展核心环节。从企业上报数据分析，兵团农业对外投资主要分布在新疆周边国家，以合作开发和租赁土地的方式开展农业生产活动。

2. 企业经营情况

通过分析企业数据发现，兵团辖区内企业主要通过独资建立分支机构或子公司和合资建立联营公司两种方式开展农业对外投资。目前，中新建国际农业合作有限责任公司、新疆北新国际工程建设有限责任公司、新疆鑫纪元商贸有限公司和新疆伊犁杰宇边贸有限责任公司四家对外农业投资公司正常运营，新疆兵团勘测设计院（集团）有限责任公司在塔吉克斯坦独资的塔吉克斯坦海力公司（子公司）暂停经营。

3. 投资趋势

据统计，兵团辖区内企业2018年对外农业投资总额共计380.7万美元，年底资产总额11 304.8万美元，农业产业营业收入1 523.98万美元，投资主要集中在土地开发，农作物种植、加工、储藏等各环节和对外农业技术服务等方面。据了解，由于兵团企业基础薄弱，资金匮乏，2018年未获得农业对外投资项目资助，影响了企业开展农业对外投资的积极主动性。

二、2018年重点区域和国别投资情况分析

1. 各大洲分布情况及特征

兵团辖区内对外农业投资主要分布在亚洲和非洲，亚洲包括塔吉克斯坦和哈萨克斯坦2个国家，非洲只有安哥拉1个国家。

2．主要经济合作组织分布情况

据统计，兵团辖区内企业同上海合作组织成员国家开展农业对外投资项目较多，如中新建国际农业合作有限责任公司与塔吉克斯坦合资建立中泰（哈特隆）农业产业有限公司，新疆鑫纪元商贸有限公司和新疆伊犁杰宇边贸有限责任公司分别以合资的方式在哈萨克斯坦境内建立了热尔乌穆特有限公司和Talgiz食品（Талгиз Фуд）有限责任公司。

3．重点国家分布情况

据统计，兵团辖区内企业对外农业投资主要集中在塔吉克斯坦和哈萨克斯坦2个国家，主要分布在杜尚别和阿斯塔那。

三、2018年对外农业投资的行业分析

通过分析发现，兵团企业农业对外投资主要集中在生产、加工、仓储、物流、科研和打造农业品牌等方面。以生产和加工为主要投资产业，生产和加工产业2018年新增投资额分别为140.5万美元和214.5万美元。

四、2018年农业对外投资面临的主要困难和政策建议

1．主要困难

从企业上报的情况来看，兵团辖区内企业对外农业投资的主要困难包括以下几个方面：一是开展对外合作的国家易发生自然灾害，投资风险较大；二是对开展合作国家的政策和法律不熟悉，政治风险和法律风险较大；三是开展对外合作的国家商业环境相比国内较差，存在较大的商业风险；四是缺乏资金项目支持，对外农业合作项目国家的农业基础条件差，农业投资周期长，而兵团辖区内企业基础相对薄弱，很难独立开展对外农业投资合作，需要相关部委在政策和资金上的大力支持。

2．政策建议

一是加大项目支持力度，确保兵团对外农业投资取得较大成果，兵团农业规模化、机械化、现代化程度较高，当下又处在"一带一路"发展的重大机遇期，希望上级部门能够加大对兵团企业的项目支持力度，支持兵团农业"走出去"，为兵团农业开拓海外市场创造良好的条件；二是加大人才培训力度，储备兵团对外农业投资的专业化队伍，依托高校和科研机构建立人才培训基地，通过业务、技术、外语培训及境外项目考察学习等多种方式开展培训，培育以专家技术型、管理创新型、职工实用型为基本内容的"走出去"人才队伍；三是加大政策扶持力度，为对外农业投资企业提供更好的服务，在税收、通关、金融等方面提供更加优质的服务，鼓励企业"走出去"。